John Lennox

Sieben Tage, das Universum und Gott

Was Wissenschaft und Bibel über den Ursprung der Welt sagen

Aus dem Englischen von Ernst Neumann

SCM
R.Brockhaus

SCM

Stiftung Christliche Medien

SCM R.Brockhaus ist ein Imprint der SCM Verlagsgruppe, die zur Stiftung Christliche Medien gehört, einer gemeinnützigen Stiftung, die sich für die Förderung und Verbreitung christlicher Bücher, Zeitschriften, Filme und Musik einsetzt.

Dieses Buch erscheint in der Reihe Glaube und Wissenschaft des INSTITUTS FÜR GLAUBE UND WISSENSCHAFT. Herausgeber der Reihe ist Dr. Alexander Fink.

Originally published in English under the title
Seven Days That Divide the World, 10th Anniversary Edition

Published by arrangement with HarperCollins Christian Publishing, Inc.

Vollständig überarbeitete Neuauflage 2024

SCM R.Brockhaus in der SCM Verlagsgruppe GmbH
Max-Eyth-Straße 41 · 71088 Holzgerlingen
Internet: www.scm-brockhaus.de | E-Mail: info@scm-brockhaus.de

Umschlaggestaltung: Stephan Schulze, Stuttgart
Titelbild: Miranda Javier, unsplash
Übersetzung: Ernst Neumann
Redaktion: Lydia Rieß
Satz: Burkhard Lieverkus, Wuppertal
Druck und Verarbeitung: GGP Media GmbH, Pößneck
Gedruckt in Deutschland
ISBN 978-3-417-24186-0
Bestell-Nr. 224.186.000

Inhalt

Vorwort zur zweiten Auflage

Zehn Jahre sind vergangen seit der Erstauflage dieses Buches. Ich bin dankbar für all die Menschen, die mir in diesen Jahren erzählt haben, wie hilfreich sie die Inhalte fanden. Sie haben dadurch erkannt, dass die große Kontroverse, mit der das Buch sich beschäftigt, aufgelöst werden kann, ohne die Autorität der Schrift anzugreifen. Ich bin auch den Menschen dankbar, die mir ihre Kritik und Rückmeldung zugesendet haben. Denn dadurch wurde klar, dass dieses Buch eine Überarbeitung nötig hatte, sowohl um Missverständnissen vorzubeugen als auch um Korrekturen vorzunehmen. Mein besonderer Dank gilt Dr. Paul Marston für seinen hilfreichen Input, besonders aus seiner Perspektive als Wissenschaftshistoriker, und Stephen Shaw QC, der einen prüfenden Blick aus juristischer Sicht auf meine Argumente geworfen und mich so dazu befähigt hat, sie zu stärken und zu festigen. Ich hoffe, dass diese Neuauflage einer neuen Generation an Leserinnen und Lesern Denkanstöße liefern wird.

John Lennox, Oxford, Juni 2020

Einleitung

Am Anfang anfangen

»Am Anfang schuf Gott den Himmel und die Erde.« Mit diesem eindrucksvollen Satz beginnt das meistübersetzte, meistgedruckte und meistgelesene Buch der Welt. Ich erinnere mich daran, wie tief mich die Worte berührten, als ich sie 1968 – ich war gerade Student in Cambridge – an Heiligabend während einer Live-Übertragung im Fernsehen hörte. Jeder, der an diesem Abend vor dem Fernseher saß, konnte hören, wie die Mannschaft der Apollo 8, die sich zu dem Zeitpunkt in der Mondumlaufbahn befand, diese denkwürdigen Worte vorlas. Dieses Ereignis war eine triumphale Errungenschaft der modernen Wissenschaft und Technik, es inspirierte die Millionen von Zuschauern, die vor dem Fernseher daran teilnahmen. Um den Erfolg ihrer Mission zu feiern, hatten sich die Astronauten interessanterweise dazu entschieden, einen jahrtausendealten Text vorzulesen, der keinerlei Erklärung oder Rechtfertigung bedurfte. An jenem Abend waren die Worte der Bibel zeitlos deutlich und wundervoll angemessen: Die Erde hat einen Schöpfer.

In dieser Hinsicht ist der Text unmissverständlich: Die Schöpfung hat stattgefunden. Sobald es jedoch um das »Wann« und das »Wie« geht, sind die ersten Kapitel des 1. Buchs Mose nicht mehr so einfach verständlich, wie sie noch für unterschiedliche Menschen über die Jahrhunderte hinweg waren. Vor allem bei der Interpretation der berühmten sieben Schöpfungstage und ihrem genauen Ablauf gehen die Meinungen auseinander. Momentan ist diese Frage brandaktuell wie selten zuvor: In den USA streitet man sich darum, wie Kreationismus und Evolutionstheorie in der Schule unterrichtet werden sollen, während in Großbritannien Schulen mit religiösem Bekenntnis in der Kritik stehen.[1] Am schwerwiegendsten ist in diesem Zusammenhang jedoch die allgemeine Wahrnehmung, der christliche Glaube sei unwissenschaftlich oder wissenschaftsfeindlich, gerade im

Zusammenhang mit dem biblischen Schöpfungsbericht. Dieses Image des wissenschaftsfeindlichen Christentums wurde vor allem von den Neuen Atheisten lautstark verbreitet, wobei ihr Einfluss bereits am Schwinden ist.

Ich bin einmal einer Literaturprofessorin begegnet, die an einer bekannten Universität unterrichtete. Sie lebte in einem Land, in dem es schwierig war, in der Öffentlichkeit über die Bibel zu reden. Sie war fasziniert, als sie hörte, dass ich Akademiker war und die Bibel trotzdem ernst nahm, und wollte mich gerne etwas fragen, das sie noch nie zu fragen gewagt hatte. Sie sagte mir in der für ihr Land typischen, äußerst höflichen Art, dass sie etwas zögere – schließlich wolle sie mich nicht kränken: »In der Schule wurde uns beigebracht, dass die Bibel mit einer albernen kleinen Geschichte anfängt, in der erzählt wird, dass die Erde in nur sieben Tagen entstanden ist. Wie stehen Sie als Wissenschaftler dazu?«

Mit diesem Buch möchte ich genau diese Frage beantworten. Es richtet sich an Leute wie diese Professorin, die zögern, den christlichen Glauben aus demselben oder einem ähnlichen Grund überhaupt in Betracht zu ziehen. Das Buch richtet sich aber auch an überzeugte Christen, die sich nicht nur um die allgegenwärtige Debatte Sorgen machen, sondern auch um die Uneinigkeit im christlichen Lager, wenn es um die Interpretation der Schöpfungsgeschichte geht. Beispielsweise gibt es die einen, die die wörtliche Auslegung im Sinne einer »jungen Erde« für die einzig richtige Interpretation halten. Dieser Ansatz wurde vor allem von Erzbischof James Ussher aus Armagh (wo ich zufälligerweise die ersten 18 Jahre meines Lebens verbrachte) in Nordirland vertreten und verbreitet. Ussher benannte das Jahr 4004 v.Chr. als das Geburtsdatum der Erde. In seinen Berechnungen ging er davon aus, dass die Tage im 1. Buch Mose die 24-Stunden-Intervalle einer Erdenwoche sind. Das ist natürlich sechs Größenordnungen entfernt von der derzeitigen wissenschaftlichen Einschätzung, dass die Erde etwa vier Milliarden Jahre alt ist.

Die anderen sind wiederum der Meinung, dass der Schöpfungsbericht und die moderne Wissenschaft in Einklang gebracht werden können. Unter diesen »Alte-Erde-Kreationisten« (oder auch »Langzeit-Kreationisten«) gibt es wiederum, wie auch bei den Vertretern einer jungen Erde, verschiedene Lager, von denen manche Darwins Evolutionstheorie für glaubwürdig halten, andere nicht.Schließlich gibt es noch diejenigen, die argumentieren, es gehe im Bericht aus 1. Mose um zeitlose theologische Wahrheiten und nicht um wissenschaftliche Fakten, und alle Versuche, ihn mit der Wissenschaft zu harmonisieren, seien entsprechend fehlgeleitet. Kurzum, das Thema ist ein Pulverfass. Trotzdem glaube ich nicht, dass die Situation völlig hoffnungslos ist. Schließlich gibt es viele Christen, die – ähnlich wie ich – von der göttlichen Autorität und Inspiration der Bibel überzeugt sind und schon ein Leben lang im Bereich der Wissenschaft und Mathematik tätig sind. Wir glauben daran, dass wissenschaftliche und biblische Daten, richtig interpretiert, letztendlich harmonisch nebeneinander bestehen können – schließlich ist Gott doch gleichzeitig Urheber der Bibel und des Universums. Tatsächlich war es die direkt auf 1. Mose 1 beruhende Überzeugung, dass eine höhere Intelligenz hinter dem Universum und den Naturgesetzen steht, die die ersten modernen wissenschaftlichen Bestrebungen des 16. und 17. Jahrhunderts ins Rollen brachte. Darüber hinaus macht die Wissenschaft Gott weder überflüssig noch irrelevant, wie manche Atheisten bekräftigen; ganz im Gegenteil: Sie bestätigt seine Existenz sogar, wie ich in meinem Buch *Kosmos ohne Gott*[2] ausführlicher darlege.

Der Aufbau des Buchs

Dieses Buch ist in fünf Hauptkapitel und vier Anhangskapitel unterteilt. Ich fange mit einem Kapitel an, in dem ich einen Fall aus dem 16. Jahrhundert untersuche, um einmal unseren grundsätzlichen Umgang mit Kontroversen zu hinterfragen: die Theorie einer sich bewegenden Erde und die damit verbundene Herausforderung für das damals vorherrschende Verständnis der Bibel. Im zweiten Kapitel befasse ich mich dann mit den Grundsätzen der biblischen Interpretation und wie diese auf die Kontroverse aus dem vorherigen Kapitel angewendet werden können. Das dritte Kapitel ist das Kernstück des Buchs. Hier geht es darum, wie die sieben Schöpfungstage verstanden werden können. Der biblische Bericht über den Ursprung und das Alter des Menschen sowie einige theologisch naheliegende Fragen zum Thema Tod sind das Thema des vierten Kapitels. Im fünften Kapitel runde ich die Diskussion um die Sieben-Tage-Schöpfung ab, indem ich die Hinweise zur Schöpfung im Neuen Testament betrachte.

In den Kapiteln im Anhang geht es um nicht weniger wichtige Aspekte. Sie folgen auf die Hauptdiskussion, damit der Leser sich direkt mit dem biblischen Material beschäftigen kann. Anhang A behandelt den kulturellen und literarischen Hintergrund des 1. Buchs Mose. Anhang B beschreibt die Übereinstimmungen von 1. Mose und Wissenschaft in Bezug auf den Anfang der Welt. Die Frage, ob die beiden Schöpfungsberichte im 1. und 2. Kapitel des 1. Buches Mose im Konflikt miteinander stehen, bespreche ich in Anhang C. Anhang D betrachtet schließlich theistische Auffassungen von der Evolution mit besonderem Augenmerk auf das Konzept des »Lückenbüßer-Gottes«. Ich möchte betonen, dass ich mit diesem Buch keinen Anspruch auf eine vollständige Darstellung erhebe. Ich habe es als Antwort auf verschiedene Bitten, die mich über die Jahre erreicht haben, geschrieben. Um das Buch kurz zu halten, musste ich den am häufigsten gestellten Fragen den Vorrang geben und viele andere streichen – die aber nicht weniger interessant gewesen wären.

I. Und sie bewegt sich wirklich? Eine geschichtliche Betrachtung

Dieses Buch beschäftigt sich mit einem sehr kontroversen Thema. Ich sehe eine gewisse Ironie darin, denn wir hätten diese Kontroverse kaum, stünde uns nur das Neue Testament (NT) zur Verfügung, wie das in vielen weniger privilegierten Ländern der Erde der Fall ist, und nicht zusätzlich auch das Alte Testament (AT). Hätten wir nur das NT, wüssten wir, dass die Welt einen Anfang hatte und durch das Wort Gottes geschaffen wurde. Aber wir hätten nie etwas von den sieben Tagen gehört. Bevor wir uns also in das Thema dieses Buches stürzen und richtig zur Sache kommen, will ich Sie, liebe Leserin oder lieber Leser, dazu auffordern, sich einen Moment zu nehmen und darüber nachzudenken, was Sie über die Schöpfung glauben würden, hätten Sie noch nie etwas vom AT gehört.

Meinungsverschiedenheiten über die Interpretation der Schöpfungserzählung in 1. Mose wurden bisweilen recht erbittert ausgefochten. Nun bin ich zwar ein Ire – dennoch ist mein Vorschlag nicht, sich um dieses Thema anständig zu prügeln! Um eine Vorstellung davon zu vermitteln, wie man mit umstrittenen Themen umgehen kann, möchte ich vielmehr eine andere große Kontroverse betrachten, die im 16. Jahrhundert aufkam. Wenn ich damals ein Buch geschrieben hätte, hätte ich wohl den Astronomen Nikolaus Kopernikus als Thema gewählt: Was soll man davon halten, dass er meint, die Erde bewege sich, wenn die Bibel doch ganz offenkundig sagt, dass sie fest im Raum steht?

Wäre das ein Thema, bei dem Ihnen der Puls hochgeht? Ich denke nicht. Damals war es jedoch ein heftig umstrittenes Thema. Der Grund dafür? Im 4. Jahrhundert n.Chr. lehrte der berühmte griechische Philosoph Aristoteles, dass die Erde fest im Mittelpunkt des Universums verankert sei und dass die Sonne, die Sterne und die Planeten sich um sie herum bewegen[3] – allerdings ist es an dieser Stelle interessant zu wissen, dass Aristarch von Samos (gestorben 230 v.Chr.), ein griechischer Astronom und Mathematiker, bereits 250 v.Chr. von einem heliozentrischen[4] Weltbild sprach, das die Planeten sogar in korrekter Reihenfolge in ihren jeweiligen Abständen von der Sonne platzierte. Das Weltbild von Aristoteles bestimmte über Jahrhunderte das Denken. Letzten Endes ergab das sogenannte geozentrische System mehr Sinn für die Menschen: Schließlich erscheint die Sonne ja so, als ob sie sich um die Erde drehen würde. Und wenn sich die Erde wirklich dreht, warum werden wir dann nicht alle in den Weltraum hinausgeschleudert? Warum fällt ein Stein, der direkt nach oben in die Luft geworfen worden ist, direkt wieder herunter, wenn die Erde sich schnell dreht? Warum spüren wir keinen starken Gegenwind in entgegengesetzter Richtung zur Erdbewegung? Sicherlich ist die Idee, dass sich die Erde dreht, absurd.

Der Einfluss dieses Weltbilds weitete sich erst im Mittelalter – nach der Übersetzung von Aristoteles' Werken ins Lateinische – auf die Kirche aus. Das lag vor allem an dem hochintellektuellen Theologen Thomas von Aquin (1225–1274). Aristoteles glaubte nicht nur, dass die Welt alt sei, sondern auch, dass sie schon immer existiert habe. Thomas von Aquin hatte kein Problem damit, den Gedanken eines ewig existierenden Universums mit der Existenz Gottes als Schöpfer in philosophischem Sinne zu vereinbaren. Er gab aber zu, dass es nicht so einfach war, diese Sichtweise mit der Bibel abzugleichen, die ganz klar betonte, dass das Universum einen Anfang hatte. Mit der Idee, dass die Erde unbeweglich im Weltraum steht, verhielt es sich anders; diese schien sich nahtlos in biblische Aussagen einzufügen. Zum Beispiel:

> Erzittere vor ihm, ganze Erde! Auch steht der Erdkreis fest, er wird nicht wanken. (1. Chronik 16,30; ELB)
> Ja, fest steht die Welt, sie wird nicht wanken. (Psalm 93,1; ELB)
> Er hat die Erde gegründet auf ihre Grundfesten. Sie wird nicht wanken immer und ewig. (Psalm 104,5; ELB)
> Denn dem HERRN gehören die Säulen der Erde, und auf sie hat er den Erdkreis gestellt. (1. Samuel 2,8; ELB)

Ferner schien die Bibel nicht nur zu lehren, dass die Erde fest verankert sei, sondern schien ebenso deutlich zu sagen, dass sich die Sonne bewege.

> Gott hat der Sonne ein Zelt gebaut. Sie kommt daraus hervor wie der Bräutigam aus dem Brautgemach, wie ein Sieger betritt sie ihre Bahn. Sie geht auf am einen Ende des Himmels und läuft hinüber bis zum anderen Ende. Nichts bleibt ihrem feurigen Auge verborgen. (Psalm 19,5-7; ELB)
>
> Die Sonne geht auf, sie geht unter und dann wieder von vorn, immer dasselbe. (Prediger 1,5; ELB)

Als Kopernikus 1543 sein berühmtes Werk *De Revolutionibus Orbium Coelestium* (»Über die Kreisbewegungen der Weltkörper«) veröffentlichte, in dem er die Theorie von Aristarch mit eigenen Erweiterungen wieder aufgriff und behauptete, dass Erde und Planeten sich um die Sonne drehten, waren die Reaktionen dementsprechend nicht besonders überraschend: Die aufsehenerregende, neue Wissenschaftstheorie wurde von Protestanten und Katholiken gleichermaßen infrage gestellt. Es wird behauptet, dass Martin Luther das heliozentrische Weltbild entschieden und recht wortstark in seinen *Tischreden* (1539) ablehnte, noch bevor Kopernikus das Buch veröffentlichte.

> Es ward gedacht eines neuen Astrologi, der wollte beweisen, dass die Erde bewegt würde und umginge, nicht der Himmel oder das Firmament, Sonne und Monde; gleich als wenn einer auf einem Wagen oder in einem Schiffe sitzt und bewegt wird, meinete, er säße still und ruhete, das Erdreich aber und die Bäume gingen um und bewegten sich. Aber es gehet itzt also: Wer da will klug sein, der soll ihm nichts lassen gefallen, was andere machen, er muss ihm etwas Eigens machen, das muss das Allerbeste sein, wie ers machet. Der Narr will die ganze Kunst Astronomiae umkehren. Aber wie die heilige Schrift anzeiget, so hieß Josua die Sonne stillstehen, und nicht das Erdreich.[5]

An dieser Stelle sollte erwähnt werden, dass viele von Luthers Kommentaren in den Tischreden einen ironischen Unterton hatten. Darüber hinaus wird viel über die Echtheit dieses Zitats debattiert. Der Historiker John Hedley Brooke schreibt darüber: »Ob Luther Kopernikus wirklich als Narren bezeichnet hat, wurde wiederholt angezweifelt. Luther lehnte den Gedanken aber spontan ab, scheinbar weil er sich gerade daran erinnerte, dass Josua der Sonne geboten hatte, stillzustehen, und nicht der Erde.«[6]

Johannes Calvin andererseits glaubte daran, dass die Erde fest verankert sei: »Wie sollte die Erde in der Luft hängen, wenn Gottes Hand sie nicht stützte? Wie sollte sie bei dem überschnellen Umschwung des Himmels unbeweglich stehen, hätte ihr Schöpfer ihr nicht diese Festigkeit verliehen?«[7]

Im Jahr 1632, einige Jahre nach Kopernikus, kritisierte Galileo Galilei das aristotelische Weltbild in seinem berühmten Buch *Dialog über die beiden hauptsächlichsten Weltsysteme*. Die daraus resultierende Geschichte ist als *das* Paradebeispiel für die wissenschaftsfeindliche Haltung der Religion in die Geschichte eingegangen. Jedoch war Galilei alles andere als Atheist. Ganz im Gegenteil, er war davon überzeugt, dass der Schöpfer, der »uns mit Sinnen, mit Redegabe und mit Verstand ausgestattet hat, unter Hintanstellung des Gebrauchs seiner Gaben gewollt habe, uns auf eine andere Art die Botschaften zu geben als durch jene, der wir folgen können«.[8] Er war auch der Ansicht, dass die Gesetze der Natur von Gottes Hand in der »Sprache der Mathematik«[9] geschrieben worden seien und »dass der menschliche Geist ein Werk Gottes ist, und zwar eines der ausgezeichnetsten«[10].

Der Wissenschaftshistoriker Paul Marston liefert einen faszinierenden Überblick über das Leben, die Arbeit und die Kämpfe und Leiden Galileis. Er schildert seine wohlüberlegte Sichtweise folgendermaßen:

> Er war ein durch und durch stolzer Mann mit einer überzogenen Vorstellung seiner eigenen Bedeutung. Er lehnte nicht nur die Unwissenden ab, sondern auch Tycho [Brahe] (als Schwätzer) und sogar [Johannes] Kepler (als jemanden, den wir wohl einen »Spinner« nennen würden, weil er glaubte, der Mond verursache die Gezeiten). Galileis Zustand wurde mit zunehmendem Alter immer schlechter – wobei wiederkehrende Krankheiten und ein schmerzhafter Leistenbruch dies teilweise erklären könnten. [Seine Schriften] *Sidereus Nuncius* (der Sternenbote) und die *Lettere solari* (Briefe über die Sonnenflecken) waren recht höflich,

> *Il Saggiatore* (Der Prüfer mit der Goldwaage) war größtenteils ein Ausbruch von ungerechtfertigter Eitelkeit, der wenig Wertvolles enthielt, und sein erster *Dialog* behandelte alle Gegner (und seinen Freund, den Papst) als Idioten. Seine Behandlung verschiedener Jesuiten (insbesondere [Christoph] Scheiner und [Orazio] Grassi) und Urban VIII. hätte wahrscheinlich viel mehr Feindseligkeit verdient, als er tatsächlich erhielt. Andere Freunde konnten nur zusehen, wie gute und kluge Ratschläge ignoriert wurden und Galilei sich selbst (und seine Kirche) in die Enge trieb.
>
> Wie sollten wir den »Prozess« betrachten? Wie [Arthur] Koestler in seinem klassischen Buch [*Die Nachtwandler*] erklärte, können wir ihn nicht als eine Art »Showdown« zwischen aufgeklärter Vernunft und blindem Glauben sehen. Galileis eigener katholischer Glaube geriet nie ins Wanken; er vertrat eine Wissenschaft, die seit mindestens vierundzwanzig Jahren veraltet war, und hatte überhaupt keinen Beweis dafür, dass sich die Erde bewegte, abgesehen von einem Scheinbeweis, der seiner eigenen Dynamik widersprach.[11]

Selbstverständlich gibt es keine Entschuldigung dafür, dass die römisch-katholische Kirche die Inquisition benutzte, um Galilei mundtot zu machen, und dass es anschließend einige Jahrhunderte dauerte, bevor er offiziell rehabilitiert wurde. Entgegen der landläufigen Meinung wurde Galilei trotzdem nicht gefoltert. Er verbrachte den Großteil seines auf den Prozess folgenden Hausarrests in luxuriösen Privathäusern, die seinen Freunden gehörten. Darüber hinaus verursachte Galilei durch seinen Mangel an Taktgefühl einige seiner Probleme selbst.

Daraus schlussfolgern viele Wissenschaftshistoriker, dass der Fall Galilei das vereinfachte Bild eines reinen Konfliktverhältnisses zwischen Wissenschaft und Religion keineswegs bestätigt.[12]

Nach Galilei dauerte es viele Jahre, bis sich das heliozentrische Weltbild etablieren konnte. Ich nehme an, dass meine Leser dieses Weltbild akzeptieren und kein Problem mit dem Wissen haben, dass die Erde sich nicht nur um die eigene Achse dreht, sondern sich in elliptischer Umlaufbahn mit einer Geschwindigkeit von durchschnittlich 30 km/s (etwa 108 000 km/h) um die Sonne bewegt und dabei ein Jahr braucht, um die Kreisbahn einmal zu durchlaufen.

Das führt uns zu einer wichtigen Frage: Warum akzeptieren Christen diese »neue« Interpretation, anstatt immer noch an einem »wörtlichen« Verständnis der »Säulen der Erde« festzuhalten? Warum sind wir nicht aufgespalten in Verfechter der bewegten Erde und Anhänger der fest stehenden Erde? Liegt es daran, dass wir alle einen Kompromiss eingegangen sind und die Schrift der Wissenschaft unterstellt haben?

II. Und sie bewegt sich wirklich? Über das Verstehen der Bibel

In der Galilei-Kontroverse geht es um die Frage, wie die Bibel interpretiert werden sollte. Deswegen sollten wir erst über einige grundsätzliche Prinzipien des Interpretierens nachdenken, bevor wir diese dann mit der Debatte um die sich bewegende Erde in Verbindung bringen. Das erste Prinzip ist offensichtlich, aber dennoch wichtig: Die Bibel ist ein literarisches Werk. Tatsächlich ist sie sogar eine ganze Bibliothek voller Bücher, die sich stilistisch und inhaltlich voneinander unterscheiden: Sie enthält Geschichtsbücher, Lyrik, Briefe und vieles mehr.

Wenn man sich mit Literatur im Allgemeinen beschäftigt, stellt man als Erstes die Frage, wie der Autor sein Werk verstanden wissen wollte. Beispielsweise möchte der Verfasser eines mathematischen Fachbuchs nicht, dass sein Buch als Lyrik aufgefasst wird. Shakespeare wiederum wollte nicht, dass seine Theaterstücke als historisch exakte Darstellungen betrachtet werden.

Als Zweites ist es sinnvoll, wenn man sich von einem Verständnis leiten lässt, das einen Textabschnitt, Satz oder ein Wort in seinem historischen, kulturellen und linguistischen Kontext sieht. Das wurde bereits vor langer Zeit verstanden. Im 10. Jahrhundert schrieb Rabbi Saadia Gaon (882–942 n.Chr.): »Und so verkünde ich zuerst die wohlbekannte Tatsache, dass jede Aussage der Bibel in ihrem wörtlichen Sinn verstanden werden muss, außer jene, die aus einem der folgenden … Gründe nicht so ausgelegt werden können: Eine solche Auslegung kann zum Beispiel entweder durch Beobachtung der Sinne abgelehnt werden … oder der wörtliche Sinn kann durch Vernunft negiert werden.«[13] Der ehemalige Großrabbiner des Vereinten Königreiches, Lord Sacks, schreibt dazu: »Laut der Sichtweise von Saadia …, die alle mittelalterlichen Philosophen teilen, liefert eine Unvereinbarkeit mit Vernunft oder Beobachtung einen ausreichenden Beweis, um einen biblischen Text symbolisch, allegorisch, poetisch oder auf andere Weise auslegen zu müssen. Vernunft und Beobachtung, die später zur Methodik der Wissenschaft wurden, galten als zuverlässige Basis der Erkenntnis, und es war ein Axiom, dass die Tora einer etablierten Wahrheit nicht widersprechen konnte.«[14]

Die christlichen Reformer waren allerdings nicht allzu glücklich über allegorische Auslegungen, wie sie beispielsweise bei Philo zu finden sind. Dieser schreibt über die Flüsse in 1. Mose: »Die vier Flüsse stehen für die speziellen Tugenden, Ausflüsse der allgemeinen Tugend, des Flusses, der in ›Eden‹ entspringt, der wiederum die Weisheit oder Vernunft Gottes ist.« Um solche Auslegungen zu vermeiden, wählten die Reformatoren einen wörtlichen Ansatz, in dem Sinne, dass Worte in ihrer natürlichen, direkten Bedeutung, nach den allgemeingültigen Regeln der Grammatik verstanden werden. Das ist natürlich kein wirklich neuer Ansatz, um Literatur zu verstehen. Ohne darüber nachzudenken, verwenden wir diese Methode meist selbst, wenn wir etwas lesen oder uns miteinander unterhalten.

Wie wichtig es ist, das natürliche Verständnis einer Passage in Betracht zu ziehen, wird deutlich, wenn es um die Grundsätze des christlichen Glaubens geht. Die grundlegenden Aussagen des Christentums müssen zuallererst in ihrer ursprünglichen Bedeutung verstanden werden. Das Kreuz Christi ist keine Metapher. Jesus starb tatsächlich am Kreuz. Ebenso ist die Auferstehung nicht einfach nur ein Sinnbild, sondern ein physisches Ereignis: das »Wieder-Aufstehen«[15] eines Menschen, der vorher gestorben war. Aus den Evangelien wissen wir allerdings, dass Menschen, die Jesus zuhörten, seine Worte manchmal wörtlich verstanden, wenn er in Sinnbildern sprach (so z.B. in Johannes 6,51-52).

Trotzdem muss dieses Grundprinzip der wörtlichen Auslegung näher bestimmt werden, wenn wir uns mit einem Text beschäftigen, der in einer anderen Kultur, zu einer anderen Zeit und an einem anderen Ort entstanden ist. Was wir für die natürliche Bedeutung eines Textes halten, könnte für die ursprünglichen Empfänger eine ganz andere gewesen sein. Dieses Thema werden wir später noch einmal aufgreifen.

An diesem Punkt sind einige allgemeine Anmerkungen zu unserem Sprachgebrauch angebracht. Einige der geneigten Leser wissen schon, was ich jetzt sagen werde. Die meisten jedoch haben wahrscheinlich noch nicht darüber nachgedacht, *wie* wir unsere Sprache eigentlich benutzen – wir sind einfach zu beschäftigt damit, sie zu benutzen. Bei diesem Thema ist es aber hilfreich, sich einige Gedanken zu machen.

Zunächst kann man ein Wort oder einen Ausdruck auf mehr als nur eine Weise verstehen. Deutlich wird das an einem Beispiel aus dem ersten Kapitel des 1. Buchs Mose. Das Wort »Erde« wird zuerst für den Planeten Erde verwendet und nur ein paar Verse später für den »trockenen Boden«, der vom Meer getrennt wird. In beiden Fällen wird das Wort »Erde« ganz klar wörtlich benutzt, hat aber zwei unterschiedliche Bedeutungen, die sich durch den Kontext erklären.

An vielen Stellen funktioniert ein rein wörtliches Verständnis jedoch nicht. Nehmen wir ein alltägliches Beispiel. Wir verstehen sofort, was gemeint ist, wenn jemand sagt: »Das Auto fegte über die Straße.« Das Auto und die Straße sind wörtlich, das »fegte« aber ist metaphorisch zu verstehen. Es steht für etwas Reales, das man wörtlicher mit »sehr schnell fahren« ausdrücken könnte. Wir schließen daraus: Wenn ein Satz eine Metapher enthält, kann diese sich durchaus auf etwas beziehen, das auch tatsächlich existiert. Genau genommen stehen Metaphern grundsätzlich für etwas real Existierendes.

Um das mit einem biblischen Beispiel zu beschreiben, nehmen wir Jesu Aussage »Ich bin die Tür« aus Johannes 10,9. Selbstverständlich geht es hier nicht buchstäblich um eine Tür aus Holz oder einem anderen Material. Es ist eine Metapher, aber sie bezieht sich auf eine echte Tatsache: Jesus ist der Zugang zu der echten – und damit durchaus wörtlichen – Erfahrung der Rettung und des ewigen Lebens. Wir sollten auch zur Kenntnis nehmen, dass die Ursache dafür, dass wir die Aussage nicht wörtlich verstehen, mit unserer Erfahrung der Welt zu tun hat: Wir kennen uns mit Türen aus und unsere Erfahrung legt uns nahe, dass Jesus in dieser Aussage eine Metapher gebraucht.

C.S. Lewis meint, dass es unmöglich sei, über Dinge zu reden, die sich jenseits unserer fünf Sinne befinden, ohne dabei Metaphern zu benutzen.[16] Deswegen gebrauchen Wissenschaftler laufend bildhafte Vergleiche. Sie reden über Lichtteilchen und Wellenpakete, die Energie transportieren, aber bezwecken damit nicht, dass man sich dann Licht als kleine kugelförmige Teilchen oder Energie als tatsächliche Welle auf dem Meer vorstellt. Jedoch beschreiben diese Bilder auf einer tieferen Verständnisebene in beiden Fällen etwas real Existierendes – etwas »Wörtliches«, wenn man so möchte.

Gelegentlich werden Dinge sogar noch komplizierter (und damit auch interessanter), nämlich wenn sowohl eine wörtliche als auch eine metaphorische Bedeutung gemeinsam auftreten. Nehmen wir die Himmelfahrt von Jesus (Anmerkung des Übersetzers: Auf Englisch wird hier das Wort *ascension* benutzt, das in einer Sonderbedeutung auch den Aufstieg in einer Hierarchie, z.B. eine Thronbesteigung, bezeichnen kann). Auf einer natürlichen Verständnisebene bedeutet »Himmelfahrt«, dass Jesus wortwörtlich senkrecht in den Himmel »fuhr« – was von den Jüngern auch so beobachtet wurde.[17] Dahinter steckt jedoch mehr. Diese buchstäbliche Aufwärtsbewegung hat einen tieferen Sinn – Jesus fährt (»steigt«) nicht nur in den Himmel auf, er steigt auch zum Thron Gottes auf.

Königin Elisabeth II. bestieg nach dem Tod ihres Vaters im Jahr 1952 den Thron Englands und wurde anschließend 1953 gekrönt. Wenn wir diesen ganzen Prozess der Thronbesteigung beschreiben, meinen wir damit nicht nur, dass sie die Stufen zum Podium hinaufstieg und sich feierlich auf einen prunkvollen Stuhl in der Westminster Abbey setzte. Natürlich war das ein Teil der Zeremonie, aber Königin Elisabeths (wörtliches) Hinaufsteigen zum Thron ist zur gleichen Zeit ein metaphorischer oder symbolischer Akt für den (wörtlichen) Antritt der Königsherrschaft über ihr Volk. In gleichem Maße ist die (wörtliche) Himmelfahrt von Jesus *(ascension)* eine Metapher für den (wörtlichen) Antritt seiner allumfassenden Herrschaft.

Wie in anderer Literatur werden in der Bibel nicht nur Metaphern verwendet, sondern auch andere Stilmittel wie beispielsweise die Allegorie oder das Sinnbild. Nehmen wir Paulus in Galater 4,24-26:

> Diese beiden Frauen dienen uns als Sinnbild für die zwei Bündnisse Gottes. Die Sklavin Hagar ist ein Sinnbild für den Berg Sinai, an dem die Menschen erstmals Sklaven des Gesetzes wurden. Und heute entspricht auch Jerusalem dem Berg Sinai in Arabien, weil es mit seinen Kindern in der Sklaverei lebt. Sara aber, die Freie, ist ein Symbol für das himmlische Jerusalem. Das ist unsere Mutter.

Hagar war eine »wortwörtliche« Frau. Hier verwendet Paulus sie in einer Allegorie, das heißt, er schreibt ihr eine symbolische Bedeutung zu, die mit dem ursprünglichen historischen Kontext nicht direkt etwas zu tun hat. In diesem Abschnitt ist Hagar also wörtlich wie auch allegorisch zu verstehen. Hier ist auch wichtig zu verstehen, dass metaphorisch und allegorisch nicht dasselbe sind – wird in einem historischen Bericht eine Metapher verwendet, bedeutet das nicht, dass dieser Bericht allegorisch zu verstehen ist. Ich empfehle hier das Buch The Riches of Divine Wisdom[18] (»Der Reichtum göttlicher Weisheit«) von David Gooding. Es bietet eine sehr aufschlussreiche Untersuchung darüber, wie das Neue Testament das Alte Testament verwendet und wie wir Letzteres generell interpretieren und auslegen sollten.

Das Beispiel oben zeigt, dass die Bibel voll von sprachlichen Stilmitteln ist, wie das bei guter Literatur generell der Fall ist. Heutzutage ist es üblich, *wörtlich* und *sinngemäß* zu unterscheiden. *Wörtlich* bezieht sich dabei auf eine Haltung, die sich ausschließlich an ein grundsätzliches, konkretes Verständnis hält, während *sinngemäß* sich auf eine Lesart bezieht, die die Absichten des Verfassers berücksichtigt. Insofern würde man den Satz »Das Auto fegte über die Straße« *wörtlich* so verstehen, dass das Auto tatsächlich »die Straße fegt«, also reinigt. Eine sinngemäße Auslegung hingegen sagt einfach nur aus, dass das Auto schnell unterwegs war. Da allerdings nicht jeder mit dieser Benutzung von *wörtlich* einverstanden ist und oft Missverständnisse entstehen, sollten wir sehr vorsichtig (und sparsam) im Umgang damit sein.

Ich erinnere mich daran, wie ich mich einmal mit einem bekannten Astrophysiker über die Schöpfungsgeschichte im 1. Buch Mose unterhielt und er mir zu verstehen gab, dass es primitiv sei, der Bibel Glauben zu schenken. Als Antwort schrieb ich auf seine Tafel: »Und Gott sprach: Es werde Licht! Und es wurde Licht.« Darauf erwiderte er: »Das klingt wirklich naiv. Das glaubst du doch nicht wirklich, oder? Der Satz geht davon aus, dass Gott einen Kehlkopf und Stimmbänder hat und so redet wie wir.« Mit anderen Worten: Mein Kollege verstand das Wort »sprach« in seinem konkreten, menschlichen Sinn – er nahm es wörtlich. Ich lachte daraufhin und sagte ihm, dass er jetzt der Naive sei. Natürlich hat »der Geist Gottes« keine Stimmbänder, aber er ist trotzdem in der Lage, zu kommunizieren. In diesem Sinne schließt die Formulierung »Und Gott sprach« echte Kommunikation ein, nur haben wir nicht die geringste Ahnung, wie sie funktioniert. Das Wort *sprach* bedeutet für Gott etwas anderes als für uns[19], aber beide Gebrauchsformen sind nahe genug miteinander verwandt, dass ein und dasselbe Wort sowohl auf der wörtlichen als auch auf der sinngemäßen Ebene funktioniert.

Die ganze Sache mit meinem Freund, dem Astrophysiker, amüsierte mich deshalb so sehr, weil Wissenschaftler die ganze Zeit mit Metaphern arbeiten, ohne dabei mit der Wimper zu zucken – woran ich ihn auch erinnerte. Sie sollten sich am allerwenigsten darüber beklagen, wenn die Bibel ebenfalls Metaphern benutzt.

Was ich meinem Freund nicht verriet, war die Tatsache, dass ich in dem Moment Basilius den Großen zitierte, einen einflussreichen Theologen aus dem 4. Jahrhundert: »Wenn wir aber bei Gott von einer Stimme … reden, so verstehen wir unter der göttlichen Rede keinen mittelst Sprachorgan hervorgebrachten Laut, keine mit der Zunge geformte Luft, sondern wir glauben hier die Willensrichtung in der Form eines Befehles geäußert …«[20]

Henri Blocher formulierte eine allgemeine hilfreiche Ansicht über Sprache: »Die menschliche Sprache verbleibt selten auf dem Nullpunkt schlichter Rede, die sich auf die direkteste Art und Weise verständigt und Worte in ihrer im Alltag naheliegenden Bedeutung verwendet.«[21] Er meint damit, dass wir alle in unseren alltäglichen Gesprächen Metaphern verwenden – das Leben wäre ohne sie auch ziemlich farblos.

Man könnte hier noch mehr darüber sagen, wie wir Sprache benutzen, aber ich denke, dass wir die grundsätzliche Idee verstanden haben. Darüber hinaus bin ich mir sicher, dass der geneigte Leser als Allerletztes eine in die Länge gezogene Schulstunde über Grammatik aufgetischt bekommen möchte.

Natürlich ist Gottes Wort mehr als ein paar Hundert Seiten zwischen zwei Buchdeckeln. Aber wenn man Wert darauf legt, dass die Bibel mehr ist als Literatur, dabei aber den literarischen Charakter der Bibel letztlich unterbewertet, ist das ein Jammer. Wir dürfen die Elemente nicht außen vor lassen, die uns eigentlich aus unserem alltäglichen Umgang mit Sprache geläufig sind: Dazu gehören Sprachgebrauch, Sprachstruktur und Redewendungen.

Wenn wir unsere Erfahrung mit Sprache in unser Nachdenken einbeziehen, sollte die Antwort auf die Frage »Auf welche Weise sollte dieser Text verstanden werden?« klar sein. Wir verwenden unseren Verstand. Als Erstes schauen wir auf die konkrete Bedeutung. Wenn diese keinen Sinn ergibt, gehen wir eine Ebene tiefer auf die metaphorische Ebene – wie bei den Beispielen »Ich bin die Tür« (Johannes 10,9) oder »Ich bin das Brot des Lebens« (Johannes 6,48).

Es gibt natürlich Beispiele, bei denen die Antwort nicht so offensichtlich ist. Ich meine damit die Passagen, die Christen über die Jahrhunderte unterschiedlich ausgelegt haben, obwohl sie alle von der Autorität der Bibel überzeugt waren. Was soll man in so einer Situation tun? Das war die fundamentale Streitfrage zu Zeiten Galileis. Nutzen wir also das, was wir bisher festgestellt haben, und betrachten die Kontroverse um die Bewegung der Erde mit diesem Wissen noch einmal. Das sollte uns dabei helfen, zu verstehen, warum Christen diese »neue« Interpretation letztendlich akzeptiert und damit aufgehört haben, auf ein literalistisches Verständnis der Fundamente und Säulen der Erde zu pochen.

Diese Entwicklung ist natürlich nicht von einem Tag auf den anderen geschehen. Wahrscheinlich gab es Verfechter der »bewegten Erde« und der »unbewegten Erde« über Jahre, ja Jahrhunderte gleichzeitig; nur dass die Zahl der Menschen in der ersten Gruppe stetig anstieg. In beiden Gruppen wird es Leute gegeben haben, für die die Bibel so gut wie keine Rolle spielte, aber auch Menschen, die davon überzeugt waren, dass die Bibel das Wort Gottes ist und die höchste Autorität für ihr Leben darstellt. Obwohl sich Letztere in entgegengesetzten Lagern befanden, waren sie wahrscheinlich doch einer Meinung, wenn es um die Grundsätze des Evangeliums ging: Schöpfung und Sündenfall, die Erlösung durch Jesus Christus; seine Menschwerdung, sein Leben, sein Sterben und seine Auferstehung; Jesu Himmelfahrt und die Erwartung, dass er zurückkehren wird, um das Jüngste Gericht abzuhalten. Sie waren sich eben nur nicht einig darin, was die Bibel über die Bewegung der Erde sagt.

Das wirft natürlich einige Fragen auf. Lag der Grund für die Uneinigkeit in diesem Punkt darin, dass die Anhänger der bewegten Erde sich dem wissenschaftlichen Fortschritt anpassen wollten? Oder waren es die Unnachgiebigkeit und die antiwissenschaftliche Haltung der Geozentriker? War die erste Gruppe einfach eher dazu bereit, die Integrität und Autorität der Bibel infrage zu stellen?

Bibel und Wissenschaft

An dieser Stelle sind einige allgemeine Bemerkungen angezeigt. Es gibt Leute, die sagen, dass die Bibel keine wissenschaftliche Relevanz besitzt. So etwa der bekannte amerikanische Paläontologe Stephen Jay Gould, der vorgeschlagen hat, dass Religion und Wissenschaft sich mit völlig unterschiedlichen Fragen beschäftigen und deshalb zwei unterschiedlichen Lehrgebieten (*magisteria*) angehören. Ein harmonisches Miteinander gibt es insofern nur dann, wenn man die beiden getrennt voneinander betrachtet (diese Haltung wird im englischen Sprachraum oft mit dem Akronym »NOMA«: *nonoverlapping magisteria* [sich nicht überschneidende Lehrgebiete], abgekürzt). Verständlicherweise ist diese Ansicht attraktiv für einige Leute: Wenn Bibel und Wissenschaft nichts miteinander zu tun haben, ist unser ganzes Problem gelöst und wir können uns entspannt zurücklehnen. Leider gibt es zwei Haken an der Sache. Der erste: Hinter der Behauptung, dass Wissenschaft und Religion zwei grundverschiedene Gebiete sind, verbirgt sich nicht selten eine andere, stillschweigend vorausgesetzte Überzeugung: Wissenschaft beschäftigt sich mit der Realität, Religion mit Dingen wie dem Weihnachtsmann, der Zahnfee und Gott. Der Eindruck, dass sich Wissenschaft mit Wahrheit und Religion mit Fantasie beschäftigt, ist weit verbreitet. Niemand, der von der Wahrheit, der göttlichen Inspiration und der Autorität der Bibel überzeugt ist, könnte sich dieser Meinung jemals anschließen.

Es gibt noch ein weiteres Problem mit Goulds Behauptung: Wir können Wissenschaft und Bibel nicht völlig voneinander trennen, einfach weil die Bibel einige Themen anspricht, die auch die Wissenschaft beschäftigen. Und zwar sind das sehr wichtige Themen: so etwa die Frage nach dem Ursprung des Universums und des Lebens. Diese Fragen sind fundamental für Wissenschaft, Philosophie und Theologie. Wenn die Bibel sagt: »Am Anfang schuf

Gott den Himmel und die Erde« (1. Mose 1,1) und »So schuf Gott die Menschen nach seinem Bild« (1. Mose 1,27), dann sind das Aussagen über die objektive physikalische Realität der Welt und die Natur des Menschen, die weitreichende Konsequenzen für unsere Auffassung des Universums und unserer eigenen Identität haben. Was auch immer die Schöpfungserzählung noch zusätzlich ist, sie ist ein Bericht über die Erschaffung des physischen Universums. Ich sollte an dieser Stelle meinen eigenen Standpunkt verdeutlichen: Ich bin ein Wissenschaftler, der die Bibel als das Wort Gottes versteht. Deswegen scheue ich auch nicht davor zurück, wissenschaftliche Schlussfolgerungen aus ihr zu ziehen – wo solche gerechtfertigt sind. Wenn ich sage, dass man einige Schlussfolgerungen anstellen kann, heißt das trotzdem nicht, dass die Bibel ein wissenschaftliches Buch ist, aus dem man etwa die Newton'schen Gesetze, Einsteins Formeln oder die chemische Zusammensetzung von Kochsalz ableiten kann. Johannes Calvin schreibt dazu in seiner *Auslegung der Genesis*: »Nach meiner festen Überzeugung haben wir es hier nur mit der Welt der sichtbaren Dinge zu tun. Über Sterndeuterei und andere Geheimkünste mag anderwärts Belehrung suchen, wer danach Verlangen trägt.«[22]

Genau das ist eine der faszinierendsten Aufgaben in Gottes Universum: Sachverhalte selbst herauszufinden. Gott selbst ermutigt uns sogar dazu. Der christliche Naturforscher John Ray tat im 17. Jahrhundert genau das, um ein Beispiel zu nennen. Im 1. Buch Mose lesen wir, dass Gott den ersten Menschen damit beauftragt, den Tieren Namen zu geben (vgl. 1. Mose 2,18-20). Er bevormundet den Menschen nicht, indem er es selbst täte. Das ist signifikant, denn das Bezeichnen und Benennen von Dingen (Taxonomie) ist eine wichtige Grundlage der Wissenschaft. Mehr noch, das Benennen von Dingen ist ein Teil aller intellektuellen Disziplinen. Damit hat Gott der Wissenschaft doch im Grunde die Initialzündung gegeben! Aus dieser Überzeugung heraus ließ der geniale Physiker James Clerk-Maxwell den zweiten Vers aus Psalm 111 über der Tür des Cavendish-Laboratoriums in Cambridge gravieren: »Groß sind die Taten des HERRN, zu erforschen von allen, die Lust an ihnen haben« (ELB). Gott liebt es, wenn wir interessiert nachforschen! Für mich war diese Erkenntnis eine große Hilfe in meiner Arbeit als Mathematiker und meiner Auseinandersetzung mit Wissenschaftsphilosophie und -geschichte – und allem anderen.

Um wieder an mein Argument über die Wissenschaftlichkeit der Bibel anzuknüpfen: Wir sind uns sicher darin einig, dass die Bibel nicht in modernem Wissenschaftsjargon geschrieben ist. Das sollte uns weder überraschen noch große Schwierigkeiten bereiten. Eigentlich können wir nur froh darüber sein. Stellen wir uns nur einmal vor, Gott hätte vorgehabt, den Ursprung des Universums und des Lebens in präziser Fachsprache zu erklären. Damit diese Erklärung allgemeingültig bleibt, müsste sie der modernen Wissenschaft weit voraus sein. Schließlich entwickelt und verändert sich die Wissenschaft ständig weiter und ist auf Korrektur angewiesen. Wären die biblischen Erklärungen also beispielsweise auf dem Stand der Wissenschaft des 22. Jahrhunderts, wäre sie komplett unverständlich für die meisten, einschließlich der Wissenschaftler von heute. Das wäre nicht in Gottes Interesse; er möchte doch, dass sein Wort zugänglich für alle ist.[23] Eine der mitunter markantesten Facetten des 1. Buchs Mose ist, dass es zugänglich ist und eine Botschaft für alle bereithält, unabhängig davon, ob man wissenschaftlich vorgebildet ist oder nicht. Johannes Calvin drückt das so aus: »Es ist nicht die Absicht des Heiligen Geistes, astronomisches Wissen zu vermitteln. Um auf eine Weise zu belehren, die auch für gewöhnliche und ungebildete Menschen verständlich ist, ließ er Mose und die anderen Propheten in einer leicht verständlichen Sprache reden (…) Der Heilige Geist würde eher kindlich als unfasslich zu den Einfachen und Ungelehrten reden.«[24] Wohlgemerkt kommt diese Aussage nicht von einer Person, die eine vage Einstellung zur Autorität der Bibel hat. Es ist auch keine neue Erkenntnis, die erst kürzlich aus der für Christen angeblich so peinlichen Konfrontation mit der modernen Wissenschaft entstanden ist. Tatsächlich hatte sogar schon Augustinus (354–430 n.Chr.) diesen Gedanken, etwa 1000 Jahre vor Calvin: »In den Evangelien lesen wir nirgends, dass Gott sagt: ›Ich sende euch den Helfer, damit er euch über den Lauf der Sonne und des Mondes belehre.‹ Er wollte Christen machen und nicht Mathematiker.«[25] Als christlicher Mathematiker bin ich nicht sicher, dass diese beiden Gruppen einander zwingend ausschließen, aber ich weiß, wie Augustinus es meinte, und unterstreiche seinen Standpunkt.

Die Bibel benutzt also anstatt wissenschaftlicher Fachsprache eine Art von Sprache, die man »phänomenologisch« nennt: die Sprache des Erscheinungsbilds. Beschrieben wird, was jeder sehen kann. Hier wird vom Sonnenaufgang geredet, wie jeder es sonst auch tun würde – einschließlich Wissenschaftlern, obwohl diese wissen, dass es die Erdumdrehung ist, die den Anschein erzeugt, dass die Sonne aufgeht. Die Aussage, dass die Sonne aufgeht, verpflichtet jedoch weder die Bibel noch einen Wissenschaftler dazu, sich irgendeinem spezifischen Modell des Sonnensystems zu unterwerfen.

Nach diesen Überlegungen muss ich noch einmal das Kernthema betonen: Die Bibel ist zwar kein wissenschaftlicher Text, kann uns aber als Gottes offenbartes Wort trotzdem Wahrheit über dieselbe objektive Realität offenbaren, die die Wissenschaft auch untersucht – insbesondere Wahrheit über die Natur und den Ursprung von Mensch und Kosmos. Deswegen sollten wir versuchen, diese Wahrheit auch zu verstehen. Aber auf einer anderen Ebene hat sie mehr zu bieten als das, zum Beispiel Wahrheit über die Bedeutung des Universums – etwas, das die Wissenschaft nicht tut und nicht kann. Wie Rabbi Jonathan Sacks es ausdrückt: »Die Bedeutung des Systems liegt außerhalb des Systems.«[26]

In diesem Zusammenhang ist es hilfreich, einen Kommentar des Lutheranders Karl Fröhlich in Biblical Interpretation in the Early Church zu betrachten:

> Alle frühen christlichen Ausleger der Schrift gingen davon aus, dass biblische Texte im Allgemeinen einen wörtlichen Sinn haben und gleichzeitig eine höhere oder geistliche Bedeutung vermitteln können. Es bedurfte keiner großen intellektuellen Anstrengung, um zu erkennen, dass die Schrift einen wörtlichen Sinn hat. In den meisten Fällen bot sich dem Ausleger eine bestimmte Bedeutung als die offensichtliche an, und diese wurde als die wörtliche Bedeutung angesehen. Anders als heute wurde dem Wortsinn keine besondere Bedeutung beigemessen. Folglich gab es wenig Motivation, eine genaue Definition von

»wörtlich« festzulegen. Zu den Ausdrücken, die zur Beschreibung dieses grundlegenden Sinns verwendet wurden, gehören »dem Buchstaben nach«, »auf den ersten Blick«, »die offensichtliche Bedeutung«, »der angemessene Sinn«, »das, was aus dem Text ersichtlich ist« und »Worte, die für das verwendet werden, wofür sie erfunden wurden«. In Wahrheit existiert kein klares Konzept von »wörtlicher« Auslegung, das alle christlichen Exegeten teilen, und man kann nicht mal davon ausgehen, dass individuelle Autoren absolut konsequent in ihrem Gebrauch davon sind.[27]

Augustinus schrieb eine Abfassung mit dem Titel Über den Wortlaut der Genesis. Wie bereits angedeutet, unterscheidet sich sein Verständnis von »wörtlich« bzw. »Wortlaut«, wie in seinem Titel verwendet, von unserem üblichen Gebrauch. Im Stanford Encyclopedia of Philosophy lesen wir: »›Wörtlich‹ bedeutet nicht ›sinngemäß‹, sondern bezeichnet die hermeneutische Annahme, dass der Text tatsächlich von der Erschaffung der Welt handelt (im Gegensatz zu einer moralischen oder prophetisch-allegorischen Lesart, wie sie Augustinus in seinem frühen Werk De Genesi contra Manichaeos vorschlägt; die beiden Ansätze sind miteinander vereinbar, weil Augustinus wie Origenes und der jüdische Exeget Philo vor ihm an die Existenz mehrerer Bedeutungsebenen in der Schrift glaubt).«[28]

In seiner Abfassung gibt Augustinus Christen einige Ratschläge über den Umgang mit der Wissenschaft. Er zeigt unter anderem auf, dass unser wissenschaftlich fortgeschrittenes Zeitalter nicht das einzige ist, das sich der Spannung aus dem scheinbaren Konflikt zwischen Wissenschaft und biblischen Berichten bewusst ist. Augustinus war seinen Lebtag lang[29] mit dieser Spannung nur zu gut vertraut. Es lohnt sich, zu einem längeren Zitat auszuholen, um die Bandbreite seiner Gedanken einzufangen.

> Oft genug kommt es auch vor, dass ein Nichtchrist ein ganz sicheres Wissen durch Vernunft und Erfahrung erworben hat, mit dem er etwas über Erde und den Himmel, über Lauf und Umlauf, Größe und Abstand der Sterne (...) und dergleichen zu sagen hat. Nichts ist nun peinlicher, gefährlicher und am schärfsten zu

> verwerfen, als wenn ein Christ mit Berufung auf die christlichen Schriften zu einem Ungläubigen über diese Dinge Behauptungen aufstellt, die falsch sind (...), sodass der andere kaum sein Lachen zurückhalten kann. Dass ein solcher Ignorant Spott erntet, ist nicht das Schlimmste, sondern dass von Draußenstehenden geglaubt wird, unsere Autoren hätten so etwas gedacht ... Denn wenn sie einen von uns Christen auf einem Gebiet, das sie genau kennen, bei einem Irrtum ertappen und merken, wie er seinen Unsinn mit unseren Büchern belegen will, wie sollen sie dann jemals diesen Büchern die Auferstehung der Toten, die Hoffnung auf das ewige Leben und das Himmelreich glauben, da sie für falsch halten müssen, was diese Bücher geschrieben haben über Dinge, die sie selbst erfahren haben und als unzweifelhaft erkennen konnten?[30]

Damit spricht Augustinus zielgenau einen der Gründe an, warum wir heutzutage nicht mehr auf einem wörtlichen Verständnis der Säulen der Erde bestehen: Wir möchten nicht wissenschaftlich ungebildet erscheinen und damit die christliche Botschaft in Verruf bringen.[31] Selbstverständlich (aber das muss gesagt werden) schlägt Augustinus nicht vor, dass Christen sich nicht darauf einstellen sollten, Spott für die Grundüberzeugungen ihres Glaubens wie die Göttlichkeit und Auferstehung Christi zu ernten. Diese Art von Spott gibt es schon seit der Geburtsstunde des Christentums, und sie hat sich bis heute gehalten – wie der Autor aus eigener Erfahrung bestätigen kann. Dabei geht man fälschlicherweise davon aus, dass wissenschaftlicher Fortschritt es unmöglich gemacht hat, an Wunder zu glauben. Nun, was man von Augustinus lernen sollte, ist Folgendes: Wenn meine Ansichten über ein *Randthema* des Glaubens von anderen überzeugten Christen nicht geteilt werden, wenn diese Ansichten allgemeinen Spott ernten und wenn sie letztlich dazu führen, dass mein Gesprächspartner mir bei *wichtigeren* Glaubensthemen nicht zuhören mag – dann sollte ich die Möglichkeit in Betracht ziehen, dass meine Ansicht falsch sein könnte.

Die meisten von uns akzeptieren mit Sicherheit die Ansicht, dass es wichtig ist, zwischen zentralen und weniger zentralen Aspekten des christlichen Glaubens zu unterscheiden. Bei der letzteren Sorte gibt es noch einigen Spielraum für unterschiedliche Meinungen.[32] Wir würden vermutlich auch akzeptieren, dass wir unterscheiden sollten zwischen dem, was die Bibel sagt, und dem, wovon wir denken, dass die Bibel es sagt. Die Bibel selbst hat die höchste Autorität, nicht unser Verständnis der Bibel. Es ist ein Trauerspiel, wenn Leute, die nach eigener Auskunft gläubige Christen sind, sich selbst Lügen strafen, indem sie untereinander streiten und sich gegenseitig lächerlich machen, anstatt respektvoll miteinander zu diskutieren. Man sollte voneinander lernen, anstatt die christliche Botschaft durch solche Konflikte unglaubwürdig zu machen.

Wenn wir uns nun wieder dem Thema der Erdbewegung zuwenden, können wir Augustinus' Rat direkt anwenden. Wir wissen, dass man den biblischen Text zwar so auslegen könnte, als ob er die Theorie einer unbeweglichen Erde unterstützt. Inzwischen gibt es aber eine glaubwürdigere Interpretation, die im Kontext unseres fortgeschrittenen Wissens über das Sonnensystem wesentlich mehr Sinn ergibt. Wir wissen inzwischen, dass die Erde nicht sprichwörtlich auf einem Fundament bzw. auf Säulen aus Stein, Beton oder Stahl ruht. Deswegen können wir auch davon ausgehen, dass die Wörter »Fundament« und »Säulen« im übertragenen Sinn benutzt werden. Ich möchte trotzdem noch einmal betonen, dass diese Metaphern für Realitäten stehen. Gott, der Schöpfer, hat real existierende, konstante Faktoren in das System der Planeten eingebaut, die garantieren, dass dieses System so lange existieren kann, wie es noch seinem (Gottes) Zweck dient. Wissenschaftliche Erkenntnisse haben gezeigt, dass die Erde über längere Zeiträume konstant in ihrer Umlaufbahn ist, was unter anderem dem physikalischen Abstandsgesetz zu verdanken ist. Darüber hinaus stabilisiert der Mond die Achsenneigung der Erde, während der Jupiter als der größte Planet mit dafür sorgt, dass alle anderen Planeten sich in ihrer Umlaufbahn halten.[33] Insofern ist also die feste Verankerung der Erde sehr real. Wenn man so will, ist es eine Verankerung, die man sinngemäß verstehen kann – im Gegensatz zu einem wörtlichen Verständnis, welches das Wort »Verankerung« mit Bewegungslosigkeit gleichsetzt.

Es gibt noch mehr zu bedenken. Wir akzeptieren auch die metaphorische Interpretation, weil sie offensichtlich auf einem vernünftigen und fundierten Verständnis des biblischen Texts beruht. Die Erde muss sich nicht im Zentrum des sichtbaren Universums befinden, um im Mittelpunkt von Gottes Aufmerksamkeit zu stehen. Obwohl unsere Interpretation sich auf wissenschaftliche Erkenntnisse gründet, verletzt sie in keinerlei Weise die Autorität der Bibel. Das ist der wichtigste Punkt: Die Bibel hat die höchste Autorität. Aber Erfahrungen in der Welt allgemein und in der Wissenschaft speziell haben dabei geholfen, zwischen unterschiedlichen möglichen Interpretationen zu unterscheiden.

Deswegen sieht die große Mehrheit der Christen auch kein Problem in einer metaphorischen Interpretation der Säulen der Erde. Sie halten diese Position weder für an den Haaren herbeigezogen noch für »wissenschaftshörig« – auch wenn die ursprüngliche Interpretation aufgrund von wissenschaftlichen Erkenntnissen korrigiert wurde.

Wie aber sollen wir über die Christen denken, die die biblischen Berichte jahrhundertelang so interpretierten, dass die Erde sich nicht bewegt? Sollen wir ihnen vorwerfen, dass sie dem Evangelium und der Bibel nicht glaubten, nur weil sie nicht dieselben Informationen hatten wie wir heute? Natürlich nicht. Für sie ergab diese Interpretation Sinn und stimmte mit den anerkannten wissenschaftlichen Erkenntnissen ihrer Zeit überein. Schließlich konnte niemand in der antiken Welt eindeutig belegen, dass die Erde sich bewegte (obwohl natürlich einige Gelehrte, wie Aristarch von Samos, dieses Konzept vorschlugen).

Was die Einstellungen von Martin Luther und Johannes Calvin angeht, hat John Hedley Brooke einen interessanten Gedanken: »Es ist nicht wichtig, ob Luther und Calvin sich entschieden gegen das neue Weltbild ausgesprochen haben – schließlich zeigt das nur an, dass ihr Leben von einer präkopernikanischen Weltanschauung geprägt war und sie deswegen ihrer Sache sicher waren. Wichtig ist, ob die Prinzipien ihrer Bibelauslegung unausweichlich mit dem neuen, zunehmend plausiblen System aneinandergeraten würden.«[34] Wie Brooke in einem späteren Kapitel seines Buchs beschreibt, war das nicht der Fall – es gab keinen unvermeidlichen Konflikt.

Interessanterweise wurden die ersten stichhaltigen Belege dafür, dass die Erde sich bewegt, erst 1725 gefunden. James Bradley, ein Professor am *Savilian Chair of Astronomy* in Oxford und Leiter des königlichen Observatoriums in Greenwich, leitete es aus der beobachteten Aberration des Sterns Gamma Draconis ab.[35] Vorher wurde die christliche Schriftinterpretation einer unbewegten Erde von Nichtchristen durchaus nicht belächelt – war doch das von Aristoteles vorgeschlagene Weltbild zu dieser Zeit weit verbreitet. Jahrhundertelang stellte dies niemand infrage, weil es einfach keinen Grund dazu gab. Erst als allgemein offensichtlich und akzeptiert wurde, dass die Erde sich bewegte und dass zusätzlich die Bibel entsprechend interpretiert werden konnte, ohne dabei ihre Integrität und Autorität zu verletzen, wurde jeder verspottet, der noch behauptete, dass die Erde im Weltraum verankert sei. So jemand brachte dann die Glaubwürdigkeit der Bibel in Verruf.

Lektionen aus dem Fall Galilei: Eine Zusammenfassung

Aus der Kontroverse um Galilei kann man entsprechend lernen, dass wir die Einsicht und die Demut dazu haben sollten, zwischen unserer eigenen Interpretation der Bibel und ihrer eigentlichen Aussage zu unterscheiden. Der biblische Text kann mitunter komplexer sein als gedacht. Insofern könnten wir Gefahr laufen, ihn als ein Argument für eine Idee zu benutzen, die der Text nie vermitteln wollte. Man *könnte* die Bibel zwar so verstehen, dass sie von einer wortwörtlich unbeweglichen Erde spricht, *muss* sie aber nicht. Davon ging jedenfalls Galilei zu seinen Lebzeiten aus. Im Nachhinein sieht man, dass er recht behalten sollte.

Auch heute benötigen Philosophen und Wissenschaftler Demut angesichts von Fakten, auch wenn solche Fakten von einem gläubigen Menschen präsentiert werden. Dabei garantieren weder Glaube noch Unglaube wissenschaftliche Fehlerfreiheit. Deutlich ist nur, dass es riskant sein kann, das vorherrschende wissenschaftliche Paradigma[36] zu kritisieren – egal, aus welchem Lager man kommt.

Und schließlich sehen wir zwei Extreme, die vermieden werden sollten, wobei das oft leichter gesagt als getan ist: Wissenschaft ist ständig im Wandel, und daher kann es riskant sein, die Auslegung der Schrift zu eng an das aktuelle wissenschaftliche Verständnis zu knüpfen – diesen Fehler haben die Verfechter der unbewegten Erde gemacht.

Natürlich kann man ihnen das nur schwer vorwerfen; schließlich entsprach ihr Standpunkt der wissenschaftlichen Lehrmeinung ihrer Zeit. Deswegen ziehe ich es vor, von *Konvergenz* zwischen Interpretationen der Bibel und Wissenschaft zu einem bestimmten Zeitpunkt zu reden – ein Beispiel ist die aktuelle Konvergenz darin, dass das Universum einen Anfang hatte (worauf wir bald zurückkommen werden).

Das zweite Extrem ist das völlige Ignorieren wissenschaftlicher Erkenntnisse und vielleicht sogar des gesunden Menschenverstandes. Das ist es, wovor Augustinus warnt: So eine Haltung ist fortschrittsfeindlich, bringt die Gute Nachricht nur in Verruf und hat keinerlei Grundlage in der Bibel. In Römer 1,20 schreibt Paulus: »Seit Erschaffung der Welt haben die Menschen die Erde und den Himmel und alles gesehen, was Gott erschaffen hat, und können daran ihn, den unsichtbaren Gott, in seiner ewigen Macht und seinem göttlichen Wesen klar erkennen. Deshalb haben sie keine Entschuldigung dafür, von Gott nichts gewusst zu haben.« Wir können also Dinge über unseren Schöpfer aus der Beobachtung des sichtbaren Universums lernen. Dann aber sollte es uns eine Verpflichtung sein, unseren gottgegebenen Verstand zu benutzen und diese Dinge zu ergründen. Gottes allgemeine Selbstkundgabe in der Natur sollen wir in Beziehung setzen zu seiner speziellen Offenbarung in der Bibel – um uns dann an beidem gleichermaßen zu erfreuen. Gott hat das Universum gemacht. Wäre es da nicht seltsam, kein Interesse daran zu haben?

Ich gebe zu, dass es nicht immer einfach ist, die Balance zu halten. Immerhin haben wir es geschafft, dies mit der Theorie der Erdbewegung zu tun, auch wenn wir dazu 1700 Jahre gebraucht haben. Ich hoffe inständig, dass man daraus Hoffnung auch für andere Kontroversen ableiten kann. Eine dieser Kontroversen wird uns ja nun beschäftigen.

III. Ist die Erde alt? Die Frage der Schöpfungsgeschichte

Die Interpretation der sieben Schöpfungstage im 1. Buch Mose: Ein historischer Rückblick

Christen mit der Auffassung, die »Tage« in 1. Mose stünden – in welcher Weise auch immer – für aufeinanderfolgende Zeitabschnitte, lassen sich in drei Hauptgruppen unterteilen. Da gibt es zunächst jene, die glauben, dass es sich bei den Schöpfungstagen um die 24-Stunden-Tage innerhalb einer Erdenwoche handelt. Entsprechend gehen sie von einem sehr jungen Universum aus (das vor ungefähr 6000 Jahren erschaffen wurde). Die zweite Gruppe hält die »Tage« für längere Zeitabschnitte und glaubt, dass das Universum alt ist. Schließlich gibt es diejenigen, die diese Tage weder wörtlich noch als längere Zeitabschnitte noch als zwingend aufeinanderfolgend verstehen, sondern eher als schematisch. An dieser Stelle ist es wichtig zu erwähnen, dass all diese Ansichten schon länger existieren. Keine davon ist erst kürzlich aufgekommen.

Was sich jedoch verändert hat, ist die Bedeutung des Wortes *Kreationist*. Ursprünglich bezeichnete es lediglich jemanden, der an einen Schöpfer glaubt, ohne dabei besonderen Wert auf eine bestimmte Schöpfungstheorie zu legen. Heutzutage werden mit dem Wort üblicherweise Verfechter der »jungen Erde« bezeichnet, was zu Verwirrung führen kann.[37]

Über die Jahrhunderte hat sich bei vielen die Meinung gehalten, dass man einen direkten Vergleich zwischen der Schöpfungswoche und einer regulären Erdenwoche ziehen kann. Der jüdische Kalender beispielsweise nimmt die sogenannte »Ära der Schöpfung« als Startpunkt. Diese wird auf das Jahr 3761 v.Chr. datiert. Als Veranschaulichung der Kalendersystematik können wir das Jahr 2020 nehmen. Es ist nach der Zeitrechnung des jüdischen Kalenders das Jahr 5780, begann im September 2019 und endete im September 2020. Im modernen Hebräisch werden die Tage der Woche mit den Zahlen von eins bis sechs bezeichnet, während der siebte Tag der Sabbat ist (*schabbat* bedeutet Pause oder Ruhe) – genauso wie im ersten Kapitel von 1. Mose.

Die christlichen Reformatoren Martin Luther und Johannes Calvin sowie viele von denen, die das Bekenntnis von Westminster aufsetzten, vertraten ebenfalls die 24-Stunden-Tag-Theorie. In seinem Genesiskommentar schrieb Calvin, dass die Schöpfung sich über einen »Zeitraum von sechs Tagen« erstreckte; eine Formulierung, die später genau so in das Bekenntnis von Westminster aufgenommen wurde.[38]

Da das 1. Mosebuch allerdings das erste Buch der Hebräischen Bibel ist, sollten wir zuerst einmal einen Blick in die Geschichte lange vor die Zeit der Reformation werfen und betrachten, wie jüdische Ausleger die Schöpfungstexte verstanden haben. Im nächsten Schritt schauen wir uns die die Auslegung der frühen Kirche an, die 1. Mose in der griechischen Übersetzung (der Septuaginta) statt des hebräischen Originals gelesen hat. An diesem wichtigen Punkt möchte ich anmerken, dass ich persönlich die Bibel als einheitliche Sammlung von Texten verstehe, die aus einer großen Intelligenz hervorgeht: dem Schöpfergott, der sich selbst in einer Weise offenbart, die in sich konsistent und normativ für Glaube und Leben ist. Deshalb ist es wichtig zu sehen, wie Menschen verschiedener Generationen die Bibel verstanden haben. Eine ausführliche Analyse der gesamten Auslegungsgeschichte von 1. Mose ist in diesem kurzen Buch nicht möglich. Entsprechend werden wir uns auf eine kurze Skizzierung beschränken müssen.

Ein sehr informativer Bericht über die jüdische Auslegungsgeschichte von 1. Mose stammt aus der Feder des ehemaligen Großrabbiners des Vereinten Königreiches, Lord Sacks, und zwar im Anhang über die jüdischen Quellen zur Schöpfung, das Alter des Universums und die Evolution in seinem Buch The Great Partnership (die große Partnerschaft).[39] Hier sind ein paar Beispiele:

Philo von Alexandria (10 v.Chr. bis 50 n.Chr.) war ein einflussreicher jüdischer Schriftsteller, der zu Jesu Zeiten in Alexandria lebte. Unter seinen zahlreichen Werken findet man die Schrift *De Opificio Mundi* (»Über die Weltschöpfung«), die in Abschnitt III,13 folgenden Gedankengang beschreibt:

»In sechs Tagen, sagt er [Mose], ist die Welt geschaffen worden, nicht etwa weil der Schöpfer einen Zeitraum dazu nötig hatte - denn es ist selbstverständlich, dass Gott alles auf einmal bewirkt, nicht nur durch seinen Befehl, sondern schon durch sein Denken -, sondern weil für die Entstehung der Dinge eine bestimmte Ordnung nötig war. Zur Ordnung aber gehört die Zahl, und von den Zahlen ist nach den Gesetzen der Natur die für die Schöpfung passendste die Sechs. Wenn man nämlich von der Eins an zählt, ist sie die erste vollkommene Zahl, da sie ihren Teil gleich und aus ihnen zusammengesetzt ist, nämlich aus der Drei als der Hälfte, der Zwei als dem 3. Teil und der Eins als dem 6. Teil (...).«[40]

Demzufolge glaubte Philo daran, dass die Schöpfung in einem Augenblick entstanden ist und dass der Bericht aus dem 1. Buch Mose vorwiegend mit der Darstellung und den Prinzipien einer gewissen Ordnung zu tun hat und weniger mit einer Chronologie. Seine Zahlenverweise sind interessant, da sie die hellenistische »Wissenschaft« seiner Zeit widerspiegeln – vermutlich vorwiegend den Einfluss der Pythagoräer mit ihrer Faszination für alles, was mit Zahlen zu tun hatte. Hier ein Beispiel von Philos Ausführungen über den ersten Schöpfungstag: »Einem jeden der sechs Tage aber teilte er einige Teile des ganzen Schöpfungswerkes zu, mit Ausnahme des ersten Tages, den er selbst, damit er nicht mit den anderen zusammen gezählt würde, nicht den ersten nennt, sondern treffend als einen Tag bezeichnet, da er das Wesen der Einheit in ihm erblickte und ihm deshalb diese Bezeichnung beilegte.«[41] Philo verstand zudem einen Großteil des Berichts, der sich mit Eden beschäftigt, als symbolisch. Beispielsweise war er der Ansicht, dass der Bericht über die beiden Bäume »eher sinnbildlich als im eigentlichen Sinne aufgefasst werden muss; denn Bäume des Lebens oder der Erkenntnis sind weder früher jemals auf Erden zum Vorschein gekommen, noch ist es wahrscheinlich, dass sie in Zukunft sich zeigen werden.«[42]

Der französische Rabbi Schlomo Jizchaki (auch bekannt als Raschi), der im Mittelalter lebte (1040–1105 n.Chr.), schrieb vielgepriesene Kommentare zum Talmud und zum Tanach (das hebräische Alte

Testament). Er glaubte, dass es im Schöpfungsbericht aus 1. Mose weder um eine genaue Zeitangabe noch um eine bestimmte Reihenfolge der Schöpfung ging: »Der Text möchte nicht die Reihenfolge der Schöpfungsakte festlegen ... der Text lehrt in keiner Weise, welche Dinge zuerst und welche später geschaffen wurde. Er will uns nur lehren, in welchem Zustand die Dinge waren zu der Zeit, als Himmel und Erde geschaffen wurden, nämlich dass die Erde formlos und voller Chaos war.«[43]

Maimonides (Mosche ben Maimon, 1135–1204 n.Chr.) war ein spanischer jüdischer Philosoph und Kommentator, der das Studium der Wissenschaften sehr befürwortete. Er schrieb:

> Welcher ist der Weg, der zur Liebe und Ehrfurcht vor Gott führt? Wenn jemand seine großen und wundersamen Werke und Geschöpfe betrachtet und dadurch einen winzigen Blick auf seine unvergleichliche und unendliche Weisheit erhascht, wird er ihn sofort lieben, loben, preisen und sich mit großer Sehnsucht danach sehnen, seinen großen Namen zu kennen, wie David sagte: »*Meine Seele dürstet nach Gott, nach dem lebendigen Gott*« (Psalm 42,3; ELB). Und wenn er über diese Dinge nachdenkt, wird er furchtsam zurückschrecken und erkennen, dass er ein kleines Geschöpf ist, niedrig und unbedeutend, mit geringer und schwacher Intelligenz ausgestattet, das vor dem steht, der in der Erkenntnis vollkommen ist. Und so sagte David: »*Wenn ich anschaue deinen Himmel, deiner Finger Werk ... Was ist der Mensch, dass du seiner gedenkst?*« (Psalm 8,4-5; ELB).[44]

Lord Sacks macht auch allgemeine Aussagen über die jüdische Einstellung der Wissenschaft gegenüber: »Die Weisen maßen der Wissenschaft religiöse Würde und Integrität bei, sowohl als menschliche Weisheit als auch als Einblick in die göttliche Weisheit, die sich im Kosmos zeigt. Der babylonische Talmud betrachtet das Studium der Astronomie für diejenigen, die dazu in der Lage sind, als religiöse Pflicht. Maimonides betrachtet Wissenschaft als einen Weg zur Liebe und Ehrfurcht vor Gott.«[45]

Zur Auslegung der Schöpfungserzählungen sagte Maimonides in der Einleitung zu seinem berühmten Werk Führer der Unschlüssigen bescheiden: »Du siehst ja, dass Gott ... an den Eingang seines heiligen Buches die Schöpfungsgeschichte ... gestellt hat ... Aber wegen der Erhabenheit und hohen Bedeutung des Gegenstandes, und weil unser Können unzureichend ist, die Wichtigkeit dieser Dinge ... zu erfassen, hat Gott uns diese schwierigen Dinge ... in Bildern, Rätseln und sehr dunklen Worten mitgeteilt ... Man bediente sich also, indem man von diesen Dingen sprach, der doppelsinnigen Wörter, damit die große Menge, dem Maße ihrer Einsicht und der Schwäche ihres Vorstellungsvermögens entsprechend, sie in dem einen, der Vollkommene und Tüchtige hingegen in einem anderen Sinne auffasst.«[46] Später sagt er: »Alles, was in der Schöpfungsgeschichte des Pentateuchs enthalten ist, ist nicht ganz nach dem einfachen Wortsinn [wörtlich] zu verstehen, wie die Menge sich es vorstellt.«[47] Diese Bemerkung scheint darauf hinzudeuten, dass eine wörtliche Auslegung zu dieser Zeit ziemlich verbreitet war.

Wie bereits zuvor erwähnt datiert der jüdische Kalender den Zeitraum der Schöpfung auf das Jahr 3761 v.Chr. Allerdings zeigt Dov Ginzburg vom Geological survey of israel (geologische Überwachung Israels) in seinem Artikel »The Age of the Earth from Judaic Traditional Literature« (Das Alter der Erde in der jüdischen traditionellen Literatur), dass es mehrere Meinungen darüber gab. In der Inhaltsangabe seines Artikels heißt es:

> Schreibt man jeder im Talmud genannten Generation durchschnittlich 40 Jahre zu, um das Alter der Erde zu berechnen, kommt man auf 5740 Jahre, die seit der »Geburt« Adams vergangen sind. Für moderne Wissenschaftler, die traditionelle Ansichten vertreten, hat diese »Datierung« zu Problemen geführt, die durch verschiedene semantische Verrenkungen erklärt wurden. Die gängigste davon ist, dass die biblischen »sechs Schöpfungstage« sich nicht auf Tage, wie wir sie kennen, sondern auf große Zeiträume beziehen. Eine Untersuchung der Schriften von Rabbi Abbahu, Rabbi Abbaye, im Talmud und Midrasch, legt jedoch ein Konzept nahe, das unserem heutigen Wissen

> eher entspricht. Simon Hahasid im Talmud schätzt das Alter der Erde auf 40 000 Jahre. Auf der Grundlage dieser frühen Weisen geben viele Autoren der jüdischen Religionsphilosophie im 10. bis 12. Jahrhundert das Alter der Erde mit 50 000 bis 100 000 Jahren an. Einige spanische Kabbalisten aus dem 12. und 13. Jahrhundert berechneten das Alter der Erde auf 900 000 bis 2,5 Milliarden Jahre. Diese Konzepte werden in der traditionellen jüdischen Literatur vom Mittelalter bis in die Gegenwart von jüdischen Philosophen und Rabbinern wie Maimonides, Rabbi Judah Halevi, Rabbi Israel Lipschitz und anderen vertreten.[48]

Ginzburg benennt konkret Rabbi Judah bar Simon, der im 4. Jahrhundert lebte. Dieser hob hervor, dass es in 1. Mose nicht heißt »Es soll Abend sein«, sondern »Und es wurde Abend«. Er deutete es als Hinweis auf ein bereits bestehendes Zeitsystem. Etwa zur selben Zeit sah Rabbi Abbahu darin einen Hinweis, dass Gott bereits vor den in 1. Mose beschriebenen Ereignissen Welten erschaffen und zerstört hatte, nach dem Motto: »Diese gefällt mir; die anderen haben mir nicht gefallen. « Der babylonische Talmud beschreibt 974 Generationen vor Adam: Aufgrund von Sprüche 8 ging man davon aus, dass die Torah bereits tausend Generationen lang existiert hatte, bevor sie durch Mose auf die Erde kam, und da 26 Generationen zwischen Adam und Mose lagen, musste es 974 Generationen vor Adam gegeben haben. In späteren Jahrhunderten sahen Gelehrte wie beispielsweise Rabbi Israel Lipschitz (1782–1860 n.Chr.) eine Bestätigung dieser Sichtweise in geologischen Beweisen einer alten Erde und der Entdeckung von Fossilien ausgestorbener Tiere.[49]

Wenden wir uns nun frühchristlichen Schreibern zu, die etwas zur sogenannten »großen Tradition« der biblischen Auslegung beigetragen haben. Im zweiten Jahrhundert stellten einige der frühen Kirchenväter wie Justin der Märtyrer oder Irenäus von Lyon in ihren Werken *Dialog mit dem Juden Tryphon* und *Gegen die Häresien* auf der Grundlage von Psalm 90,4 und 2. Petrus 3,8 die Vermutung an, dass es sich bei den Tagen um längere Zeitabschnitte handeln könnte. In diesen Schriftstellen steht: »Denn für dich sind tausend Jahre wie der gestern vergangene Tag, wie wenige Stunden nur!« und »Und ihr sollt wissen,

liebe Freunde, dass ein Tag für den Herrn wie tausend Jahre ist und tausend Jahre wie ein Tag«. Mit diesem Interpretationsansatz rückte Irenäus (130 bis ca. 202 n.Chr.) die Warnung Gottes bezüglich des Baumes der Erkenntnis (»Wenn du die Früchte von diesem Baum isst, musst du auf jeden Fall sterben«; 1. Mose 2,17) in ein neues Licht: »Der Tag, an dem er gestorben ist, ist derselbe wie der Tag, an dem er gegessen hat. (...) Tausend Jahre hat er [d.h. Adam] aber nicht überschritten, sondern ist innerhalb dieser Frist gestorben.«[50]
Clemens von Alexandria (150–215 n.Chr.) schrieb – ähnlich wie Justin und Irenäus – im 2. Jahrhundert, dass die Schöpfung unmöglich in irgendeiner Form von Zeit passiert sein könne: »Wie könnte aber auch die Schöpfung in der Zeit vor sich gehen, da auch die Zeit erst zugleich mit dem Seienden geschaffen wurde?«[31] Seinem Verständnis nach liegt die Bedeutung der Schöpfungstage darin, dass sie die einzelnen Aspekte der Schöpfung ihrer Wichtigkeit nach ordnen und nicht ihrer zeitlichen Abfolge nach. Wenige Zeit später, zu Beginn des 3. Jahrhunderts, schrieb einer der wichtigsten Theologen seiner Zeit über dieses Thema: Origenes (185–254 n.Chr.), der aus Alexandria stammte und zutiefst von der griechischen Methode allegorischer Auslegung beeinflusst war. Er schrieb:

> Welcher vernünftige Mensch wird z.B. glauben, daß der erste und zweite und dritte Tag, Abend wie Morgen, ohne Sonnen Mond und Sterne geworden sey? Der erste sogar ohne Himmel [der Himmel wurde am zweiten Tag erschaffen]? Wer ist ferner so einfältig, zu glauben, daß Gott nach Art eines landbauenden Menschen ein Paradis in Eden gegen Morgen gepflanzt, und einen sichtbaren und genießbaren Baum des Lebens darein gesetzt habe, so daß, wer mit körperlichen Zähnen dessen Frucht kostete, das Leben empfieng, und anderseits einer der Erkenntniß des Guten und Bösen mächtig wurde, sobald er von diesem Baume genossen hatte? Wenn es ferner heißt, Gott habe gegen Abend im Garten gewandelt, und Adam sich hinter den Baum versteckt: so glaube ich, wird Niemand zweifeln, daß dieß bildlich, unter einer scheinbaren nicht wirklichen, leibhaften Thatsache, einen geheimen Sinn andeute.[51]

Origenes hob hervor, dass die Sonne in der Schöpfungserzählung erst am vierten Tag gemacht wurde. Er erhob hier einen offensichtlichen Einspruch, wie man in seinem Werk lesen kann: »Welcher vernünftige Mensch wird z. B. glauben, daß der erste und zweite und dritte Tag, Abend wie Morgen, ohne Sonnen Mond und Sterne geworden sey?« Mit diesem Argument beschäftigen wir uns im nächsten Kapitel noch einmal.

Origenes glaubte, die Schöpfung sei in einem Augenblick geschehen, und betonte, dass »die Welt noch nicht zehntausend Jahre alt sei, sondern weit dahinter zurückbleibe.«[52] Hier sollte eine seiner Schattenseiten erwähnt werden: Er war zutiefst von Platon beeinflusst und vertrat die Lehre der Präexistenz der Seele, wofür er 553 im Rahmen des 2. Konzils von Konstantinopel mit dem Kirchenbann belegt wurde – etwa drei Jahrhunderte nach seinem Tod. Allerdings ist es genauso erwähnenswert, dass Origenes die historische Ebene der biblischen Schriften ernst nahm. Wie der einflussreiche Theologe Henri de Lubac (1896–1991 n.Chr.) in seinem Buch Geist aus der Geschichte[53] aufzeigte, suchte Origenes nach drei verschiedenen Auslegungsebenen – historisch, moralisch und mystisch-allegorisch.[54]

Im 4. Jahrhundert hielt Basilius der Große (330–379 n.Chr.), Bischof von Caesarea in Kappadokien, eine Reihe von Fastenvorträgen über die sechs Schöpfungstage mit dem Titel Hexaemeron (griech. für »sechs Tage«). Basilius war der Ansicht, dass an jedem dieser Tage das Schöpfungswerk augenblicklich umgesetzt wurde, nachdem Gott gesprochen hatte. So schrieb er beispielsweise: »›Es sprosse die Erde das Grün des Grases.‹ Und in demselben Augenblicke begann die Erde zu sprossen, um die Gesetze des Herrn zu erfüllen, durchlief alle Formen des Wachstums und brachte sofort sprossende Gewächse zur vollen Ausbildung.«[55] Basilius glaubte auch, dass die Pflanzen vor der Sonne erschaffen wurden, um zu zeigen, dass sie nicht vom Sonnenlicht abhängig waren, damit die Sonne nicht verehrt und angebetet würde.
Ebenfalls im vierten Jahrhundert haben wir Augustinus von Hippo (354–430 n.Chr.) – einen herausragenden Intellektuellen, der viel über die Schöpfung schrieb. Er sagte: »Gott erschuf von Anbeginn der Zeitalter zuerst alle Dinge gleichzeitig und zusammen, manche bereits in ihrer feststehenden Natur, andere in ihren vorbestimmten

Ursachen.«[56] In seinem Buch *De Civitate Dei* (»Über den Gottesstaat«) gab er offen zu, dass er die Schöpfungstage als schwierig empfand:

> Dagegen ist die Welt zugleich mit der Zeit erschaffen, wenn bei ihrer Erschaffung die Wandel erzeugende Bewegung erschaffen worden ist, worauf auch hinzuweisen scheint jene Gliederung in sechs oder sieben erste Tage, bei denen auch von Morgen und Abend die Rede ist, bis alles, was Gott in diesen Tagen schuf, am sechsten Tage vollendet und am siebenten in einem großen Geheimnis von Gottes Ruhe gesprochen wird. Welcher Art freilich diese Tage sind, das auch nur sich vorzustellen, geschweige denn darzulegen ist ungemein schwierig, wo nicht unmöglich.
>
> Was nämlich wir als Tag bezeichnen, hat seinen Abend lediglich durch den Untergang der Sonne und seinen Morgen durch deren Aufgang; von den Schöpfungstagen aber sind die drei ersten dahingegangen ohne die Sonne, deren Erschaffung erst auf den vierten Tag berichtet wird. Zwar ist gleich anfangs die Rede davon, daß das Licht durch Gottes Wort erschaffen worden sei ...; allein welcher Art jenes Licht ist und welcher Bewegungswechsel Abend und Morgen verursacht habe und wie der so verursachte Abend und Morgen beschaffen, das entzieht sich unseren Sinnen und kann in seinem Wesen von uns nicht ergründet werden, wir haben es einfach zu glauben.[57]

Aus der Sicht philosophischer Theologie ist eine der wichtigsten Aussagen hier jene, dass Gott nicht innerhalb der Zeit, sondern »zugleich mit der Zeit« geschaffen hat. Laut Augustinus gehört die Zeit also zur Schöpfung, und jede Frage darüber, was Gott vor der Schöpfung tat, ist entsprechend bedeutungslos. Außerdem schuf Gott ex nihilo – aus dem Nichts.

Augustinus' letzter Satz in diesem Zitat ist sowohl ehrlich als auch demütig. Er erinnert uns daran, wie viele Aspekte des Schöpfungsberichts wir nicht verstehen. Aber wenn wir akzeptieren, dass die Schrift das Wort Gottes ist, sollten wir daran glauben und immer weiter versuchen zu verstehen, immer mit dem Wissen im Hinterkopf, dass wir womöglich falschliegen.

In seinem Werk Über den Wortlaut der Genesis schrieb Augustinus: »Aber zumindest wissen wir, dass [der Tag in 1. Mose] anders ist als der gewöhnliche Tag, mit dem wir vertraut sind.«[58] Tatsächlich war er der Ansicht, dass Gott alles in einem einzigen Augenblick geschaffen hat und die Tage nur eine logische Reihenfolge darstellen sollen, damit es besser für uns verständlich ist. Ganz nebenbei sehen wir hier noch, dass Augustinus, genau wie Origenes, an eine junge Erde glaubte und der Ansicht war, dass der Mensch »vor weniger als 6000 Jahren erst nach dem Zeugnis der Heiligen Schrift« erschaffen worden sei.[59]

Hier sollte betont werden, dass all diese Männer nicht einfach nur Salontheoretiker waren. Einige von ihnen wurden für ihren Glauben gefoltert und hingerichtet, darunter Justin der Märtyrer (wie sein Name schon nahelegt), Irenäus und Origenes. Offensichtlich wurden sie auch nicht von zeitgenössischen Disziplinen wie Geologie oder Evolutionsbiologie beeinflusst. Sie waren zudem brillante Denker. Wir sollten nicht den Fehler machen und dem verfallen, was C.S. Lewis als »chronologischen Snobismus«[60] bezeichnet – mit anderen Worten, wir sollten uns nicht per Definition für klüger halten, nur weil wir in einer viel späteren Zeit leben.

Hans Boersma gab folgenden Hinweis: »Die mittelalterliche Tradition unterscheidet oft vier verschiedene Ebenen der Auslegung … Littera gesta docet, quid credes allegoria, moralis quid agas, quot tendas anagogia. Man könnte diesen Reim in etwa folgendermaßen … übersetzen: Der Buchstabe zeigt uns, was Gott und unsere Vorväter taten; die Allegorie zeigt uns, wo unser Glaube verborgen liegt; die moralische Bedeutung gibt uns Anleitung für unser tägliches Leben; Die Anagoge[61] zeigt uns, zu welchen Ziel unser Streben führt.«[62]

In den folgenden Jahrhunderten bis zu unserer heutigen Zeit können wir zwei Haupttrends der Auslegung nachvollziehen: den Ansatz einer eher wörtlichen Auslegung, wie bei Basilius dem Großen, und den Ansatz einer eher bildlichen Auslegung, wie bei Augustinus. Als Mitglied der Universität Oxford muss ich Robert Grosseteste (1168–1253 n.Chr.) erwähnen, ein Universalgelehrter und Kanzler der Universität (wenn auch nur in der Funktion und ohne den entsprechenden Titel). Sein Biograf Robert Southern sagte über ihn: »Er hatte erkannt, dass es keine Lücke zwischen der Physik der Schöpfung und der Theologie der Schöpfung gab … Sein Bibelstudium überzeigte ihn schließlich, dass Licht nicht nur das am meisten erfüllende aller Naturphänomene, sondern gleichzeitig eine Ausstrahlung der göttlichen Natur sei, die im ersten Moment der Schöpfung das gesamte Universum durchdrang und ihm Form gab.«[63] Über 1. Mose 1,1 sagte Grosseteste: »Mit dem Hammer aus diesen Worten zerschlug Mose die Philosophen, die gemeinsam mit Aristoteles behaupteten, die Welt habe keinen Anfang.«[64]

Er hatte auch zwei vernünftige Ratschläge für diejenigen, denen es schwerfiel, 1. Mose zu verstehen. Erstens: Es war nicht seine Aufgabe zu versuchen, dieses Thema zu klären, an dem sich bereits bessere Männer die Zähne ausgebissen hatten. Der zweite Ratschlag bezieht sich auf die Kirchenväter: »Hier sollte angemerkt sein, dass die heiligen Schreiber oft andeuten wollten, was möglich war, und nicht, was war, und viele ihrer Aussagen beschreiben Möglichkeiten statt Tatsachen. Selbst wenn es uns scheint, als sprächen sie mit Entschlossenheit über absolute Wahrheiten, schlagen sie tatsächlich Dinge als Übungen vor. Wie Gregor von Nyssa sagte: ›Wir tragen vor, was uns in den Sinn kommt, nicht als endgültig, sondern als Übung für unsere aufmerksamen Zuhörer.‹«[65] Behalten Sie das im Hinterkopf, während Sie weiter meinen Ausführungen folgen.

Bei der Auslegung der ersten Kapitel von 1. Mose gibt es zwei Hauptlager, was die vermutete Intention des Autors der Schöpfungsgeschichte angeht. Ein Lager ist der Meinung, die Bibel müsse als historische Quelle gelesen werden, das andere Lager glaubt, der Autor wolle zeitlose Wahrheiten durch bildlich-theologische Sprache vermitteln.[66] In Anhang D werden wir uns mit dem Einfluss von Darwins Evolutionstheorie auf die Auslegung von 1. Mose beschäftigen.

Ich betone hier die Worte »die ersten Kapitel«, da der Rest des 1. Buchs Mose den Eindruck einer historischen Erzählung macht: Es geht um den Aufstieg der hebräischen Nation im Altertum inmitten von heidnischen Völkern im Nahen Osten. Dieser Aufstieg wird chronologisch anhand der Familiengeschichten von Abraham, Isaak und Jakob dargestellt. Daher ist es nicht überraschend, dass viele Leute den Geschichtscharakter dieser Erzählung auch auf die ersten Kapitel des Buchs übertragen. Das ist verständlich, weil diese Kapitel einen wichtigen Teil des 1. Buchs Mose bilden.

Manche, wie beispielsweise Gordon Wenham, machen folgenden Vorschlag: »Dieses Kapitel steht außerhalb der geschichtlichen Hauptlinie von 1. Mose, in der jeder Abschnitt mit den Worten ›Dies ist die Generationenfolge von …‹ beginnt.«[67] Andere halten dagegen, dass die erste Verwendung dieser wederholten Formel den ersten Abschnitt abschließt, wodurch der Schöpfungsbericht in den Rest der historischen Erzählung eingebunden ist.

Diese ersten Kapitel von 1. Mose vermitteln zumindest mir den starken Eindruck, dass sie von realen Dingen, Orten und Menschen sprechen und einen durchgehenden geschichtlichen Faden spannen: von der Erschaffung der Welt und den ersten Menschen über die Entwicklung und Ausbreitung von Zivilisationen bis hin zur Zeit der Sintflut, vor der Noah und seine Familie bewahrt wurden, um Stammeltern der Volksgruppen des Alten Orients zu werden. Ich sehe ein Risiko darin, in gewissen Bereichen die Theologie von der Geschichte zu trennen.[68]

Das 1. Buch Mose ist ein Text, der aus einer Kultur und einer Zeit stammt, die grundverschieden von der unseren ist – die Kultur und Zeit des Alten Orients. Entsprechend können wir es nicht wie ein modernes Schriftstück behandeln, das moderne, westliche Probleme anspricht.[69]

Es stellt sich die Frage, wie stark und auf welche Weise das 1. Buch Mose von der Kultur beeinflusst wurde, in der es geschrieben worden ist. Im Grunde kann man diese Frage auch auf die ganze Bibel ausweiten. Wer davon überzeugt ist, dass die Bibel göttlich inspiriert ist (und ich bin dieser Überzeugung), der ist sich dessen bewusst, dass Gott menschliche Verfasser dazu benutzte, sein Wort aus ihrer Lebenswelt heraus aufzuschreiben. Obwohl es in Jesu Gleichnissen um den Ackerbau, das Bauen und das Fischen ging und nicht um Fabriken, Luftfahrt und Dschungelerforschung, sind sie universell verständlich – ähnlich wie das 1. Buch Mose. Es ist sicherlich sehr hilfreich, viel über die altorientalische Kultur zu wissen, aber das zentrale Thema des Buchs ist so zeitlos, dass man es 1000 v.Chr. genauso wie im Jahr 2000 n.Chr. verstehen kann, wenn man es in angemessener Weise liest.

Drei Theorien zur Länge der Schöpfungstage

Die Hauptinterpretationen der Schöpfungstage aus 1. Mose 1 können folgendermaßen zusammengefasst werden:[70]

Die 24-Stunden-Tag-Theorie *(auch: Kurzzeit-Kreationismus, Junge-Erde-Kreationismus)*	*Die Schöpfungstage sind die sieben 24-Stunden-Tage einer Erdenwoche; die Schöpfung hat vor etwa 6000 Jahren stattgefunden.*
Die Zeitalter-Tag-Theorie *(auch: Konkordanzhypothese)*	*Die Tage bilden einen chronologischen Ablauf; jeder Tag stellt einen Zeitabschnitt unbestimmter Länge dar.*
Die »Framework-Hypothese«	*Die Tage stellen keine chronologische, sondern eine logische Abfolge dar.*

Die Details der ersten beiden Ansichten mit ihrem chronologischen Schwerpunkt wurden schon besprochen, weswegen ich hier eine kurze Übersicht der dritten Perspektive vornehme, die ebenfalls eine bereits sehr alte Ansicht darstellt. Die Kernidee dieser Hypothese besteht darin, dass sie zwischen zwei verschiedenen Schöpfungsordnungen unterscheidet. Diese Idee findet sich in gewisser Weise schon bei Clemens von Alexandria und Augustinus, die mutmaßten, dass die Anordnung der Tage im 1. Buch Mose eher eine logische als eine chronologische Sequenz darstellt. Den Unterschied zwischen diesen beiden Arten der Abfolge kann man an einem Beispiel deutlich machen: Wenn wir einen Bauarbeiter fragen, wie seine Baufirma ein Krankenhaus baut, würde er diesen Prozess wahrscheinlich chronologisch beschreiben: »Erst haben wir eine Grube ausgehoben, um das Fundament zu legen. Anschließend haben wir Stockwerk für Stockwerk den Oberbau hochgezogen: im Kellerbereich die Tiefgarage, im Erdgeschoss die Verwaltungsräumlichkeiten, im ersten Stock die verschiedenen Abteilungen, im zweiten Stock die Operationssäle und im dritten Stock weitere Krankenstationen.« Wenn man hingegen einen Chirurgen den Bau eines Krankenhauses beschreiben ließe, würde er vielleicht anders antworten: »Wir haben die Operationssäle in den zweiten Stock gelegt und die Krankenstationen in die darüber- und darunterliegenden Stockwerke.« Er beschreibt das Krankenhaus aus einem pragmatisch-logischen Blickwinkel, im Gegensatz zur chronologischen Beschreibung des Bauarbeiters. Wir sind eine solche Redeweise so gewohnt, dass wir nicht weiter darüber nachdenken. Wir würden nicht davon ausgehen, dass der Chirurg damit sagen möchte, dass der Operationssaal plötzlich in der Luft auftauchte und die Krankenstationen einfach darunter- und darübergebaut wurden. Ebenso wissen wir, dass er ein echtes, real existierendes Krankenhaus beschreibt.

Um es noch einmal mit einem biblischen Beispiel zu umschreiben: Vergleichen wir einmal das 1. Kapitel aus 1. Mose mit einer Aussage aus Jesaja 45,12: »Ich habe die Erde gemacht und den Menschen, der auf ihr lebt, geschaffen. Mit meinen Händen habe ich den Himmel ausgespannt und die unzähligen Sterne ins Dasein gerufen.« Würde da irgendjemand auf die Idee kommen, zu behaupten, dass Gott als Erstes die Erde, dann den Menschen und abschließend den Himmel und die Sterne geschaffen hat? Ich denke nicht. In dieser nahezu poetischen Beschreibung geht es nicht um die Reihenfolge der Schöpfung. Nichtsdestotrotz werden bei Jesaja Ereignisse beschrieben, die tatsächlich stattgefunden haben; der Autor verzichtet nur darauf, präzise zu beschreiben, in welcher Reihenfolge sie stattgefunden haben.

Kurzum: Die Framework-Hypothese stellt die logische Reihenfolge der Schöpfung in den Vordergrund. Sie lässt sich bis in die Zeit der frühen Kirchenväter zurückverfolgen.[71] Der Gedanke hier ist, dass die Darstellung der Schöpfungstage einen poetischen Charakter hat und sich Parallelen zwischen den Schöpfungsabschnitten auftun. Demzufolge bilden die ersten drei Tage eine Dreiergruppe, die ein Gegenüber für die Tage vier bis sechs als zweite Dreiergruppe darstellt:

Tag	***Form***	***Inhalt***	***Tag***
1	*Licht*	*Himmelskörper*	*4*
2	*Himmel/Meere*	*Vögel/Meerestiere*	*5*
3	*Landmassen/Vegetation/Meere*	*Landtiere/Menschen*	*6*

In den ersten drei Tagen wird dem Formlosen Form und Struktur gegeben, während in den darauffolgenden drei Tagen diese neu geschaffenen, leeren Formen gefüllt werden: Licht wird am ersten Tag geschaffen, während der vierte Tag von der Erschaffung der Himmelskörper Sonne, Mond und Sterne erzählt. Der Himmel und die Meere entstehen am zweiten Tag und werden am fünften mit Meerestieren und Vögeln bevölkert.

Es wurde schon mehrfach darauf hingewiesen, dass diese Parallelen alles andere als vollständig sind. Beispielsweise werden die Himmelskörper am vierten Tag in den Himmel gehängt, der jedoch erst am zweiten Tag ins Spiel kommt. Wenn der erste und der vierte Tag tatsächlich vollständig zueinanderpassen sollen, müsste der Himmel schon am ersten Tag erwähnt werden. Die Meerestiere des fünften Tages gehören ebenso zum dritten Tag oder sogar zu den »Wassern«, die ganz am Anfang der Schöpfung genannt werden. Trotzdem sind diese Parallelen bemerkenswert, vor allem, weil sie in eine Systematik passen, die man auch an anderen Stellen der Bibel finden kann.[72]

Ein Variante der Framework-Hypothese ist die Idee des Universums als göttliches Heiligtum *(Cosmic Temple View)* nach John Walton. Waltons Untersuchungen zum Alten Orient haben ihn zu der Ansicht geführt, dass die Tage der Schöpfung 24-Stunden-Zeiteinheiten sind und chronologisch aufeinanderfolgen. Er fügt dem aber hinzu, dass es sich dabei nicht um den Zeitraum handelt, in dem die materielle Welt entstanden ist, sondern um eine Phase, in der Gott das Universum als seinen Tempel einweiht und eine Funktion nach der anderen ins Leben ruft. Er hält es darüber hinaus für möglich, dass dieser Ablauf in einem jährlichen Fest liturgisch nachvollzogen wurde.[73]

Waltons Argumente basieren auf der unbestreitbaren Beobachtung, dass wir heutzutage nicht mehr in demselben »kulturellen Fluss« schwimmen wie die Menschen, an die sich das 1. Buch Mose ursprünglich richtete – etwas, das wir berücksichtigen müssen, um eine falsche Auslegung des Textes zu vermeiden. Ich habe kein Problem damit, und ich akzeptiere den Gedanken, dass eine der Zielsetzungen von 1. Mose die Beschreibung der zahlreichen Funktionen der Bestandteile des Universums und ihrer Ordnung ist. Allerdings bin ich skeptisch gegenüber der Aussage, dass dies die einzige Zielsetzung von 1. Mose 1 ist. Vielleicht ist es mein irisches Temperament, das mich hier fragen lässt: Warum nicht beides? Es scheint, dass ich mit dieser Denkweise nicht allein dastehe.[74]

Nur weil es Parallelen zwischen den ersten und den letzten drei Schöpfungstagen gibt, heißt das nicht, dass die Tage nicht trotzdem sinnvoll aufeinanderfolgen.[75] Schließlich können Pflanzen und Tiere nicht auf Landmassen »ausgesetzt« werden, die noch gar nicht existieren. Dazu passt Derek Kidners Kommentar zur Chronologie der Schöpfungstage: »Die Entwicklung der Tage ist derart stringent, dass ein Hinweis auf eine Reihenfolge im Text beabsichtigt sein muss. Ich meine, dass die Passage zu sehr verkompliziert wird, wenn man den prägenden Eindruck außen vor lässt, den der Text auf einen gewöhnlichen Leser macht.«

Allerdings sagt Kidner ebenfalls über den Schöpfungsbericht: »Die Ausdrucksweise ist Alltagssprache. Sie beschreibt die Dinge anhand ihres Erscheinungsbildes. Die Umrisse der Geschichte sind kühn, frei von ablenkenden Ausnahmen und Einschränkungen, ebenso frei darin, zusammengehörige Dinge zu gruppieren (sodass die Bäume beispielsweise chronologisch vorweggenommen werden, um mit der Vegetation klassifiziert zu werden), um einen großen Entwurf zu erreichen, in dem die Anforderungen mal der zeitlichen Abfolge, mal des Themas die Darstellung kontrollieren, und das Ganze offenbart den Schöpfer, der einen Platz für uns vorbereitet.«[76]

Entsprechend scheint eine chronologische Abfolge meiner Ansicht nach zumindest zu einem gewissen Maß beabsichtigt zu sein. Die Existenz der Framework-Parallelen wäre entsprechend ein Hinweis darauf, dass es in dem Text um mehr als geordnete Abfolgen geht: Abfolge und Framework schließen sich nicht zwingend gegenseitig aus. Eine Kombination aus beiden könnte einen besseren Ansatz darstellen.

Nun, was sollen wir von all diesen unterschiedlichen Interpretationen halten? Wir sollten uns als Erstes bewusst machen, dass es sich um die unterschiedlichen Interpretationen ein und desselben Texts handelt – so viel ist klar. Zweitens zeigt uns die Tatsache, dass sie alle jeweils von gottesfürchtigen, bedachten Christen vertreten wurden, die sich über die zentralen Lehren der Bibel einig waren, dass die Interpretation der Schöpfungstage keine zentrale Lehre ist. Hier gibt es Raum für unterschiedliche Meinungen, und wir sollten denen, die unsere Meinung nicht teilen, mit Demut und Respekt begegnen.

Wir sollten uns an dieser Stelle auch an ein wichtiges exegetisches Prinzip erinnern: Wir sollten genau darauf achten, was der Text eigentlich sagt, bevor wir entscheiden, welche Bedeutung dahinter liegt. Das ist einfacher gesagt als getan, schließlich haben wir alle eine vorgefasste Meinung, die unsere Herangehensweise an einen Text bestimmt. Meiner Erfahrung nach entstehen die meisten Probleme beim Interpretieren dadurch, dass man die Aussage einer Passage nicht erkennt, weil man voller Ungeduld sofort zu seiner Bedeutung übergehen will. Zugegeben, es ist oft nicht einfach, unser Textverständnis von der eigentlichen Aussage zu unterscheiden. Nichtsdestotrotz ist es sinnvoll, sich dessen bewusst zu sein, dass dieser Unterschied existiert. Wenn wir daran glauben, dass die Bibel mithilfe göttlicher Inspiration geschrieben worden ist, sollten wir einen Text auch wirklich ernst nehmen. Es ist die Bibel selbst, die göttlich inspiriert ist, nicht unser Verständnis von ihr – wie ich weiter oben schon einmal angemerkt hatte. Eine Methode, entsprechend vorzugehen, ist der Versuch, das 1. Buch Mose so zu lesen, als ob wir den Text zum ersten Mal zu Gesicht bekämen, um unseren Kopf so weit wie möglich von jeglicher vorgefassten Meinung zu befreien.

Wenden wir uns als Erstes einer Inhaltsübersicht des Abschnitts 1. Mose 1,1–2,3 zu:

1. Aussagen über die Schöpfung von Himmel und Erde: 1,1-2.
2. Sechs Tage Schöpfung und ordnende Aktivität durch Gott, die in der Erschaffung des Menschen nach seinem Bilde gipfeln: 1,3–2,1.
3. Der siebte Tag, Tag der Ruhe Gottes – der Sabbat: 2,2-3.

Der erste Eindruck dieser Anordnung zeigt deutlich, dass es sich um einen geordneten Ereignisablauf handelt, bei dem eine enorm kurz gefasste Geschichte der Zeit dargestellt wird. Die Erzählung beginnt mit der Erschaffung von »Himmel und Erde«, also dem Gesamtwerk. Der Prozess des Formens und Ordnens beginnt mit einer Welt, die »wüst und leer« ist (1.Mose 1,2). Dann spricht Gott, woraufhin sich diese Welt kraft seines schöpferischen Wortes Schritt für Schritt mit Leben füllt. Das Ziel dieses Ablaufs ist, dass die Welt dafür bereit ist, von Geschöpfen, die nach Gottes Bild und Art geschaffen worden sind, in Besitz genommen zu werden – von den Menschen. Diese zielgerichtete Entwicklung (Teleologie) wird auch noch einmal von Jesaja bestätigt: Jesaja 45,18 besagt, dass Gott die Welt nicht leer geschaffen hat, sondern dazu, dass sie bewohnt werden kann.[77] Auf dem Weg zu diesem Ziel gab es mehrere Etappen, die nach ihrer Vollendung von Gott als »gut« bewertet wurden, weil sie alle den Zweck erfüllten, den Gott ihnen zugedacht hatte.

Man kann davon ausgehen, dass jüdische Leser in jedem Zeitalter, die sich mit 1. Mose 1 beschäftigten, mit einem der grundlegendsten menschlichen Lebenszyklen vertraut waren: der Arbeitswoche. Genauso würden diese Leser bemerken, dass das Sabbatgebot aus dem 2. Buch Mose sich auf die Schöpfungserzählung bezieht:

> Denk an den Sabbat und heilige ihn. Sechs Tage in der Woche sollst du arbeiten und deinen alltäglichen Pflichten nachkommen, der siebte Tag aber ist ein Ruhetag für den HERRN, deinen Gott (...) Denn in sechs Tagen hat der HERR den Himmel, die Erde, das Meer und alles, was darin und darauf ist; erschaffen; aber am siebten Tag hat er geruht. Deshalb hat der HERR den Sabbat gesegnet und für heilig erklärt. (2. Mose 20,8-11)

Ein aufmerksamer Leser, der mit den mosaischen Schriften vertraut ist, kann aus alledem folgende Schlüsse ziehen:

(1) Im 1. Buch Mose wird Gott als eine Art kreativer Handwerker dargestellt, der während der Woche seiner Arbeit nachgeht, sich nach jedem Tag im Zeitraum von einem Abend bis zum nächsten Morgen ausruht und sich am Ende der Woche noch einen Ruhetag gönnt.

(2) Gottes Schaffen unterscheidet sich trotz dieser »menschlichen« Arbeitsroutine grundsätzlich vom Schaffen des Menschen. Wir können nicht die gleichen Dinge tun, die Gott tut. Im Grundtext wird dies sogar dadurch hervorgehoben, dass das hebräische Wort für »erschaffen«, *bara'*, fast nur in Verbindung mit Gott als Subjekt des Satzes benutzt wird.[78]

(3) Das menschliche Ausruhen unterscheidet sich ebenfalls vom Ausruhen Gottes. Im Gegensatz zu uns kennt Gott keine

Erschöpfung – er »wird nicht müde und schläft nicht«, wie es Psalm 121 ausdrückt.

(4) Gottes Schöpfungs- und Arbeitswoche war ein einmaliges Ereignis, während sich die Arbeitswoche des Menschen laufend wiederholt.

Diese Berührungspunkte zwischen Gottes Schöpfungswoche und der menschlichen Woche ermöglichen es jedem Leser, das Grundkonzept einer chronologisch geordneten Schöpfung zu verstehen – allerdings gibt es zwischen beiden grundlegende Unterschiede; sie sind sich ähnlich, aber nicht identisch. Dabei bleibt immer noch die Frage offen, wie die einzelnen Schöpfungstage verstanden werden sollen.

Die Bedeutung des Wortes Tag in 1. Mose 1,1–2,4

Für das Wort »Tag« gibt es unterschiedliche Bedeutungsebenen:

1. Das hebräische Wort *jom,* »Tag«, wird zum ersten Mal in 1. Mose 1,5 verwendet: »Gott nannte das Licht ›Tag‹ und die Finsternis ›Nacht‹.« Wenn man diese Stelle unbefangen auslegt, kommt man zu folgendem Schluss: Es geht erst einmal *nicht* um einen 24-Stunden-Tag, sondern um die Tageszeit – etwa zwölf Stunden. Man kann hier vergleichsweise Johannes 11,9 heranziehen: »Hat der Tag nicht zwölf Stunden?«[79] Die verschiedenen Wörter, die in unterschiedlichen Sprachen wie Hebräisch, Griechisch oder auch Deutsch für »Tag« benutzt werden, haben mehrere Bedeutungen: Eine davon ist eben »Tageszeit«.

2. Aus derselben Textstelle kann man eine weitere Bedeutung ableiten: Wenn davon geredet wird, dass der erste Schöpfungstag den Abend und den Morgen umfasst, könnte man dies auch als einen Zeitrahmen von 24 Stunden verstehen. Damit haben wir jetzt zwei Hauptbedeutungen für das Wort »Tag« in ein und derselben Textstelle.

3. Bei der Beschreibung des siebten Tags, an dem Gott sich von seiner Arbeit ausruht, wird das Wort »Tag« wiederum auf eine andere Weise verwendet. Im Gegensatz zu den vorhergehenden sechs Tagen

wird der übliche Zeitrahmen von »Abend und Morgen« hier nicht erwähnt. Diesem augenfälligen Unterschied sollte man auf den Grund gehen. Eine mögliche Erklärung dafür findet man bei Augustinus: Gott hat den siebten Tag dadurch von den anderen sechs hervorgehoben[80] und geheiligt, dass er ihn zu einer Epoche gemacht hat, die sich bis in die Ewigkeit erstreckt – eine Deutung, der viele Ausleger folgen. Dem schließen sich viele Kommentatoren an. Der Tageszyklus des kreativen Schaffens wird beendet und Gott ruht sich von seiner Schöpfungsarbeit aus – und macht dies noch bis zum heutigen Tage. Damit befinden wir uns noch heute in der Sabbat-Phase von Gottes Schöpfung.[81] Allerdings ruht Gott sich nicht von sämtlicher Arbeit aus. Er trägt nach wie vor das Universum, und ebenso wenig ruht er sich aus, wenn es um das Erlösungswerk geht. Jesus deutet dies an, als er beschuldigt wird, das Sabbatgebot gebrochen zu haben: »Mein Vater hat bis heute nicht aufgehört zu wirken und deshalb wirke ich auch« (Johannes 5,17).

Aus der Überzeugung heraus, dass der siebte Tag einen längeren Zeitabschnitt umfasst, leiten manche Leute den Gedanken ab, dass auch die anderen Tage für ähnlich lange Zeitabschnitte stehen könnten. Hierbei sollte man jedoch vorsichtig sein, schließlich haben wir gerade noch gesehen, dass der Originaltext selbst einige Hinweise darauf enthält, dass der siebte Tag sich von den anderen unterscheidet.

4. In moderneren Übersetzungen von 1. Mose 2,4 (z.B. in der *Gute Nachricht Bibel*, der »*Neues Leben*«*-Bibel*, der *Hoffnung für alle* u.a.) findet sich folgende Formulierung: »Als Gott, der HERR, den Himmel und die Erde erschaffen hatte (…)« Tatsächlich wird das Wort »als« benutzt, um eine hebräische Formulierung für den Ausdruck »an dem Tag« zu übersetzen. Hier wird deutlich, dass der Autor keine 24-Stunden-Tage im Sinn hat, sondern über ein gewisses Zeitalter redet. Es ist wie bei einem älteren Herrn, der sagt: »In den Tagen meiner Jugend gab es noch nicht so viele Flugzeuge.« Hierbei benutzt er die Formulierung »in den Tagen« nicht, um damit bestimmte Tage innerhalb einer bestimmten Woche zu beschreiben, sondern um einen bestimmten Zeitabschnitt in seinem Leben zu benennen – was semantisch nicht weniger korrekt ist. Ähnliche Ausdrücke sind auch »Tag des HERRN« oder »die letzten Tage«, die sich beide auf einen Zeitabschnitt mit undefinierter Länge beziehen.

Das Wort »Tag« hat also allein in dem kurzen Text 1. Mose 1,1–2,4 mehrere unterschiedliche Bedeutungen. Sie sind alle natürliche, grundlegende, »wörtliche« Bedeutungen; jede bezieht sich auf etwas Reales und ist absolut verständlich.

Ich erlaube mir noch eine grammatikalische Nachbemerkung. In vielen deutschen und englischen Übersetzungen der Bibel bekommen die Tage in der Schöpfungsgeschichte einen bestimmten Artikel verpasst: »*der* erste Tag, *der* zweite Tag« und so weiter. Im Hebräischen gibt es zwar einen bestimmten Artikel *(ha)*, aber er wird an dieser Stelle interessanterweise nicht vorangestellt, wenn über die ersten fünf Tage geredet wird. Basilius der Große, der Bischof von Cäsarea im 4. Jahrhundert nach Christus, hielt das für außerordentlich bemerkenswert: »Deshalb nannte er den Anfang der Zeit nicht den ersten, sondern *einen* Tag, damit er auch schon in der Benennung die Verwandtschaft mit der Ewigkeit habe. Als etwas Einziges und Alleinstehendes charakterisiert, wurde der Tag mit Recht und zutreffend ›*einer*‹ genannt.«[82] David Gooding, Experte für das Alte Testament, wies mich allerdings darauf hin, dass der bestimmte Artikel im Hebräischen zwar nicht für die ersten fünf, aber sehr wohl für die Tage sechs und sieben verwendet wird. Insofern sind diejenigen Übersetzungen der Schöpfungsgeschichte zu bevorzugen, die dies hervorheben: »Tag eins, Tag zwei, … Tag fünf, *der* sechste Tag, *der* siebte Tag«.[83] Dies sind jedenfalls die Fakten. Die nächste Frage lautet damit: Wie interpretieren wir diese nun? Kein ernst zu nehmender Exeget hat diese Aufgabe jemals als leicht empfunden. Das könnte bedeuten, dass wir einfach nicht genügend Informationen zur Verfügung haben, um ein endgültiges Urteil über manche Details fällen zu können. Allerdings sollten wir den wichtigsten Punkt hier nicht aus den Augen verlieren: Unterschiedliche Meinungen an dieser Stelle dürfen uns nicht davon abhalten zu versuchen, die Kernaussage der Erzählung zu erfassen.

Auch wenn wir weiter ins Detail gehen, möchte ich betonen, dass ich nicht alle Antworten auf die Fragen über die sieben Tage geben kann – ich habe selbst noch viele ungeklärte Fragen. Was ich stattdessen anbieten möchte, ist etwas bescheidener: Ich möchte meine Leserschaft dazu anregen, über Möglichkeiten statt über Tatsachen nachzudenken.

Die Schöpfungswoche

Wie schon erwähnt, kann der Abschnitt von 1. Mose 1,1 bis 1. Mose 2,3 in drei Teile eingeteilt werden. Dabei ist der anfängliche Akt der Schöpfung (1. Mose 1,1-2) von den sechs darauffolgenden Tagen abgetrennt. Die Textanordnung z.B. in der Lutherbibel und der Einheitsübersetzung spiegelt das genau wider, indem zwischen Vers 2 und 3 (nicht aber zwischen Vers 1 und 2) ein Absatz gemacht wurde. Diese Trennung zwischen diesen beiden ersten Teilen wird dadurch verstärkt, dass im Hebräischen hier ein grammatikalischer Zeitwechsel vorliegt: Das Verb »schuf« in 1. Mose 1,1 steht im Perfekt (also eigentlich »Gott hat geschaffen«). Laut C. John Collins ist das eine Besonderheit: »Wenn die Vergangenheitsform am Anfang einer Perikope[84] verwendet wird, weist das auf ein Ereignis hin, das noch vor der eigentlichen Geschichte beginnt.«[85]

In Vers 3 erfolgt ein Wechsel hin zur normalen Erzählzeit. Entsprechend ist es aus linguistischer Perspektive plausibel (wenn auch zugegebenermaßen nicht sehr offensichtlich), dass der »Anfang« in 1,1 nicht notwendigerweise als Teil des ersten Tages verstanden werden soll, wie üblicherweise angenommen wird. Der erste Akt der Schöpfung könnte vor dem ersten Tag stattgefunden haben; das 1. Buch Mose sagt uns jedoch nicht, wie lange vorher. Auch können wir aus 1,1-2 nicht schließen, wie lang die Erschaffung von Himmel und Erde gedauert hat. Astrophysiker würden an dieser Stelle anmerken, dass der »Himmel« schon sehr viel länger als die Erde existiert. Das heißt praktisch, dass die Frage nach dem eigentlichen Alter der Erde nicht zwingend etwas mit der Interpretation der Schöpfungstage zu tun hat. Das ist etwas, das viele übersehen!

Mit anderen Worten: Von wissenschaftlichen Überlegungen abgesehen, lässt der Text aus 1. Mose das Alter des Universums unbestimmt, indem der Anfang und der erste Tag bzw. die unterschiedlichen Zeitabschnitte in den Versen 2 und 3 voneinander getrennt werden.

Insofern ist es tragisch, dass so viele Streitgespräche über dieses Detail stattgefunden haben, die absolut nichts dazu beigetragen haben, der Welt die Rationalität und Wahrheit des christlichen Glaubens zu vermitteln – und die Welt hat an solchen Details auch gar kein

Interesse. Es sollte uns daran erinnern, dass hier zwei Gefahren lauern: weniger zu erkennen, als der Text aussagt, und mehr in den Text hineinzulegen, als damit ausgesagt werden soll.

Insgesamt entwickelt diese Situation immer mehr Ähnlichkeit zur Debatte über die unbewegliche Erde. Dort haben wir gesehen, dass man die Bibel zwar so verstehen könnte, als würde sie von einer unbeweglichen Erde sprechen, sie aber nicht so verstehen muss. Gleichermaßen könnte man die Bibel so verstehen, dass sie von einer jungen Erde ausgeht, aber man muss es nicht.

Es ist ein wichtiger Grundsatz der christlichen Auslegung des Alten Testaments, dass wir den Text nicht nur für sich betrachten, sondern auch berücksichtigen, was das Neue Testament darüber zu sagen hat. Das Neue Testament erwähnt die Tage der Schöpfung nicht und äußert sich entsprechend auch nicht zu ihrer Länge. Dennoch wird dort eine Reihe wichtiger Aussagen über die Schöpfung gemacht, die mit 1. Mose 1 übereinstimmen – hier sind besonders Johannes 1,1, Hebräer 1,3 und Hebräer 11,3 zu nennen – und es wird betont, dass alle Dinge durch das Wort Gottes geschaffen wurden. Das scheint darauf hinzudeuten, dass eine der wichtigsten Aussagen über die Tage in dem Satz enthalten ist, der jeden von ihnen einleitet: »Und Gott sprach.« Die Tage beinhalten jeweils einen schöpferischen oder organisatorischen fiat[86]. Deshalb ist das, was an jedem Tag geschieht – Gott spricht – viel wichtiger als die Länge des Tages.

Diese Kernbotschaft ist wichtig für unsere Kultur: Gott, das Wort, ist grundlegend; Materie, Energie, das Universum und das Leben sind abgeleitet. Wir könnten sagen, dass die Schöpfung »wortbasiert« ist. Sie besteht aus einer Abfolge von Sprechakten, bei denen Gott jeweils eine neue Ebene von Informationen und Energie in ein offenes System einbrachte, um die Schöpfung auf die nächste Ebene der Form und Komplexität zu bringen.[87] Das ist, wie ich hervorheben will, das genaue Gegenteil eines sinnlosen, ungelenkten naturalistischen Prozesses, sei er nun darwinistisch oder sonst etwas. Und nicht nur das: Die Idee, dass Informationen grundlegend sind, ist für die moderne Physik und Biologie von zentraler Bedeutung.[88] Noch wichtiger ist, dass das Universum Bedeutung und Sinn hat, da es auf Worten basiert.

Eine zweite wichtige Beobachtung über das Sprechen Gottes ist, dass Gott an zwei der Tage mehr als einmal spricht. An Tag eins und zwei geht es um die nicht-organische Welt, ebenso wie beim ersten Auftauchen von »Und Gott sprach« an Tag drei. An Tag drei gibt es jedoch ein zweites »Und Gott sprach«, das die Entstehung des Lebens auslöst. Daher – und ich formuliere das vorsichtig – kommt man laut der Bibel nicht vom Anorganischen zum Organischen ohne »Und Gott sprach«.

Der Wortlaut des zweiten Teils von Tag drei ist interessant: »Und Gott sprach: Die Erde lasse Gras hervorsprossen, Kraut, das Samen hervorbringt, Fruchtbäume, die auf der Erde Früchte tragen nach ihrer Art, in denen ihr Same ist!« (1. Mose 1,11, ELB). Das könnte bedeuten, dass Gott das Leben in Gang setzt und es sich von dort aus entwickeln lässt. Denken wir an all die verschiedenen Hunderassen, die sich entwickelt haben oder gezüchtet wurden, wahrscheinlich ursprünglich aus Wölfen. Sie brauchten nicht alle ein spezielles »Und Gott sprach«. Außerdem weist Paulus in Apostelgeschichte 17,26 darauf hin, dass all die vielen Ethnien und Arten von Menschen durch Entwicklung aus den ersten Menschen hervorgegangen sind. Die Wiederholung von »Und Gott sprach« an Tag drei soll unterstreichen, dass das Leben nicht einfach durch Entwicklungsprozesse aus Nicht-Lebendigem entstanden ist. Leben erforderte nicht nur bereits existierende Materie, sondern auch ein besonderes schöpferisches Wort Gottes.

An Tag sechs geschieht etwas Ähnliches. Das erste »Und Gott sprach« führt zur Erschaffung der Tiere, das zweite zur Erschaffung der Menschen. Es gibt jedoch keinen Hinweis darauf, dass die Menschen durch Entwicklung aus den Tieren entstanden sind. Nach 1. Mose steht zwischen der Existenz der Tiere und der des Menschen »Und Gott sprach«. Es ist fast so, als hätte der Schreiber der Schöpfungsgeschichte die aktuellen Debatten über den Ursprung des Lebens und den Ursprung der Menschen vorausgesehen.[89]

Kommen wir zu den einzelnen Tagen. Hier wird es etwas komplizierter und die unterschiedlichen Ansichten zahlreicher. Wenn wir die Tage einer Erdenwoche auflisten würden, würden wir entweder allen Tagen einen unbestimmten Artikel voranstellen oder die Artikel gänzlich weglassen. Da genau dies im 1. Buch Mose nicht gemacht wird, sondern nur die letzten beiden Tage mit einem bestimmten Artikel versehen werden, können wir davon ausgehen, dass diese Tage eine besondere Rolle spielen, und wir haben vielleicht sogar schon eine Vorstellung davon, warum das so sein könnte: Am sechsten Tag wird der Mensch nach dem Ebenbild Gottes geschaffen, und am siebten Tag ruht Gott sich von seiner Arbeit aus. Sowohl dem jüdischen Schreiber Philo als auch dem Kirchenvater Basilius fiel diese grammatikalische Feinheit auf, wie wir bereits gesehen haben, aber sie kamen nicht zu der oben genannten Interpretation. Es ist wichtig zu wissen, dass der sechste Tag in der Septuaginta keinen bestimmten Artikel hat. Möglicherweise sahen die Übersetzer hier keine besondere Relevanz, oder sie bemerkten diese Abweichung nicht. Ich habe selbst schon einen Professor für altes Hebräisch kennengelernt, dem das noch nie aufgefallen war.

Man könnte diese grammatikalische Feinheit als Hinweis darauf nehmen, dass der Text wesentlich komplexer ist, als wir anfänglich gedacht hatten. Es wird oft angenommen, dass der Autor des 1. Buchs Mose *entweder* sieben 24-Stunden-Tage im Sinn hatte, als er die Schöpfungsgeschichte aufschrieb, *oder* sieben Zeitabschnitte mit unbestimmter Länge – *oder* eine logische Struktur (*»framework«*), um dem Leser die Schöpfung bildhaft zu vermitteln.

David Gooding stellte vor Jahren die These auf, dass die Schreiber des 1. Buchs Mose die ersten sechs Tage nicht zwingend als direkt aufeinanderfolgende Wochentage gemeint haben, sondern als sechs separate Schöpfungstage – also sechs »normale« Tage, mit »Abenden und Morgen«, an denen Gott sprach, um jeweils etwas Neues zu schaffen. Zwischen diesen Tagen könnten jedoch lange »Pausen« gelegen haben.[90] Wir haben schon festgestellt, dass der anfängliche Schöpfungsakt im 1. Buch Mose, das große »Am Anfang«, von den restlichen Schöpfungstagen durch einen unbestimmten Zeitraum getrennt ist. Gooding schlägt nun vor, dass die einzelnen Tage ebenfalls von unbestimmten Zeitabschnitten unterbrochen waren, in denen sich das Potenzial schrittweise entfaltete, das in der von Gott »ausgesprochenen« Information und Kraft enthalten war.

Diese Sichtweise passt gut zu der These, dass die Erde alt ist, wirft aber neue Fragen auf. Ein Beispiel: Der Ablauf jedes Tages ist folgendermaßen gestaltet:

(1) Gott spricht
(2) Verschiedene neue Dinge entstehen
(3) Der Tag endet

Einer meiner Kritiker hatte hier diesen Einwand: Wenn diese Abfolge grundlegend ist, und wenn dies als 24-Stunden-Tag gemeint ist, würde das bedeuten, dass an Tag drei innerhalb dieser 24 Stunden Leben erschaffen wurde, gemeinsam mit all den fundamentalen Elementen der Pflanzenwelt, und danach geschah dann erst mal für lange Zeit gar nichts. Falls Gooding das meinte, muss ich der Kritik zustimmen. Der Gedanke, dass alle sechs Tage, genau wie der siebte, einen sehr langen Zeitraum repräsentieren, würde sehr viel mehr Sinn ergeben.

Ich denke allerdings nicht, dass Gooding es so wie dieser Kritiker meinte. In privaten Gesprächen erklärte er mir seine These, dass Gott in den Zeiträumen zwischen den Tagen seine Schöpfung aktiv aufrechterhielt und weiterentwickelte, und dass diese Zeiträume geologische Zeitalter lang gedauert haben könnten, in denen nicht nichts, sondern eine ganze Menge passierte. Gooding verstand die Tage selbst als herausgehobene Schöpfungsakte, die selbst nicht viel Zeit in Anspruch nahmen, aber alles in Gang setzten, was danach geschah. Eine Variation dieser These könnte sein, dass die Tage, aus geologischer Perspektive gesprochen, vergleichsweise kurz waren.

Bevor wir diese These zurückweisen, lohnt es sich, über Folgendes nachzudenken: Diejenigen, die glauben, dass sich alles Leben durch rein natürliche Evolutionsprozesse ohne besondere Eingriffe Gottes entwickelt hat – sei es ungelenkt, wie bei den Neodarwinisten, oder gelenkt, wie bei den evolutionären Kreationisten (theistische Evolutionisten) –, sollten keine Schwierigkeiten beim Verstehen der Idee haben, dass Gott punktuell und auf einen Schlag Informationen und Energie in seine Schöpfung eingebracht hat, die sich dann über einen langen Zeitraum durch »natürliche« Prozesse entwickelt haben, selbst wenn sie nicht an diese Idee glauben. Sogar für sie muss der erste Funke des Lebens in einem einzelnen Moment erschienen sein, sicherlich in weniger als vierundzwanzig Stunden, und dann hat dieses Leben, sobald es begonnen hat, sein Potenzial ohne jegliches Eingreifen entwickelt.

Außerdem sind viele evolutionäre Kreationisten der Meinung, dass es eine augenblickliche erste Schöpfung gab, die mit allen notwendigen Informationen für die spätere Entwicklung des Lebens ausgestattet war. Gooding geht davon aus, dass es mehrere aufeinanderfolgende, unmittelbare Schritte gab, von denen jeder mit dem ausgestattet war, was für die nächste Entwicklungsstufe notwendig war. Man muss allerdings sagen, dass das nicht so einfach mit vorhandenen geologischen Aufzeichnungen in Einklang zu bringen ist, obwohl Stephen Goulds und Niles Eldredges Theorie des Punktualismus bzw. »unterbrochenen Gleichgewichts« in diese Richtung zu gehen scheint.[91]

Auch erscheint es mir seltsam, dass ich Menschen begegnet bin, die negativ auf diese Sichtweise reagieren, weil sie davon ausgeht, dass alle wichtigen schöpferischen Schritte in vierundzwanzig Stunden stattfanden – obwohl sie selbst der Meinung sind, dass die Schöpfung nur einen Augenblick dauerte. Außerdem waren die übernatürlichen Taten von Jesus, des fleischgewordenen Wortes Gottes, die im Neuen Testament aufgezeichnet sind, hauptsächlich augenblicklich: Wasser wird ohne den üblichen langen Prozess in Wein verwandelt; Brot und Fische werden in einem Augenblick vermehrt. Könnte das nicht dazu gedacht sein, uns zu zeigen, wie der Schöpfer erschafft?

Ich kann mir einen Einwand gegen all das vorstellen, der von jemandem kommen könnte, und zwar, dass das Wesen der Schöpfungstage in einer bereits zitierten biblischen Aussage zu finden ist: »Sechs Tage in der Woche sollst du arbeiten und deinen alltäglichen Pflichten nachkommen, der siebte Tag aber ist ein Ruhetag für den HERRN, deinen Gott … Denn in sechs Tagen hat der HERR den Himmel, die Erde, das Meer und alles, was darin und darauf ist, erschaffen; aber am siebten Tag hat er geruht« (2. Mose 20,9-11). Bedeutet das nicht eindeutig, dass die Tage alle Tage einer einzigen Woche waren?

Als ich weiter oben diese Aussage aus 2. Mose zitiert habe, habe ich darauf hingewiesen, dass es nicht nur Ähnlichkeiten zwischen Gottes Schöpfungswoche und unserer Arbeitswoche gibt, sondern auch markante Unterschiede. Gottes Woche fand nur einmal statt, unsere wiederholt sich immer wieder. Gottes Schaffen unterscheidet sich von unserem; er ruht sich nicht auf die gleiche Weise aus wie wir. Deswegen kann man nicht einfach unsere Woche mit den Tagen im 1. Buch Mose gleichsetzen. Gottes Woche dient als Vorlage für unsere, ist aber nicht identisch. Wenn man die Textstelle aus dem 2. Buch Mose mit diesem Gedanken liest, muss man nicht zwingend zu dem Schluss kommen, dass die Schöpfung innerhalb einer Woche entstanden ist. Man *kann* das so interpretieren, muss es aber nicht.

Passend dazu kann man bei C. John Collins, einem Hebräischprofessor mit wissenschaftlichem Hintergrund und Mitglied des Übersetzerteams der ESV Study Bible, einen weiteren Ansatz zum Verständnis der Schöpfungstage finden, den er *analogical days view* (sinnentsprechendes Verständnis der Tage) nennt: »Dieser Ansatz versteht das Wort *Tag* in seiner alltäglichen Bedeutung, verwendet es aber als Analogie (…) Das ist genau das, was wir auch mit Begriffen wie ›die Augen des Herrn‹ tun; wir brauchen keinen neuen Eintrag im Wörterbuch für ›Auge‹, wir gehen von unserem alltäglichen Verständnis des Wortes aus und übertragen es per Analogie auf Gott.«[92]

Ich möchte noch betonen, dass es ein Fehler wäre, die Unterschiede zwischen den einzelnen Theorien überzubewerten. Keine der wirklich zentralen Lehren der Bibel wird davon beeinflusst, ob die Schöpfungstage nur eine gewisse Ähnlichkeit zu unseren (Arbeits-) Tagen haben, ob jeder Tag eine lange Schöpfungsperiode ist, die durch Gottes Reden eingeläutet wurde, oder ob man denkt, dass die einzelnen Tage zwar 24 Stunden lang waren, auf die aber lange Zeitabschnitte folgten, in denen das umgesetzt wurde, was Gott zuvor ins Leben gesprochen hatte.[93] Wichtig ist, dass Gott an jedem Tag sprach – und das ist nicht die Beschreibung eines natürlichen, ungelenkten Prozesses.

Allerdings dürfen wir nicht so tun, als gäbe es keine Schwierigkeiten mit diesen chronologischen Theorien.

Das Rätsel des 1. Buchs Mose

Es ist in der Tat interessant zu sehen, dass die Übereinstimmung zwischen der Abfolge in der Schöpfungsgeschichte und der Wissenschaft sogar von Leuten hervorgehoben wurde, die wenig von der faktischen Genauigkeit der biblischen Aufzeichnungen in solchen Textpassagen überzeugt sind. Ein Beispiel aus dem letzten Jahrhundert ist der englische Philosoph und Historiker Edwyn Bevan (1870–1943 n.Chr.), der in einem Aufsatz mit dem Titel »The Religious Value of Myths in the Old Testament« (»Der religiöse Wert von Mythen im Alten Testament«) schreibt:

> Die Etappen, durch die die Erde zu dem wird, was sie ist, passen in der Tat nicht genau in die Darstellung, die die moderne Wissenschaft über den Prozess geben würde, aber im Prinzip scheinen sie der modernen wissenschaftlichen Darstellung durch einen bemerkenswerten Geistesblitz zuvorzukommen, den ein Christ auch Inspiration nennen kann.
>
> Angenommen, wir könnten uns in der Zeit zurück in die Vergangenheit unseres Planeten versetzen, dann würden wir ihn zuerst in einem Zustand sehen, in dem kein Land vom Wasser zu unterscheiden war und nur ein schwaches Licht von der unsichtbaren Sonne durch die dicken, einhüllenden Wolken kam. Zu einem späteren Zeitpunkt, als der Erdball trocknete, wäre Land erschienen; wiederum zu einem späteren Zeitpunkt hätten niedrige Lebensformen begonnen, tierische und pflanzliche; früher oder später wären die Wolkenmassen so dünn geworden und aufgerissen, dass ein Wesen unten auf der Erde über sich Sonne, Mond und Sterne sehen konnte; zu einem noch späteren Zeitpunkt hätten wir auf der Erde große Urzeitmonster gesehen; und schließlich hätten wir die Erde mit ihrer heutigen Fauna und Flora und dem Endprodukt der tierischen Evolution gesehen: dem Menschen.[94]

In sehr viel jüngerer Zeit hat Andrew Parker, Forschungsdirektor am Natural History Museum in London, auf dasselbe Phänomen aufmerksam gemacht, und zwar in einer Weise, die direkt mit John Waltons Sichtweise übereinstimmt. Parker, ein Evolutionsbiologe, der nicht an Gott glaubt, wurde dazu bewegt, 1. Mose 1 zu lesen, nachdem ihm einige Leute geschrieben hatten, dass seine Forschungen über den Ursprung des Auges an die Aussage »Es werde Licht« zu erinnern schienen. Er war sehr überrascht, was er fand: »Ohne zu erwarten, etwas zu finden, entdeckte ich eine ganze Reihe von Parallelen zwischen der Schöpfungsgeschichte auf der ersten Seite der Bibel und der modernen, wissenschaftlichen Darstellung der Geschichte des Lebens. Das brachte mich zumindest zum Nachdenken. Die Übereinstimmung war fast exakt.« Später fügt er hinzu: »Je mehr Details man untersucht, desto überzeugender und bemerkenswerter werden meiner Meinung nach die Parallelen. Eine Frage, die ich in diesem Buch stellen werde, ist diese: Könnte es sein, dass der Schöpfungsbericht auf Seite eins der Genesis so geschrieben wurde, gerade weil sich die Abfolge der Ereignisse wirklich so zugetragen hat?«[95] So lautet Parkers Schlussfolgerung:

> Das ist also das Rätsel der Genesis: *Die erste Seite der Genesis ist wissenschaftlich korrekt, wurde aber lange vor dem Wissen der Wissenschaft geschrieben. Wie ist der Schreiber dieser Seite dazu gekommen, diesen Schöpfungsbericht zu schreiben?* ... Ich muss zugeben, dass die Beweise dafür, dass der Schreiber der ersten Seite der Bibel göttlich inspiriert war, sehr stark sind – und das macht mich als Wissenschaftler, der sich nicht gerne auf eine solche Idee einlässt, ziemlich nervös. Ich bin noch nie zuvor auf so starke, objektive Beweise gestoßen, dass die Bibel das Produkt göttlicher Inspiration ist.[96]

Es ist nicht verwunderlich, dass Parkers Ideen heftig angefochten werden, vor allem von Atheisten. Aber sein Buch bietet eine wissenschaftliche Untermauerung für die Reihenfolge der Ereignisse, wie sie in der Schöpfungsgeschichte aufgezeichnet sind, und zwar von jemandem, der keine eigennützigen Motive hat.[97]

Der schwierige vierte Tag

Wie weiter oben in diesem Kapitel erwähnt, warf Origenes vor Jahrhunderten schon eine Frage auf, die auch heute noch für viele interessant ist. Wenn die Schöpfungstage eine aufeinander aufbauende, zeitliche Abfolge haben, wie kann es dann sein, dass die Sonne erst am vierten Tag gemacht wurde? Das betrifft folgende Bibelstelle: »Und

Gott sprach: ›Am Himmel sollen Lichter entstehen, um den Tag von der Nacht zu unterscheiden. Sie sollen Zeichen sein, anhand derer die Jahreszeiten, die Tage und die Jahre bestimmt werden. Diese Lichter am Himmel sollen auf die Erde scheinen.‹ Und so geschah es« (1. Mose 1,14-15). Der deutsch-amerikanische jüdische Philosoph Leo Strauss (1899–1973 n.Chr.) sagte über diese Verse: »Die Pflanzenwelt wurde am dritten Tag erschaffen und die Sonne am vierten Tag. Das ist die tiefgreifendste Schwierigkeit des Berichts im ersten Kapitel der Bibel.«[98]

Wenn dieser Text wirklich sagt, dass die Sonne erst am vierten Tag entstanden ist, ist Origenes' Frage mehr als berechtigt: »Wenn es die Sonne noch gar nicht gibt, wie sollen wir dann die ›Abende und Morgen‹ der vorhergehenden drei Tage verstehen?« Das Wort *Tag* ergibt keinen naheliegenden Sinn, wenn die Sonne noch gar nicht existiert und die Erdrotation dementsprechend keinen Tag- und Nachtwechsel erzeugen kann. Um dieses Problem zu erklären, haben manche die Theorie aufgestellt, dass es eine von der Sonne unabhängige Lichtquelle gegeben haben muss, die am ersten Tag erschaffen wurde. Das entspricht dem kosmologischen Standardmodell, welches besagt, dass das Universum etwa 240 000 bis 300 000 Jahre nach dem Beginn in Licht getaucht wurde. Damit wären aber einerseits die ersten drei »Tage« immer noch undefiniert. Andererseits würde es auch bedeuten, dass an Tag eins das Licht an sich eingeführt wird, und das könnte wichtig sein.

Es gibt einen sehr interessanten Aufsatz in den Proceedings of the Royal Society (eine wissenschaftliche Zeitschrift der Royal Society) mit dem Titel: »A Medieval Multiverse?: Mathematical Modelling of the Thirteenth Century Universe of Robert Grosseteste.« (»Ein mittelalterliches Multiversum? Mathematische Modellierung des Universums im dreizehnten Jahrhundert durch Robert Grosseteste.«) Die Zusammenfassung gibt folgende Information:

> In seiner um 1225 verfassten Abhandlung über das Licht beschreibt Robert Grosseteste ein kosmologisches Modell, in dem das Universum in einer Urknall-ähnlichen Explosion und anschließender Verdichtung entsteht. Er setzt voraus, dass die

> fundamentale Verbindung von Licht und Materie die materielle Gestalt des gesamten Kosmos hervorbringt. Die Expansion wird gestoppt, sobald die Materie eine minimale Dichte erreicht, und die anschließende Ausstrahlung von Licht aus der äußeren Region führt zur Kompression und Verdünnung der inneren Gestaltungsmasse, so dass neun Himmelskugeln mit einem unvollkommenen Restkern entstehen. In diesem Aufsatz formulieren wir die lateinische Beschreibung im Sinne eines modernen mathematischen Modells um und zeigen die Konsequenzen auf, die der Text andeutet, die der Autor aber nicht erforschen konnte ... Wie im heutigen kosmologischen Denken hängt die Existenz von Grossetestes Universum von einer ganz besonderen Kombination grundlegender Parameter ab.[99]

Faszinierend – und das acht Jahrhunderte bevor der belgische Priester und Astrophysiker Georges Lemaître das Urknall-Szenario in dem Standardmodell vorschlug, mit dem wir heute vertraut sind.[100]

Eine Alternative ist, dass sich Tag eins auf das Licht der Sonne bezieht, ohne seine Quelle zu nennen. Das ergibt einen Sinn für die Tage eins bis sechs, schafft aber ein offensichtliches Problem für Tag vier. Der Astrophysiker Hugh Ross vertritt die These, dass Sonne, Mond und Sterne am vierten Tag erst sichtbar wurden, nachdem sie zuvor noch von einer Wolkendecke verdeckt waren, die nun verdunstete.[101]

Jedoch liefert C. John Collins eine dritte Interpretation, die sich auf eine linguistische Beobachtung stützt: »Das Wort *machen*, das in 1. Mose 1,16 verwendet wird, hat noch mehr Bedeutungen als *erschaffen*: zum Beispiel *an etwas arbeiten, das bereits existiert,* oder auch *einsetzen*.«[102] Seiner Ansicht nach passt das gut zu der Erklärung in Vers 17, dass Sonne und Mond als sichtbare Himmelskörper funktionieren sollen. Man kann sagen, dass aus seiner Sicht dieser Vers nicht von der Schöpfung oder der Entstehung von Sonne und Mond spricht, sondern ihnen ihre Rolle im Kosmos zuweist.[103]

Hier wird eingewandt, dass es zu dieser Zeit noch keine Menschen gab, aber spricht das wirklich dagegen, die Rolle von Sonne und Mond schon vor der Ankunft der Menschen zu bestimmen? In der Tat gewinnt man einen gewissen Eindruck der fortschreitenden Entwicklung in der Abfolge, in der Gott ein Zuhause baut, das angemessen ist für sein Meisterwerk – die nach seinem Bild geschaffenen Männer und Frauen. Auf jeden Fall gab es zu der Zeit, als die Schöpfungsgeschichte geschrieben wurde, sicher Menschen, die das verstehen konnten.

Allerdings werden genau die gleichen Worte wie in 1,16 verwendet, als Gott an Tag sechs die Landlebewesen »machte/schuf«. Ebenso verwendet die Septuaginta-Version von 1. Mose die gleiche griechische Formulierung, um zu beschreiben, dass Gott das Licht (1,16), die Meeresbewohner (1,21) und die Landtiere (1,25) »gemacht« hat. Die jüdischen Gelehrten, die die Septuaginta übersetzt haben, waren also der Ansicht, dies sei die angemessene Bedeutung der hebräischen Wörter, die in allen drei Versen vorkommen. Tatsächlich werden sie auch in 1,27 für »Gott schuf den Menschen« verwendet.

Wenden wir uns also der Ansicht zu, dass Tag vier tatsächlich von der konkreten Erschaffung von Sonne, Mond und Sternen spricht. Das könnte bedeuten, dass die Reihenfolge der Tage nicht chronologisch oder zumindest nicht durchgehend chronologisch ist. Die Hauptaussage des Textes wäre dann, dass Gott in alle Aspekte der Schöpfung involviert ist – was natürlich bei jeder Auslegung die zentrale Botschaft des Textes sein muss. In der Interpretation der Framework-Hypothese deckt Tag vier genau den gleichen Bereich ab wie Tag eins, aber aus einer anderen Perspektive. An Tag eins sagt Gott: »Es soll Licht entstehen.« Aber dann heißt es im Text weiter: »Dann trennte er das Licht von der Finsternis. Gott nannte das Licht ›Tag‹ und die Finsternis ›Nacht‹« (1,4-5). Das klingt nach der Grundsteinlegung des Sonnensystems. Doch Tag eins erwähnt weder die Sonne noch den Mond als Grund für die Trennung von Tag und Nacht. Das wird erst an Tag 4 ergänzt, wo Gott sagt: »›Am Himmel sollen Lichter entstehen, um den Tag von der Nacht zu unterscheiden‹ … Gott schuf zwei große Lichter« (1,14-16).

Aus Sicht der Framework-Hypothese bedeutet das, dass der vierte Tag nicht zeitlich auf den ersten folgt, sondern nur aufgreift, was am ersten Tag passiert. Jetzt werden Details darüber hinzugefügt, wie Tag und Nacht durch Sonne und Mond voneinander getrennt wurden. Einige wenden an dieser Stelle allerdings ein, dass es damit anstelle von sechs Schöpfungstagen effektiv nur noch drei gibt, womit sämtliche Vergleiche mit der menschlichen Arbeitswoche nicht mehr funktionieren – wie der in 2. Mose 20,9-11.

Es gibt noch eine weitere Überlegung, die uns zu dem Versuch führen könnte, Ideen aus den verschiedenen Ansichten zu kombinieren. Wir haben festgestellt, dass jüdische Ausleger die Tage im Großen und Ganzen als mit metaphorischer Bedeutung behaftet interpretierten, obwohl sie an ein Schöpfungsereignis vor einer endlichen Zeit in der (relativ jungen) Vergangenheit glaubten. Wir haben uns die christlichen Auslegungen angesehen, von denen einige eine chronologische, andere eine logische Reihenfolge betonten. Keine von ihnen ist völlig zufriedenstellend, denn Tag vier macht uns ständig einen Strich durch die Rechnung. Er stellt eine offensichtliche Anomalie dar, und als Wissenschaftler weiß ich, dass die Erforschung von Anomalien die Wissenschaft manchmal einen Schritt voranbringt. Die Schöpfungsgeschichte berichtet von uns vertrauten Dingen: Himmel und Erde, Tag und Nacht und die Arbeitswoche. Dann erzählt sie von seltsamen Dingen, die nicht zu unserer Erfahrung passen, wie z.B. dass das Licht und die Pflanzenwelt entstehen, bevor die Sonne existiert. Die Reihenfolge erscheint uns sehr widersprüchlich, selbst wenn wir die Chronologie aus dem Fossilienbefund außer Acht lassen – die Widersprüchlichkeit liegt im Schöpfungsbericht selbst.

Das fiel auch Leon Kass auf – ein amerikanisch-jüdischer Universalgelehrter, Mediziner, Wissenschaftler, Pädagoge, Hebräischprofessor und Intellektueller. In seinem beeindruckenden Buch The Beginning of Wisdom: Reading Genesis[104] geht Kass das Problem von Tag vier an, indem er eine radikale Frage stellt: »Was aber, wenn diese Unstimmigkeiten nicht wegrationalisiert werden sollten? Was ist, wenn sie absichtlich unstimmig angeordnet wurden, außerhalb der erwarteten Reihenfolge? Was, wenn der Text auf diese Weise beabsichtigt, bestimmte Aspekte unserer naiven, ungeübten Wahrnehmung der Welt infrage zu stellen oder zumindest zu korrigieren, einer Wahrnehmung, die sich hauptsächlich auf das Sehen verlässt und die stillschweigend davon ausgeht, dass Sehen gleich Glauben ist?«[105]

Kass weist darauf hin, dass die Sonne das gemeinsame Merkmal all dieser Unstimmigkeiten ist. Die Signifikanz dieser Tatsache in einer altorientalischen Kultur, in der die Sonne in vielen Völkern verehrt wurde, ist offensichtlich. Es ist oft angemerkt worden, dass die Sonne, wenn sie schließlich in Tag vier eingeführt wird, ausdrücklich kein Gott ist, sondern einfach eine Lichtquelle. Paul Marston gibt folgenden Hinweis: »Moderne Menschen können sich nur schwer vorstellen, wie groß der Schock zu Abrahams Zeiten war, als sie lesen mussten, dass der in Haran angebetete Mond nur eine ›Lampe‹ sein sollte. (Wenn sie gewusst hätten, dass er sogar nur ein Reflektionskörper war, wäre das noch schlimmer gewesen!) Stellen Sie sich den Schock der Ägypter vor, als Ra, der Sonnengott und Hauptgott, an Tag vier ebenfalls als bloße Lampe enttarnt wurde, die nur geschaffen worden war, um den Menschen zu dienen!«[106]

Der Text dient also als Protest oder Polemik gegen den Götzendienst, auch wenn das nicht unbedingt sein Hauptziel ist. Es ist eine negative (wenn auch wichtige) Rolle und wird entsprechend kaum der einzige Zweck sein. Kass führt die Ideen des Philosophen Leo Strauss weiter aus, den ich bereits erwähnt habe:

> Die auffällige Herabstufung des Status der Sonne lässt uns vermuten, dass der Autor der Schöpfungsgeschichte etwas anderes lehren will als was zuerst kam und was danach kam, so dass die Abfolge der Geschöpfe nicht in erster Linie ein Versuch ist, eine *historische* oder zeitliche Geschichte zu erzählen. Stattdessen könnte die scheinbar zeitliche Ordnung ein Bild für die ontologische Ordnung sein; die zeitliche Abfolge der Entstehung könnte ein anschauliches literarisches Mittel sein, um die *verständliche* und *hierarchische* Ordnung der Dinge und Wesen zu vermitteln, die entstehen und *existieren*. Wir brauchen einen zweiten - und anderen - Blick auf die biblische Abfolge.[107]

Kass macht dann auf die Parallele zwischen den ersten drei und den zweiten drei Tagen aufmerksam (die Framework-Hypothese, die wir bereits erwähnt haben) und stellt fest, dass sich keines der geschaffenen Dinge der ersten drei Tage bewegen kann, während die beweglichen Geschöpfe in den zweiten drei Tagen in einer Reihenfolge zunehmender Bewegungsfreiheit angeordnet sind – von den Himmelskörpern, die auf feste Bahnen beschränkt sind, über die Lebewesen, die sich freier bewegen können, bis hin zu den Menschen, die sich ihre Bahnen selbst bestimmen können.

Er fährt fort: »Nachdem wir begonnen haben, nicht auf die Zeitlichkeit, sondern auf die Logik – oder Verständlichkeit – der Abfolge zu achten, sind wir in der Lage, die absolut logische und verständliche Struktur der gesamten Darstellung zu bestimmen. Die wichtigsten Prinzipien, die in der Schöpfung wirken, sind Position, Trennung, Bewegung und Leben, vor allem aber Trennung und Bewegung.«[108] Er weist darauf hin, dass die Sprache den Gedanken der Trennung stark unterstützt, denn »teilen« oder »trennen« kommt fünfmal explizit und zehnmal implizit in der Formulierung »alle Arten« vor. Gott trennt das Licht von der Finsternis; die himmlischen Lichter trennen den Tag von der Nacht; das Himmelsgewölbe trennt die Gewässer oben und unten, während die Lebewesen ohne äußere Einwirkung die Einzigartigkeit ihrer Art erhalten, indem sie sich innerhalb ihrer Art fortpflanzen. Dies ist die Schöpfung/Organisation durch Trennung, die passenderweise durch die Schöpfung durch Sprache erfolgt, da der Gebrauch von Worten das Erkennen von Unterschieden voraussetzt.[109] Dazu werde ich in Kapitel 5 noch mehr sagen.

Es lohnt sich meiner Meinung nach, über den Beitrag nachzudenken, den Leon Kass geleistet hat, und ich denke, er könnte leicht übersehen werden, wenn wir uns nur mit der chronologischen Ordnung und nicht mit der logischen Ordnung beschäftigen. Eine angemessene Darstellung des Textes muss daher womöglich beide Aspekte berücksichtigen. Wenn wir nicht darauf bestehen, die zeitliche Abfolge immer auf Kosten der logischen Abfolge zu priorisieren, dann können wir sicherlich zeitliche Aspekte anerkennen – es gab einen Anfang und Gott hat die Welt durch verschiedene Schöpfungsakte so aufgebaut, dass sie für die menschliche Besiedlung geeignet ist –, aber wir müssen nicht ständig verzweifelt versuchen, eine zeitliche Abfolge in eine wissenschaftliche Form zu pressen, und ebenso müssen wir die Wissenschaft nicht in eine vorgefasste biblische Form pressen.

Gordon Wenham schreibt in seinem Kommentar zur Genesis:

> Es ist bedauerlich, dass ein Mittel, das unsere Erzählung verwendet, um die Einheitlichkeit und Zielgerichtetheit des Schöpferwer-

kes auszudrücken – nämlich die Verteilung der verschiedenen Schöpfungsakte auf sechs Tage – aufgegriffen und allzu wörtlich ausgelegt wurde. Das Ergebnis ist ein Konflikt, in dem Wissenschaft und Bibel gegeneinander ausgespielt werden, statt sie als sich gegenseitig ergänzend zu betrachten. Richtig verstanden, rechtfertigt der Schöpfungsbericht die wissenschaftliche Erfahrung von Einheit und Ordnung in der Natur. Das Sechs-Tage-Schema ist nur eines von mehreren Mitteln, die in diesem Kapitel eingesetzt werden, um das System und die Ordnung zu betonen, die in die Schöpfung eingebaut wurden. Andere Mittel sind die Verwendung von sich wiederholenden Formeln, die Tendenz, Wörter und Sätze in Zehner- und Siebenergruppen zu gruppieren, literarische Techniken wie Chiasmen und Inclusio, die Anordnung der Schöpfungsakte in zueinander passenden Gruppen und so weiter.

Wenham fährt fort: »Für den Fall, dass diese Hinweise nicht ausreichen würden, um die Schematisierung der sechstägigen Schöpfungsgeschichte hervorzuheben, deutet auch der Inhalt der Erzählung in dieselbe Richtung. Insbesondere erscheinen Abend und Morgen drei Tage vor Sonne und Mond, die ausdrücklich dafür da sind, um ›Tage und Jahre‹ zu zählen (Vers 14). Außerdem steht dieses Kapitel außerhalb des geschichtlichen Hauptteils der Genesis, dessen Abschnitte jeweils mit ›Dies ist die Generationenfolge von‹ beginnen.«[110]

Wir alle müssen uns der Tatsache stellen, dass es sich hier um einen komplexen und anspruchsvollen Text handelt, der mehrere Auslegungen zulässt. Die Tatsache, dass jüdische Kommentatoren, die frühen Kirchenväter und alle anderen ernsthaften Ausleger Schwierigkeiten mit dem Text haben, sollte uns trösten und demütiger machen. Sie sollte uns auch zeigen, dass die Schwierigkeiten keineswegs alle durch den Versuch entstehen, den Text mit der modernen Wissenschaft zu vereinbaren, sondern aus dem Versuch resultieren, den Text an sich zu verstehen. Mein Ziel ist es, die zentrale Botschaft des Textes zu verdeutlichen und zum Nachdenken über eher nebensächliche Themen anzuregen. Natürlich muss meine Leserschaft sich ihre eigene Meinung bilden. Es wäre jedoch traurig, wenn wir durch die Uneinigkeit über die Tage die zentrale Botschaft verpassen würden, auf die wir in Kapitel 5 näher eingehen werden.

Der Einwand

Zu guter Letzt habe ich natürlich nicht den typischen Einwand vergessen, den ich schon öfter im Zusammenhang mit dem in diesem Kapitel behandelten Thema gehört habe: dass manche der genannten Thesen und Ideen dazu dienen, die Bibel der Wissenschaft unterzuordnen und so ein konstruiertes Problem zu diskutieren – in der Welt der Antike wäre doch niemand auf derartig komplexe Interpretationen gekommen. Das ist durchaus möglich. Der Einwand ist vernünftig und ich nehme ihn ernst. Zumindest der zweite Aspekt dieses Einwands ist definitiv gerechtfertigt. Bisher habe ich versucht, die Aussage des Texts aus dem 1. Buch Mose zu ergründen – unabhängig von wissenschaftlichen Überlegungen – und dann verschiedene Interpretationsmöglichkeiten zu untersuchen.

Wenn jemand erwidert, dass diese Interpretationen zu konstruiert sind, um zum heutigen Stand der Wissenschaft zu passen, verweise ich darauf, dass eine solche Frage nicht zum ersten Mal aufgetreten ist und ich aus genau diesem Grund das erste Kapitel geschrieben habe. Denn genau das gleiche Problem ist vor fast einem halben Jahrtausend auch aufgekommen – und hatte nichts mit dem Alter der Erde zu tun, sondern mit der Frage nach ihrer Bewegtheit oder Unbewegtheit.

Kopernikus, Rheticus und Kepler behaupteten nicht, dass die Bibel die Beweglichkeit der Erde lehrte, sondern dass die Bewegung der Erde mit der Lehre der Bibel vereinbar war. Wir haben bereits gesehen, dass eine Interpretation der »Säulen der Erde« als Bild für die Stabilität und Unerschütterlichkeit der Erde kein Kompromiss ist. Ganz im Gegenteil, es ist eine sinnvolle Interpretation des Texts, die die Autorität der Bibel nicht untergräbt – obwohl die Interpretation auf neuen wissenschaftlichen Erkenntnissen aufbaut.

Es liegt mir viel an der Einsicht, dass es völlig normal ist, sich auf diese Weise mit einem problematischen Sachverhalt zu befassen. Wir machen das jeden Tag. Wir haben vorhin darüber gesprochen, wie man die Aussage »Das Auto fegte über die Straße« oder Jesu Worte »Ich bin die Tür« verstehen soll. Wir sind zu dem Schluss gekommen, dass unsere Lebenserfahrung uns dabei hilft, diese beiden Aussagen metaphorisch und nicht wörtlich zu verstehen. Wir kennen Autos, Straßen und Türen aus unserem Alltag. Unsere Prüfung solcher Sachverhalte ist so instinktiv, dass es uns gar nicht mehr bewusst ist. Im Grunde ist es ein einfacher »Realitätstest«: Ergibt unsere Interpretation Sinn in der echten Welt? Wenn wir Wissenschaft informell als Wissen verstehen, das wir durch Beobachtung und Erfahrung der Welt um uns herum zusammengetragen haben, hilft diese uns sehr wohl dabei, zwischen sinnvollen und unpassenden Interpretationen zu unterscheiden.

Damit sollten wir den Einwand beantworten können, dass wir die Schöpfungstage als 24-Stunden-Tage innerhalb einer Woche interpretieren müssten, weil viele Leute das jahrhundertelang geglaubt haben. Wenn wir diese Art der Argumentation auf die Fundamente und Säulen der Erde anwenden würden, würden wir immer noch darauf bestehen, dass die Erde sich nicht bewegt. Und trotzdem habe ich noch niemanden, auch keinen einzigen Anhänger des Junge-Erde-Kreationismus getroffen, der so denkt. Kurzum, es ist einfach unangemessen, nur aufgrund der Frage zu entscheiden, wie viele Menschen wie lange diese Interpretation vertreten haben.[111] Stattdessen sollte man sich fragen, warum eine bestimmte Interpretation zu einem bestimmten Zeitpunkt vertreten wurde. Genauso wichtig ist die Anschlussfrage, ob es überzeugende Gründe gibt, eine andere Interpretation vorzuziehen. Im Fall der Erdbewegung gab es gute Gründe, von der vorherrschenden Interpretation abzugehen, und sie sind bis heute vernünftig und plausibel. Aus dieser Erfahrung heraus sollten wir dazu bereit sein, dieselbe Denkbewegung auch auf die Frage nach dem Alter der Erde zu übertragen.

Zur Kontroverse um die sich bewegende Erde gibt es einen bemerkenswerten Kommentar von zwei führenden Junge-Erde-Kreationisten:

> Erst wenn eine solche Interpretation [die klassische Position einer unbewegten Erde] mathematisch und empirisch hoffnungslos

unhaltbar wird, sollte die Kirche diese aufgeben. Ebendies hat die Kirche ja getan.

Deshalb hat der Kurzzeit-Kreationismus keinen Bedarf, sich an dogmatische oder unveränderliche biblische Auslegungsmethoden zu klammern. Er muss dazu bereit sein, sich zu verändern und Fehler zuzugeben. Zur gegenwärtigen Lage können wir sagen, dass wir als Kreationisten ein unmittelbar naheliegendes Verständnis des biblischen Schöpfungsberichts verteidigen, im Gegenzug aber eine plausible wissenschaftliche Darstellung eines »alten« Universums aufgeben. Langfristig werden wir diese Position jedoch nicht halten können. Unserer Meinung nach hat der Langzeit-Kreationismus eine wesentlich glaubwürdigere wissenschaftliche Perspektive, verbindet diese aber mit einem weniger unmittelbar naheliegenden Textverständnis. (...) Derzeit scheint es am vernünftigsten, dieser Interpretation Glauben zu schenken.«[112]

Die Stoßrichtung meiner Argumentation war es bis jetzt, aufzuzeigen, dass man meiner Ansicht nach das 1. Buch Mose auf eine Weise interpretieren kann, die die Autorität und die Vorrangstellung der Bibel nicht beeinträchtigt, aber gleichzeitig unser größer werdendes Verständnis des Universums nicht außen vor lässt, wie die Bibel selbst auffordert (Römer 1,19-20).

Einige meiner Leser werden an dieser Stelle zu Recht darauf hinweisen, dass ich die theologischen Probleme noch gar nicht angesprochen habe, die mit dem Glauben an eine alte Erde verbunden sind. Das sind Probleme, die im ersten Kapitel der Genesis noch nicht zum Tragen kommen, sehr wohl aber in den darauffolgenden. An erster Stelle steht dabei die Frage, wie der Tod in die Welt gekommen ist. Diesen wichtigen Punkt sollten wir uns nun anschauen, und zwar im Zusammenhang damit, was im 1. Buch Mose über den Ursprung des Menschen gesagt wird.

IV. Der Mensch – eine besondere Art?

Heutzutage ist wahrscheinlich die Frage nach dem Ursprung des Menschen umstrittener als die Frage nach dem Ursprung des Universums. Daher wäre keine Diskussion über die Schöpfungswoche jemals vollständig, ohne dabei auch etwas über den Ursprung des Menschen zu sagen. Die Erschaffung des Menschen steht ja am Höhepunkt von Gottes Schöpfungstätigkeit und hat eine enorme Bedeutung für unser eigenes Verständnis darüber, wer und was wir eigentlich sind. Die Sonderrolle des Menschen wird im 1. Buch Mose ausdrücklich betont: »So schuf Gott die Menschen nach seinem Bild, nach dem Bild Gottes schuf er sie, als Mann und Frau schuf er sie« (1. Mose 1,27). Jordan Peterson hat diese Aussage als Eckstein der Zivilisation bezeichnet, den wir zu unserem eigenen Schaden vernachlässigen.[113]

Jesus selbst hat der Schöpfung des Menschen das Siegel seiner göttlichen Autorität gegeben. In einer Diskussion über Ehe und Ehescheidung sagt er zu den Pharisäern: »Habt ihr nicht gelesen, dass der, welcher sie schuf, sie von Anfang an als Mann und Frau schuf und sprach: ›Darum wird ein Mensch Vater und Mutter verlassen und seiner Frau anhängen, und es werden die zwei ein Fleisch sein‹ – sodass sie nicht mehr zwei sind, sondern *ein* Fleisch? Was nun Gott zusammengefügt hat, soll der Mensch nicht scheiden« (Matthäus 19,4-6 [ELB]; siehe auch Markus 10,6-9). Jesus betont die Tatsache, dass diese Worte direkt vom Schöpfer selbst gekommen sind: »Der, welcher sie schuf (…), *sprach.*« Das ist eine wichtige Erinnerung an den Wert, ja die Heiligkeit der Ehe; vor allem in einer Welt, die sich immer mehr dadurch schuldig macht, dass sie die Ehe abwertet. Wir müssen diesen Worten aus dem 1. Buch Mose Beachtung schenken, um den Zerfall unseres gesellschaftlichen Gefüges zu vermeiden. Jahrhundertelang war diese biblische Lehre die Grundlage für Werte, Gesetzgebung und Menschenrechte – zumindest in der westlichen Welt. Diese Grundlage gerät aber zunehmend unter Beschuss, nicht nur von Wissenschaftlern, sondern auch von führenden Ethikern, die ihre Argumente auf das bauen, was Wissenschaftler zu sagen haben. Ein Beispiel dafür ist der einflussreiche Ethiker Peter Singer von der *Princeton University*. Er schreibt:

> Was auch immer die Zukunft bringt, es wird sich wahrscheinlich als unmöglich erweisen, die Heiligkeit des Lebens als Hauptkonzept der Ethik wiederherzustellen. Die philosophische Grundlage dieser Anschauung wurde auseinandergerissen. Wir können unsere Ethik nicht länger auf der Grundlage aufbauen, dass wir Menschen eine Sonderform der Schöpfung sind, nach dem Bilde Gottes geschaffen, von allen anderen Tieren ausgesondert und alleiniger Besitzer einer unsterblichen Seele. Inzwischen wissen wir mehr über unsere eigene Natur und haben die Kluft überwunden, von der wir einst glaubten, dass sie zwischen uns und allen anderen Spezies liegt. Warum also sollten wir glauben, dass die bloße Tatsache, dass jemand ein Mitglied der Spezies Homo sapiens ist, dem Leben dieser Person einen einmaligen, nahezu unendlichen Wert gibt?[114]

Einen ähnlichen Ton schlägt auch John Gray an, emeritierter Professor für die Geschichte des europäischen Denkens an der *London School of Economics.* Seiner Meinung nach hat die Philosophie im Verlauf der letzten 200 Jahre »den Hauptfehler des Christentums nicht aufgegeben – den Glauben daran, dass Menschen sich radikal von allen anderen Tieren unterscheiden«.[115]

Die wissenschaftliche Grundlage, die hierfür beansprucht wird, ist natürlich die Evolutionstheorie. Dementsprechend hängen diese ethischen Argumente nicht nur von der Stichhaltigkeit und Reichweite der Evolutionstheorie (bzw. dem Anteil der Theorie, der die Biologie betrifft) ab, sondern auch von der Stichhaltigkeit aller philosophischen Schlussfolgerungen, die aus der Theorie entstanden sind.[116]

Es gibt jedoch auch einflussreiche Stimmen, die die Ansicht von Singer und Gray nicht teilen, obwohl sie die Evolutionstheorie befürworten. Jordan Peterson zum Beispiel betrachtet die Lehre der Schöpfungsgeschichte, dass der Mensch – Mann und Frau – nach dem Bilde Gottes geschaffen ist, als Grundlage für die westliche Zivilisation und die westlichen Werte. Daraus leitet er ab, dass »jeder Mensch etwas von transzendentem Wert an sich hat. Ich sage ihnen, mit der Ablehnung dieses Gedankens schaden wir uns selbst zutiefst.«[117]

Meine folgenden Gedanken betreffen die biblische Perspektive und ihre Konsequenzen. Nur der Mensch ist der Teil von Gottes Schöpfung, der nach seinem Bilde gemacht worden ist. »Der Himmel verkündet die Herrlichkeit Gottes« (Psalm 19,1). Ein prächtiger Sternenhimmel, den man am besten irgendwo auf dem Land, unbeeinträchtigt von irgendwelchen anderen Lichtquellen, beobachtet, ist ein unvergleichliches Erlebnis (vor allem, wenn man ein Teleskop oder ein Fernglas hat), aber wir lesen nirgendwo in der Bibel, dass der Himmel nach Gottes Bilde geschaffen wurde. Diese Ehre gebührt nur dem Menschen.

Das 1. Buch Mose verneint nicht, was die Chemie uns lehrt – dass alles Leben aus denselben elementaren Bausteinen zusammengesetzt ist. In 1. Mose 1,11.24 wird dies sogar für Pflanzen und Tiere angedeutet: »Auf der Erde soll Gras wachsen und sie soll Pflanzen hervorbringen«, und: »Die Erde soll alle Arten von Tieren hervorbringen.« In 1. Mose 2,7 wird es noch deutlicher für den Menschen betont: »Da formte Gott, der HERR, aus der Erde den Menschen und blies ihm den Atem des Lebens in die Nase. So wurde der Mensch lebendig.« Im Schöpfungsbericht wird demnach bestätigt, dass (menschliches) Leben eine chemische Grundlage hat. Jedoch wird das reduktionistische Bild abgelehnt, dass das Leben nur aus mechanisch erklärbaren chemischen Verbindungen bestehe.

Nun setzt 1. Mose 1 allerdings einen besonderen Akzent. Der Mensch wird von Gott aus dem Staub der Erde geformt – es gab also einen besonderen, direkten Schöpfungsakt für den Menschen. Die Menschheit entstand demnach nicht einfach aus bereits existierenden menschenartigen Lebewesen *(hominidae)* oder gar jungsteinzeitlichen Bauern[118] (egal, ob das nun aufgrund natürlicher Entwicklungsprozesse oder Gottes direktem Handeln passiert wäre).

Im Neuen Testament wird das Verständnis des Menschen als Sonderform der Schöpfung bestätigt. Das findet sich sowohl im Stammbaum Jesu[119], dessen Wurzeln im Lukasevangelium bis hin zu Adam, dem »Sohn Gottes« (Lukas 3,38), zurückverfolgt werden können, als auch in Jesu berühmten Worten zum Thema Ehe: »[Von] Anfang der Schöpfung an aber hat er sie als Mann und Frau geschaffen« (Markus 10,6; ELB). Auch Paulus erwähnt die Tatsache, dass der Mensch aus dem Staub der Erde geschaffen wurde: »Der erste Mensch,

Adam, wurde aus dem Staub der Erde geschaffen, der zweite Mensch, Christus, ist vom Himmel« (1. Korinther 15,47).

Wir haben bereits festgestellt, dass es eine große Kluft zwischen organischer und anorganischer Materie gibt, die im 1. Buch Mose dadurch betont wird, dass Gott am dritten Tag zweimal spricht. Das wiederholt sich am Tag 6: Gott sagt zuerst: »Die Erde soll alle Arten von Tieren hervorbringen (…)«, und als Zweites: »Wir wollen Menschen schaffen (…).« Diese Wiederholung ist sicherlich bewusst so formuliert und ein deutliches Indiz dafür, dass – wie bereits weiter oben erwähnt – laut dem 1. Buch Mose weder die Kluft zwischen Leben und Nichtleben noch die zwischen Mensch und Tier durch ungesteuerte natürliche Prozesse überwunden werden kann. In beiden Fällen muss Gott sein schöpferisches Wort sprechen. Ohne dieses schöpferische Wort bleibt die Kluft unüberbrückbar. Der Mensch als Abbild Gottes ist nicht das Resultat einer ziellosen Entwicklung, er ist nicht dadurch entstanden, dass sich die Materie ihren Weg blind durch Abermillionen verschiedener Entwicklungsmöglichkeiten gebahnt hat und dann zufällig beim Menschen gelandet ist. Damit stellt das 1. Buch Mose die Grundannahme des Atheismus infrage, nämlich dass der Mensch ohne den schöpferischen Einfluss eines Gottes entstanden und damit menschliches Leben nichts Besonderes ist.

Der Unterschied zwischen Mensch und Tier wird noch einmal dadurch betont, dass Gott dem Menschen die Verantwortung für alle Tiere übergibt (1. Mose 1,26). In 1. Mose 2,18-24 wird diese Thematik noch einmal dadurch aufgegriffen, dass Adam den Tieren ihre Namen gibt. Dieser Moment ist in den erzählerischen Kontext der Partnersuche für Adam eingebettet. Es wird weiter erzählt, dass sich unter all den Tierspezies (darunter auch menschenartige, »hominide« Lebewesen, wie ich hier betonen möchte) nichts befindet, das zu Adam passen könnte bzw. ihm in seinem Wesen entspricht. Bemerkenswert: Adam lernt als Erstes die Lektion, dass er sich grundsätzlich von *allen* anderen Tieren unterscheidet.

Mehrere Leute haben angemerkt, dass das hebräische Wort für »schaffen« in dem Satz »Wir wollen Menschen schaffen nach unserem Bild« aus derselben Wurzel abgeleitet ist wie das Wort, dass in Psalm 139,15 verwendet wird. Dort heißt es: »Du hast zugesehen, wie ich im Verborgenen gestaltet wurde, wie ich gebildet wurde im Dunkel des Mutterleibes.« Der Psalmist wurde natürlich auf dem üblichen Weg geboren, warum also nicht auch Adam? Aber das würde bedeuten, dass Adam nicht der erste Mensch war – ein Widerspruch zu dem, was Paulus sagt. Beim Schöpfungsbericht geht es die primäre Verursachung, bei Paulus um die sekundäre Verursachung.

Die biblische Beschreibung des Ursprungs der Frau scheint mir jedoch entscheidend zu sein. Wenn, wie manche behaupten, die weiblichen Menschen aus bereits existierenden Hominiden entstanden sind, dann passt der Bericht aus 1. Mose darüber, dass die erste Frau aus dem ersten Mann entstanden ist, überhaupt nicht. Wenn es eine Metapher sein soll, dann möchte ich fragen: eine Metapher für was? Wohl kaum für einen göttlichen Eingriff, der einen Hominiden in einen Menschen verwandelt. Sicherlich geht es in der Erzählung darum, dass es kein nicht-menschliches Tier gab, das als gleichwertiges Gegenüber für den Menschen geeignet war, und deshalb wurde auch kein nicht-menschliches Tier benutzt, um einen Menschen zu schaffen.

Abgesehen davon wäre es eine ziemlich steife Wortwörtlichkeit, wenn man darauf bestehen würde, dass der Mann jede einzelne Tierart – Millionen von ihnen – benannt hat, bevor er sein Gegenüber bekam. Das hätte Tausende von Jahren gedauert – wir benennen bis heute noch Arten! Der gesunde Menschenverstand würde den Sinn der Erzählung darin sehen, dass Adam genügend Wissen über die Tiere erlangte, um zu erkennen, dass keines von ihnen ein geeignetes Gegenüber für ihn sein konnte.

Manche Wissenschaftler – wie etwa der Biologe Denis Alexander – haben vorgeschlagen, dass es zu diesem Zeitpunkt schon mehrere Millionen Menschen gab und Eva eine davon war. Jedoch gibt die Hauptaussage des Schöpfungsberichts der Frau nicht viel her, um diese Hypothese zu unterstützen.[120] Im Gegensatz zu vielen anderen lehnt Alexander die geschichtliche Existenz von Adam und Eva nicht ab. Ich finde es nur schwer, sein geschichtliches Verständnis mit dem Bericht der Bibel in Einklang zu bringen. Er bevorzugt ein Erklärungsmodell (das er in seinem Buch »Modell C« nennt), in dem Adam und Eva zwei jungsteinzeitliche Bauern unter Millionen anderer Menschen waren, die alle durch Evolution entstanden sind. Gott wählte die beiden aus, um »eine neue geistliche Familie auf der Erde zu gründen, die aus denjenigen bestehen sollte, die ihr Vertrauen auf Gott setzen und dies durch Gehorsam gegenüber seinem Willen ausdrücken«[121]. Diesem Verständnis des Schöpfungsberichts fehlt jede physische Dimension: »Genauso wie ich heute auf die Straßen von Cambridge gehen kann und mir Menschen, die allesamt Mitglieder der Spezies Homo sapiens sind, anschauen kann, ohne zu wissen, wer geistlich lebendig ist, gab es laut Modell C keine Möglichkeit, Adam und Eva äußerlich von ihren Zeitgenossen zu unterscheiden. In dem Modell geht es eher um geistliches Leben und von Gott offenbarte Anweisungen und Aufgaben als um Genetik.«[122]

Wir lesen oft in der Bibel, dass Gott sich verschiedenen Menschen – wie zum Beispiel Noah, Abraham, Isaak und Jakob – geistlich offenbart. Dabei wird im 1. Buch Mose immer eine besondere Formulierung gewählt: »[Da] erschien der Herr dem Abram« (1. Mose 17,1; 18,1). Im Schöpfungsbericht dagegen findet man diese Formulierung nicht. In den ersten beiden Kapiteln der Bibel wird nicht beschrieben, wie Gott sich Menschen zeigt, die bereits existieren, und sie in seine Gegenwart ruft, sondern wie diese Menschen überhaupt erst entstanden sind: aus dem Staub der Erde geformt, um dann erst in Gemeinschaft mit ihrem Schöpfer zu leben. Mehr noch, die Erzählung macht deutlich, dass Adam und Eva nicht erst in die Gegenwart Gottes gerufen werden mussten, sondern dass sie bereits von Anfang an Gemeinschaft mit ihm hatten. Diese Beziehung wurde erst durch ihre Sünde zerbrochen.

Alexander argumentiert weiter: »Der Text aus 1. Mose 1 macht deutlich, dass die gesamte Menschheit ohne Ausnahme nach Gottes Ebenbild geschaffen wurde, sicherlich einschließlich aller Menschen, die während der Jungsteinzeit gelebt haben und in den Zeitaltern danach geboren wurden.«[123] Wenn alle Menschen vor und während Adams und Evas Lebzeiten Gottes Abbild waren, dann unterscheidet sich der Bericht von der Erschaffung des Menschen »nach Gottes Ebenbild« im ersten Kapitel des 1. Mose grundsätzlich von der Geschichte von Adam und Eva im zweiten Kapitel und müsste tatsächlich lange vorher passiert sein.

Das lässt die Frage offen, wann Gott dann seine Ebenbildlichkeit auf den Menschen übertragen hat. Was meint Alexander eigentlich damit, wenn er sagt, dass 1. Mose 2 die »Erschaffung Adams an den Beginn der Schöpfung«[124] verlegt? Seine Argumentation wird noch schwieriger zu begründen, wenn wir die biblische Aussage »Es gab noch keine Menschen, um den Boden zu bebauen« (1. Mose 2,5; Hervorhebung von mir) mit Alexanders Behauptung vergleichen, dass es zu der Zeit schon Millionen von jungsteinzeitlichen Bauern gab. Meinte er damit, dass die Hominiden, die den Boden bereits bebauten, keine Menschen waren?

Alexander sagt auch: »Religiösen Glauben gab es schon vor dieser Zeit, als Völker in verschiedenen Teilen der Erde nach Gott oder Göttern suchten.«[125] »Völker« klingt sehr nach »Menschen«, und meiner Meinung nach geht Alexander davon aus, dass diese Völker aus moralischen Wesen bestanden – ansonsten wären ihre Vertreter nicht voll und ganz Mensch. Wenn das der Fall sein sollte, ist es schwierig, sich vorzustellen, dass es weder menschliche Sünde noch menschliches Sterben gab, bevor Gott sich dazu entschied, sich zwei ausgewählten Menschen zu offenbaren. Folgerichtig wird es dann auch problematisch zu begründen, dass »durch einen Menschen die Sünde in die Welt gekommen ist und der Tod durch die Sünde«. – »So ist der Tod zu allen Menschen durchgedrungen, weil sie alle gesündigt haben« (Römer 5,12 nach ELB). Wie hätte die Sünde des von Gott auserwählten Bauern Adam den Tod all derjenigen auslösen können, die vor ihm gelebt haben? Dieser Gedankengang hat jedoch Folgen, die diejenigen, die ihn vertreten, als unangenehm empfinden könnten, wenn es um die Erlösungslehre geht.

In dem Versuch, Evolutionstheorie und Schöpfung miteinander zu kombinieren, behauptet Alexander noch, dass die menschliche Evolution zu diesem Zeitpunkt schon aufgehört habe.[126] Ich finde diesen Versuch ein wenig verwunderlich. Könnte es nicht einfach sein, dass die Evolution des Menschen erst gar nicht anfing und er eine direkte Schöpfung Gottes war?[127]

Für Christen gibt es noch einen weiteren Punkt, der zentral für die Frage nach der Einzigartigkeit des Menschen ist. Der grundlegendste Anspruch des Christentums wird in Johannes 1,14 formuliert: »Er, der das Wort ist, wurde Mensch und lebte unter uns.« Gott »kodierte« sich selbst in die Menschheit. Er wurde Mensch. Zweifellos ist dies das wichtigste übernatürliche Ereignis der Geschichte – ein direkter Eingriff Gottes, dessen Bedeutung kaum zu ergründen ist. Wenn ich an das Wunder dieser Menschwerdung denke, fällt es mir nicht schwer zu glauben, dass menschliches Leben ebenfalls mit einem übernatürlichen Eingriff Gottes begann – ja beginnen musste. Das ist eine Möglichkeit, die die Wissenschaft nicht ausschließen kann.[128] Was die Wissenschaft über die Menschheit sagen kann, ist dasselbe, was sie auch über das Universum sagen kann: Auch sie hatte einen Anfang. Jesu Menschwerdung sagt demgegenüber, dass der Mensch einzigartig ist – er ist so geschaffen worden, dass Gott selbst Mensch werden konnte und es auch wurde.

Das Alter der Menschheit

Am Anfang des Buchs habe ich die Berechnungen von Erzbischof Ussher erwähnt, mit denen dieser das Alter der Erde bestimmen wollte. Er ging davon aus, dass die Schöpfungstage einer Erdenwoche entsprechen. Er nahm den Anfang der Woche als den Startpunkt der Schöpfung und das Ende der Woche als den Anfang der Menschheit, um mithilfe der Stammbäume im 1. Buch Mose das Alter der Erde zu errechnen. Dabei waren Usshers Berechnungen eng mit seiner Einschätzung des Alters der Menschheit verknüpft. Die Frage nach dem Alter der Menschheit haben wir uns noch nicht gestellt, ging es bisher doch eher um mögliche Interpretationen der Schöpfungstage.

Berechnungen, die auf biblischen Genealogien beruhen, sind jedoch nicht unproblematisch. Der Archäologe Kenneth A. Kitchen meint dazu: »In hebräischen und verwandten Traditionen kann die Formulierung »Vater von« bzw. »Sohn von« wörtlich im Sinne eines direkten Vater-Sohn-Verhältnisses gemeint sein, aber sie kann auch die direkte Abstammung über mehrere Generationen hinweg bedeuten.«[129] Er führt Beispiele aus 1. Mose an, wo in einigen Listen bei »Söhnen« die Enkel und Urenkel mit gemeint sind. In ähnlicher Weise enthält die Genealogie in Matthäus 1,8 eine Zusammenfassung: »Die Formulierung ›Joram zeugte Usija‹ (Matthäus 1,8) ist eine Kurzformel für ›Joram zeugte Ahasja‹ (2. Könige 8,25), dessen Sohn Joasch war

(11,2), der wiederum Amazja zeugte (14,1), dieser schließlich Usija (2. Chronik 26,1).« Kitchen schlussfolgert daraus: »Die Erzählungen in Genesis 1–11 setzen teilweise eine direkte Vaterschaft voraus (...). In den meisten Fällen aber kann man prinzipiell die wiederkehrende Formel *›A zeugte B, und nachdem er B gezeugt hatte, lebte er x Jahre‹* so verstehen: *›A zeugte die Linie, die in B endet, und nachdem er die Linie, die in B endet, gezeugt hatte, lebte er x Jahre.‹*«[130]

Wenn man also nur die Hinweise innerhalb der Bibel berücksichtigt, bleibt das Alter der Menschheit ein unbestimmbarer Faktor, wobei es noch mal eine ganz andere Frage ist, ob diese Unbestimmtheit flexibel genug ist, um eine Betrachtung der aktuellen paläontologischen Schätzungen zuzulassen. An dieser Stelle gibt es keine leichten Antworten. Ich würde einfach sagen, dass das übernatürliche Wesen von Gottes Erschaffung des Menschen nach seinem Bild viel wichtiger ist als die Frage, was sich genau historisch abgespielt hat. Dasselbe gilt natürlich für die Erschaffung des gesamten Universums.

Man sollte aber auf jeden Fall nicht die Dinge miteinander vermischen, die sich unterscheiden. Konkret sollte man das Alter des Universums von dem der Erde unterscheiden, ebenso vom Alter des biologischen Lebens und dem der Menschheit. Es sollte klar sein, dass die Erde jünger als das Universum ist und dass biologisches Leben jünger als die Erde ist. Der Mensch wiederum ist jünger als die Entstehung biologischen Lebens.

Ein theologischer Einwand: Konnte der Tod vor Adams Sünde existieren?

Wenn man davon ausgeht, dass die Erde schon lange vor der Schöpfung des Menschen existierte, entsteht ein theologisches Problem: die Existenz des Todes vor dem Sündenfall. Die Frage entzündet sich daran, was Paulus sagt: »Die Sünde kam durch einen einzigen Menschen in die Welt – Adam. Als Folge davon kam der Tod, und der Tod ergriff alle, weil alle sündigten« (Römer 5,12). Das Argument lautet nun einfach, dass es keinen Tod vor dem Sündenfall gegeben haben könne, da der Tod die Konsequenz menschlicher Sünde ist. Wenn wir an die Erlösung denken, hat diese Frage besonders weitreichende Konsequenzen. Denn wenn Paulus mit seiner Erklärung zum Ursprung von Sünde und Tod falschliegt, wie kann er dann mit der Lösung des Problems richtigliegen?

Das stellt mich vor ein weiteres Problem. Da dieses Buch eine kurze Einführung in die Thematik der Schöpfungszeit darstellt, ist es fast unmöglich, noch eine detaillierte Analyse der Ereignisse in 1. Mose 3 einzubinden, obwohl das sehr wichtig wäre. Deswegen muss ich mich damit begnügen, nur einige wichtige Themen anzuschneiden, die mit der oben genannten Frage zu tun haben – auch wenn einige Leser damit unzufrieden sein werden.

Der Bericht im 1. Buch Mose über die Entstehung der Sünde (1. Mose 3,1-7) ist eine der interessantesten Passagen der Bibel. Alles dreht sich um den Garten Eden und die dort ansässigen Pflanzen, Tiere und Menschen; genauer gesagt: um einen besonderen Baum, ein besonderes Tier und besondere Menschen, nämlich den Baum der Erkenntnis von Gut und Böse, die Schlange und natürlich Adam und Eva.

Die ersten Menschen wurden in den Garten gebracht, und ihnen wurde gesagt, dass sie von jedem der Bäume essen dürften (was den besonderen Baum im Garten einschließt – den Baum des Lebens) – abgesehen vom Baum der Erkenntnis von Gut und Böse. Sie bekommen eine Warnung mit auf den Weg: Sie werden sterben, wenn sie die Frucht von diesem Baum essen. Sie haben also die Fähigkeit, von allen Bäumen ohne Ausnahme zu essen, aber sie haben nicht die Erlaubnis, die Frucht eines bestimmten Baumes zu essen. Hier haben wir alle Zutaten, die den Menschen als moralisches Wesen ausmachen. Gott hat ihnen die Fähigkeit gegeben, »Ja« zu ihm zu sagen, indem sie nicht die Frucht vom verbotenen Baum essen, ebenso wie die Möglichkeit, »Nein« zu sagen, indem sie eben doch die Frucht von dem Baum essen.

Wir brauchen nicht darüber zu diskutieren, wie die Frucht des Baumes beschaffen war, oder uns zu fragen, welche Eigenschaft sie haben musste, damit ihr Verzehr zur Erkenntnis von Gut und Böse führte. Eine solche Auslegung würde den Sinn der Geschichte verfehlen. Etwas zu tun, was dem Willen und dem Wort unseres Schöpfers und des Herrschers dieser Welt widerspricht, ist selbst Gesetzlosigkeit.

Es ist eine Geisteshaltung, die den Willen des Geschöpfes gegen den des Schöpfers durchsetzt, die den Schöpfer beiseiteschiebt und die Verfolgung der eigenen egoistischen Interessen und die eigene Interpretation des Lebens in den Mittelpunkt stellt. Das ist im Prinzip die Definition von »Sünde«. Der Schriftsteller Theophilus von Antiochien (115–181 n.Chr.) sagte: »Es brachte nämlich nicht, wie einige meinen, der Baum den Tod, sondern der Ungehorsam.«[131]

Als Nächstes wird einer der Hauptakteure des Dramas vorgestellt: die Schlange. Sie wird als »das listigste von allen Tieren, die Gott, der Herr, erschaffen hatte«, beschrieben (1. Mose 3,1). Es stellt sich heraus, dass sie sich stark von den anderen Tieren unterscheidet: Sie ist intelligent und kann reden. Die Schlange fängt ein Gespräch über den Baum der Erkenntnis und über die Bedeutung seiner Frucht mit Eva an. Wir müssen hier innehalten und über eine Frage nachdenken, die sich viele Leserinnen und Leser jetzt vielleicht stellen: Wer oder was war diese Schlange, deren Unterstellungen eine so erschütternde Katastrophe auslösten, durch die die Welt seither aus dem Gleichgewicht gebracht wird? Sie taucht unangekündigt auf und wird einfach als eine der Kreaturen beschrieben, die Gott geschaffen hat. Aber genau das sagt uns schon etwas, und wirft gleichzeitig viele Fragen auf. Denn diese Schlange ist ein Geschöpf, also ist Gott letztendlich für ihre Existenz verantwortlich. Dennoch ist sie eindeutig gegen Gott. Mit anderen Worten: Bereits hier in 1. Mose wird uns gesagt, dass es einen Feind auf der Erde gab, ein Wesen, das offenbar die Fähigkeit hatte, Gott ungehorsam zu sein, dies auch tatsächlich getan hatte und nun die ersten Menschen ermutigte, es ihm gleichzutun.

Manche Menschen tun das alles als primitive Mythologie ab. Andere sagen, es sei zwar Mythologie, aber alles andere als primitiv, weil es eine starke Botschaft vermittelt. Einer davon ist Jordan Peterson. Wie Ron Dart in der Einleitung des von ihm herausgegebenen Buches Myth and Meaning in Jordan Peterson (Mythos und Bedeutung bei Jordan Peterson) beschreibt, fasst dieser »biblische Geschichten in einem mythischen Sinn auf, ohne bei der Frage nach ihrer Geschichtlichkeit stecken zu bleiben, und fragt beinahe so, wie ein Seelsorger fragen würde: ›Was bedeutet diese Geschichte für dich auf deinem Weg?‹ Plötzlich erkennen die Menschen, dass der Text zu ihnen sprechen kann.«[132] Petersons berühmte Ausführungen zur Schöpfungsgeschichte, die auf YouTube millionenfach angesehen wurden, haben diesen Effekt – »Das Geniale an der Bibel ist, dass sie Zeit und Geschichte überwindet und zur menschlichen Seele spricht«, wie Dart es ausdrückt.[133]

Aber muss man wirklich Zeit und Geschichte hinter sich lassen und eine mythologische Interpretation annehmen, damit die Bibel zur eigenen Seele spricht? Ich für meinen Teil glaube das nicht. Natürlich müssen wir den Text so präsentieren, dass er die menschliche Seele heute anspricht. Man muss in so betrachten, dass man in ihm eine Aussage findet, die echte Auswirkungen hat. Man muss leider zugeben, dass diejenigen, die wie ich nicht mythologisch an die Schöpfungsgeschichte herangehen und eine hohe Meinung von der Bibel haben, manchmal nicht genug Bedeutung in dem Text erkennen und herausziehen können, damit er überhaupt eine Wirkung hat. Ich sehe das als eine Herausforderung an mich.

Kommen wir zurück zum eigentlichen Thema. Es ist eine Ironie des Schicksals, dass manche Menschen, die den Bericht über den Sündenfall als realitätsfern ablehnen, ohne Hinterfragen die Beurteilung von Wissenschaftlern annehmen können, die ihnen sagt, dass es im Universum von außerirdischem Leben wimmeln muss, obwohl sie noch keine Beweise für dessen Existenz gefunden haben. Die Bibel sagt, dass die Menschen nicht die einzigen Wesen im Universum sind – es gibt Engel und böse dämonische Mächte. Könnte es so sein, dass Gottes großer Feind, Satan, der Ankläger, ein Tier benutzt, um Gott durch Menschen anzugreifen?

Das Neue Testament scheut sich nicht, uns zu berichten, dass Jesus selbst nicht nur mit menschlicher Bosheit konfrontiert wurde, sondern auch von einem nichtmenschlichen, übernatürlichen Wesen, dem Teufel, der Satan (Ankläger) genannt wird. In 1. Mose 3 wird keines dieser Worte verwendet, aber es ist nicht schwer zu erkennen, dass sich hinter der in diesem Kapitel beschriebenen Schlange die bösartige Gestalt des Teufels verbirgt – »die alte Schlange«, wie sie im letzten Buch der Bibel genannt wird (Offenbarung 12,9; 20,2).

Das Entscheidende an der Schlange ist also nicht so sehr, zu welcher Spezies sie gehörte, sondern die Tatsache, dass sie den Satan repräsentiert. Bedeutet das, dass es sich nicht um ein wortwörtliches Tier gehandelt haben kann? Oder war es der Satan, der die Gestalt eines Tieres annahm? Darüber gehen die Meinungen auseinander, aber einige Dinge sind erwähnenswert. Erstens hat Gott bei einer Gelegenheit einen Esel benutzt und durch ihn gesprochen, um den Propheten Bileam zurechtzuweisen. Es ist also nicht abwegig, dass der Feind eine Schlange benutzt haben könnte, um die ersten Menschen anzugreifen. Zweitens erzählt Jesus in Matthäus 12,43-45 das folgende Gleichnis über die Besessenheit durch Dämonen:

> »Wenn ein böser Geist einen Menschen verlässt, geht er in die Wüste und sucht Ruhe, aber er findet keine. Da sagt er sich: ›Ich will lieber wieder in den Menschen fahren, aus dem ich gekommen bin.‹ Und er kehrt zurück und findet sein früheres Heim leer, gefegt und sauber vor. Danach findet der Dämon noch sieben weitere Dämonen, die noch schlimmer sind als er selbst, und sie alle ergreifen Besitz von dem Menschen und nisten sich in ihm ein. Genauso wird es euch ergehen.«

Außerdem gibt es die Beschreibung von Judas durch Jesus selbst: »Einer von euch ist ein Teufel« (Johannes 6,70). Später sagt Johannes über Judas: »Und als er den Bissen genommen hatte, fuhr der Satan in ihn hinein« (Johannes 13,27). Es scheint, dass der Satan in gewissem Sinne in einen Menschen eindringen kann. Judas 6 könnte von etwas Ähnlichem sprechen. Wir müssen zugeben, dass die Realität komplexer ist, als wir denken oder uns vorstellen. Und egal, welche Interpretation wir annehmen: Wichtig ist natürlich, dass es ein reales Wesen ist – der Satan –, das die Versuchung ausübt. Bei der Versuchung von Jesus ist keine Rede von einer Schlange. Es gab nur den Teufel. Die Schlange ist in Wahrheit der Satan.

Die Schlange stellt das Verbot zunächst subtil infrage: »Hat Gott wirklich gesagt … dass ihr keine Früchte von den Bäumen des Gartens essen dürft?« (1. Mose 3,1). Eva antwortet nicht ganz korrekt, denn sie sagt, dass Gott verboten habe, den Baum auch nur zu berühren, geschweige denn von ihm zu essen. Die Schlange antwortet daraufhin mit dem direkten Gegenteil: »Ihr werdet nicht sterben!« Sie fügt hinzu: »Gott weiß, dass eure Augen geöffnet werden, wenn ihr davon esst. Ihr werdet sein wie Gott und das Gute vom Bösen unterscheiden können« (3,4-5).

Was die Schlange hier vorbringt, ist geschickte Manipulation. Sie benutzt Halbwahrheiten und appelliert an Evas Interesse an Nahrung, ihren Sinn für Ästhetik und ihr Bedürfnis nach Erkenntnis und Erfüllung – alles ursprünglich gottgegebene Eigenschaften –, um einen Keil zwischen sie und ihren Schöpfer zu treiben. Die Schlange leistet ganze Arbeit mit ihrer Überzeugungskraft und bringt Eva dazu, Gottes Wort abzulehnen, die verbotene Frucht[134] zu nehmen und Adam etwas davon anzubieten. Am Ende essen beide von der Frucht.

In diesem einschneidenden Moment entdecken die beiden, dass die einsetzende Erkenntnis nicht einmal annähernd das war, was sie erwartet hatten. Die Erkenntnis von Gut und Böse, die auf diese Weise erlangt wird, ist nicht die Art von Erkenntnis, die man haben will. Denn anstatt Leben zu finden, wurden sie sich ihrer Sterblichkeit bewusst – ganz wie Gott es gesagt hatte. Sie sterben nicht augenblicklich, im körperlichen Sinn, aber die Konsequenz ihrer Tat wird sie eines Tages unweigerlich einholen. Wie wir aus dem zweiten Kapitel des 1. Buchs Mose wissen, hat menschliches Leben viele Facetten. Auf der niedrigsten Stufe stehen die Körperlichen; hinzu kommen alle Aspekte, die das Leben lebenswert machen: Ästhetik, Essen, Arbeit, zwischenmenschliche Beziehungen und eine moralische Beziehung mit Gott. Der Tod bereitet alledem ein Ende. Es beginnt damit, dass die Gemeinschaft mit Gott stirbt. Daraus entsteht der Versuch, sich vor Gott zu verstecken. Dieser Bruch in der Beziehung zu Gott führt unaufhaltsam zu all den anderen »Stufen« des Todes: dem Verfall des Schönen, dem Zerbruch menschlicher Beziehungen bis hin zur niedrigsten Ebene des Todes: Unser Körper wird wieder zu Staub.

In 1. Mose 3 spricht Gott ein Urteil über die Schlange aus für ihre Tat. Teil dieses Urteils ist dieser Satz: »Von nun an setze ich Feindschaft zwischen dir und der Frau und deinem Nachkommen und ihrem Nachkommen. Er wird dir den Kopf zertreten und du wirst ihn in seine Ferse beißen«« (1. Mose 3,14-15). Hier ist die Rede davon, dass die Schlange einen Nachkommen haben wird, der ein Gegenspieler zum Nachkommen der Frau sein wird. Dieser Nachkomme ist allerdings keine wortwörtliche Schlange. Jesus sagt uns, wofür dieser »Nachkomme« steht. Zu den heuchlerischen religiösen Führern, die ihn anklagten, sagte er einmal: »Ihr habt den Teufel zum Vater« (Johannes 8,44). Der »Nachkomme« der Schlange zeigt sich in Menschen, die den Hass des Satans auf Gott übernehmen.

Aber ein bestimmter Nachkomme der Frau, in diesem Fall tatsächlich ein Mensch, wird über die Schlange triumphieren und ihr den Kopf zertreten. Im restlichen 1. Buch Mose wird der erste Teil der Geschichte über die Nachkommenschaft der Frau erzählt – in den Nachkommen Abraham, Isaak und Jakob. Es ist eine Geschichte, die ihren Höhepunkt in einem ganz bestimmten Nachkommen erreicht: Jesus Christus. Das Versprechen besteht hier also nicht allein darin, dass Gott triumphieren wird – dieser Teil war immer klar. Hier geht es um den Triumph der Menschheit in und durch Jesus Christus.

So interessant das alles auch ist, wir können uns nicht länger damit aufhalten. Ich möchte damit nur betonen, dass der Bibel zufolge das Böse schon vor der Sünde Adams und Evas im Universum existiert hat. C.S. Lewis beschreibt das so:

> An diesem Punkt können wir nicht umhin, eine heilige Geschichte zu erzählen, die, obwohl niemals in die Glaubensbekenntnisse aufgenommen, doch weithin in der Kirche geglaubt worden ist und, wie es scheint, auch in mehreren Äußerungen des Herrn, des Paulus und des Johannes vorausgesetzt wird. Ich meine die Geschichte, dass der Mensch sich nicht als erstes Geschöpf gegen den Schöpfer erhoben habe; dass vielmehr ein älteres und mächtigeres Wesen lange zuvor von Ihm abgefallen sei, welches nun der Herrscher der Finsternis und (bezeichnenderweise) der »Fürst der Welt« sei.[135]

Er schreibt weiter:

> Es kann daher – so scheint mir – vernünftigerweise angenommen werden, eine gewaltige erschaffene Macht sei bereits daran gewesen, im materiellen Universum oder im Sonnensystem oder wenigstens auf dem Planeten Erde im Sinne des Bösen

> zu wirken, ehe noch der Mensch auf den Plan trat; und der Mensch sei gefallen, weil tatsächlich jemand ihn versucht hat. (...) Gibt es, wie ich selbst glaube, eine solche Macht, dann ist es durchaus möglich, dass sie die Schöpfungsordnung der Tiere schon vor dem Auftreten des Menschen verdorben hat.[136]

Was auch immer die Bedeutung der Details sein mag, die zeitlosen Implikationen sind klar – die Katastrophe entstand durch die Ablehnung des Wortes Gottes. In seinem Beitrag zu Myth and Meaning in Jordan Peterson verweist Bruce Riley Ashford auf die Arbeit von Francis George Steiner, einem französisch-amerikanischen Literaturkritiker, Essayisten, Philosophen und Romanschreiber: »In Grammars of Creation (Grammatik der Schöpfung) richtet Steiner seine Aufmerksamkeit auf Gott als Urheber der Schöpfung und argumentiert, dass wir die spätmoderne Ablehnung von Gottes schöpferischem Wort zurückweisen müssen. [Zitat von Steiner:] ›Ich glaube, dass diese Verwerfung, diese Flutwelle gegen das Wort, schwerwiegender und folgenschwerer ist als jede andere in der Moderne.‹ Ohne Gottes schöpferisches Wort gibt es nichts, was die menschliche Kreativität begründen und gestalten könnte.«[137]

Nach dieser allzu kurzen Skizze wollen wir uns genauer ansehen, was der Apostel Paulus über den Eintritt der Sünde in die Welt sagt – und was er nicht sagt. Er sagt, dass der Tod durch Adams Sünde auf alle Menschen übergegriffen hat; er sagt nicht, dass der Tod auf alle Lebewesen übergegriffen hat (Römer 5,12). Das heißt, laut der Bibel ist der menschliche Tod eine Folge der Sünde.[138] Das ergibt Sinn. Der Mensch ist ein moralisches Wesen und der Tod des Menschen ist der endgültige Lohn für moralische Übertretungen. Wir denken bei Pflanzen und Tieren nicht in moralischen Kategorien. Wir beschuldigen den Löwen nicht der Sünde, wenn er eine Antilope oder sogar einen Menschen tötet. Die bewusste und vorsichtige Aussage von Paulus scheint die Frage nach dem Tod auf einer anderen Ebene als der des Menschen offen zu lassen.

Da Obst und Gemüse[139] in der Schöpfungsgeschichte ausdrücklich als (gottgegebene) Nahrung für den Menschen erwähnt werden, kann das Leben von Pflanzen keine wichtige Sache sein. Das

Sterben von Pflanzen kann also keine Folge der ersten menschlichen Sünde gewesen sein, auch wenn der Tod einer Pflanze eben Tod ist. Er ist Teil des Kreislaufs der Natur, von dem alles Leben abhängt. Und was ist mit den Tieren? Wale zum Beispiel sind Säugetiere, die sich nicht von Pflanzen ernähren. Sie ernähren sich von lebenden Meeresorganismen, und indem sie diese fressen, verursachen sie Tod. Das Gleiche gilt für viele Meeres- und Landtiere. Hatten sie eine alternative Nahrungsquelle, bevor Adam sündigte? Wohl kaum.

Auf ähnliche Weise würde die Ansicht, dass der Tod von Tieren vor der Sünde des Menschen nicht existierte, die Existenz von Raubtieren problematisch machen. Der Specht hat erstaunlich kräftige Muskeln in seinem Nacken, mit denen er Insekten herauspicken kann. Manche Schlangen sondern Gifte ab, und manche Fische können Stromstöße abgeben, die ihre Beute betäuben. Außerdem haben viele Landtiere und Fische Tarnfähigkeiten, um Raubtiere zu vermeiden. Es gibt Insekten, die für Vögel giftig aussehen, obwohl sie eigentlich nicht giftig sind. Wenn es vor der ersten Sünde des Menschen keinerlei Tod gab (und somit auch keine Raubtiere), sind dann diese hochkomplexen Nackenmuskeln, Giftdrüsen, elektrischen Organe und Tarnfähigkeiten erst als Folge dieser Sünde entstanden? Wenn das so ist, wäre diese Sünde dann nicht der Auslöser für einen umfangreichen Schöpfungsprozess – was sehr unwahrscheinlich erscheint und worüber die Bibel schweigt? Oder hat Gott die Veränderung vorhergesehen, die Mechanismen in die Geschöpfe eingebaut und dann etwas getan, um sie in Gang zu setzen?

Ich glaube, dass wir an dieser Stelle Ockhams Rasiermesser[140] anwenden müssen, um die Anhäufung unnötiger Hypothesen einzuschränken – das heißt, wenn das theologische Problem dadurch entsteht, dass man über das hinausgeht, was Paulus tatsächlich sagt.

Nun stellt sich sofort die Frage, was Paulus dann mit seiner späteren Aussage meint: »Alles auf Erden wurde der Vergänglichkeit unterworfen. Dies geschah gegen ihren Willen durch den, der sie unterworfen hat. Aber die ganze Schöpfung hofft auf den Tag, an dem sie von Tod und Vergänglichkeit befreit wird zur herrlichen Freiheit der Kinder Gottes« (Römer 8,20-21). Sicherlich muss das bedeuten, dass der Tod eine Folge der menschlichen Sünde ist, oder nicht?

Noch einmal müssen wir genau beobachten, was hier gesagt wird. Paulus spricht von Vergänglichkeit und Zerfall. Denken wir mal daran, was mit Blumen passiert. Narzissen können krank werden. Aber Narzissen, ob krank oder nicht, sterben im Frühsommer ab. Es bleiben nur die Zwiebeln übrig, die dann im nächsten Jahr wieder wachsen. Ist dieser Prozess des Absterbens dasselbe wie eine Krankheit? Sicherlich nicht. Er ist ein Teil des Kreislaufs der Natur. Ist das eine gute Sache, Teil der ursprünglichen Schöpfung, oder ist es eine Folge der Sünde? Auch der Lachs kann krank werden. Aber das ist nicht dasselbe wie das Lachssterben, nachdem sie gelaicht haben. Auch dieses seltsame Phänomen ist Teil des Kreislaufs der Natur. Auch hier stellt sich die Frage: Ist das etwas Gutes oder ist es eine Folge der Sünde?

Ist es also möglich, dass Verderbnis, Krankheit und menschlicher Tod eine Folge der Sünde sind, der Tod von Pflanzen und Tieren als Teil des Kreislaufs der Natur aber nicht?[141] Man könnte nun nachvollziehbar argumentieren, dass Römer 8,20-21 sorgfältig zwischen Vergänglichkeit und Tod unterscheidet. Einmal mehr kommt es darauf an, genau hinzusehen, was die Bibel sagt.

Es ist auch hilfreich, über die Umstände nachzudenken, unter denen der menschliche Tod in die Welt kam. Wir erfahren, dass es im Garten einen Baum des Lebens gab, zu dem freier Zugang gewährt wurde (1. Mose 2,16). Eine Folge von Adams Sünde war, dass ihm der Zugang zu diesem Baum verwehrt wurde: »›Nicht dass er etwa noch die Früchte vom Baum des Lebens pflückt und isst! Dann würde er ja für immer leben!‹ Deshalb schickte Gott, der Herr, Adam und seine Frau aus dem Garten Eden fort« (3,22-23). Das könnte bedeuten, wie viele denken, dass der Mensch nie von der Frucht dieses Baumes gegessen hatte und Gott froh darüber war. Es könnte aber auch bedeuten, dass diese besondere Speise ihm zur Verfügung stand, während er im Garten war, sodass er nur seine Hand ausstrecken musste, um sie zu nehmen. Sobald er außerhalb des Gartens war, konnte er das nicht mehr tun, denn der Baum stand nur an einer Stelle – nämlich in der Mitte des Gartens.[142]

Das führt zu der Frage: Hatten die Menschen bei der Schöpfung eine grundlegende, angeborene Unsterblichkeit, die mit dem Sündenfall verloren ging? Im Neuen Testament finden wir die Aussage: »Nur

[Gott] allein wird nie sterben« (1. Timotheus 6,16). Folgt daraus, dass der Mensch nie eine angeborene Unsterblichkeit hatte, sondern von Anfang an auf den regelmäßigen Zugang zu einer externen Nahrungsquelle (den Baum des Lebens) angewiesen war, um weiterleben zu können?

Für die Frage nach dem nichtmenschlichen Tod ist das von Bedeutung: Welchen Status hatten andere Lebewesen, z.B. Tiere und Vögel, in Bezug auf den Baum des Lebens? Hatten sie eine eigene Unsterblichkeit, oder hatten sie keine? Wenn sie unsterblich waren (was überraschend wäre, wenn die Menschen es nicht waren), was hat Gott dann getan, um ihnen diese Unsterblichkeit zu nehmen, im Gegensatz zu dem, was er mit den Menschen tat? Es wird nicht erwähnt, dass er die Vögel und Tiere aus dem Garten entfernt. Aber wenn die Tiere und Vögel auch vom Baum des Lebens abhängig waren, was ist dann mit den Tieren und Vögeln, die vermutlich von Anfang an außerhalb des Gartens waren? Aus dem biblischen Text gewinnt man nicht den Eindruck, dass die ganze Welt wie Eden war. Tatsächlich scheint die Aussage, dass Gott einen Garten anlegte, genau das Gegenteil anzudeuten. Das wirft noch mehr Fragen auf: Was genau war der Unterschied zwischen dem Inneren und dem Äußeren dieses Gartens? Wenn wir an Gärten denken, neigen wir dazu, nur an die Pflanzen zu denken, aber im Bericht über den Garten Eden geht es nicht nur um die Pflanzen, sondern auch um die Tiere. Wie stand es also nicht nur um die Flora, sondern auch um die Fauna außerhalb des idyllischen Gartens Eden? Wir können an dieser Stelle nur spekulieren.

Wie auch immer die Antworten auf diese Fragen lauten, es scheint, dass die Bibel selbst die Möglichkeit offenlässt, dass Tiere starben, bevor die Sünde in die Welt kam, ohne dass es etwas mit dem Tod des Menschen als Folge dieser Sünde zu tun hat.[143] Ich will hier allerdings nicht den Anschein erwecken, als würde ich glauben, ich hätte alle hier aufkommenden Fragen gelöst. Vor allem zwei Dinge fallen mir sofort ein. Erstens: Was ist mit der Tatsache, dass Tiere Leid und Schmerz empfinden können? Denn wenn Raubtiere Teil des Kreislaufs der Natur ist, wie kann das etwas Gutes sein, wenn ihre Beutejagd häufig mit dem schrecklichsten Leid der Opfer einhergeht – zumindest soweit wir Tierleid verstehen können? Gab es zum Beispiel einen Unterschied zwischen dem Verhalten der Tiere außerhalb des Gartens Eden und dem der Tiere in der idyllischen Situation im Garten Eden? Und wenn ja, was war die Ursache dafür?

Eine Sache scheint der oben beschriebene Bericht über den Sündenfall in 1. Mose 3 zumindest anzudeuten: Eine dunkle Macht hat zumindest einen Teil der Schöpfung, einen Teil der Tierwelt, verdorben. Könnte das eventuell eine Richtung sein, der wir nachgehen sollten, wenn wir auch nur ansatzweise den Ursprung von Schmerz und Leid verstehen wollen, der die Tierwelt zu durchziehen scheint?

Die Frage nach dem Ursprung des Menschen – sind wir nach Gottes Ebenbild geschaffen worden oder ein Zufallsprodukt ohne höhere Bedeutung aus einem Meer zahlloser Entwicklungskombinationen? – ist für unser Selbstverständnis und unsere Identität von höchster Wichtigkeit. Deswegen ist es wohl auch kein Wunder, dass so viel Aufwand betrieben wird, den Unterschied zwischen Tieren und Menschen, aber auch zwischen Menschen und Maschinen zu minimieren. Teilweise verbirgt sich dahinter die säkulare Überzeugung, dass ein naturalistisches Weltbild einem theistischen weit überlegen ist. Dabei wird oft mit reduktionistischen Argumenten gearbeitet und versucht, Gott völlig vom Schöpfungsgeschehen zu trennen. Der Mensch ist am Ende nur noch eine Ansammlung von physikalischen und chemischen Prozessen.

Es ist daher wichtig, diesem atheistischen Naturalismus entgegenzutreten, indem man einen biblischen Theismus als eine glaubwürdige Alternative präsentiert. Dabei sollen wir keinen intellektuellen Selbstmord begehen, indem wir die verfügbaren Daten ignorieren. Stattdessen gilt es, diese Informationen zu untersuchen und stichhaltiger zu interpretieren, als es ein atheistisch getriebener Reduktionismus tut.

Was uns weiterbringt

Wir haben gesehen, wie der Wechsel von einer »Feste-Erde-Interpretation« zu einer »Bewegte-Erde-Interpretation« der Bibel dadurch zustande kam, dass es immer mehr wissenschaftlichen Belege für die Erdbewegung gab. Im Blick auf das Alter des Universums sind die Belege hingegen jüngeren Datums und kamen zunächst aus der Geologie und zuletzt durch Fortschritte in Astronomie und Kosmologie. Natürlich bin ich mir darüber im Klaren, dass die Evolutionstheorie eine alte Erde benötigt, und für viele ist das ein entscheidender Faktor in ihrem Denken. Jedoch haben die kosmologischen Hinweise auf das Erdalter nichts mit evolutionsbiologischen Hinweisen zu tun. Deswegen ist es möglich, diese Hinweise zu akzeptieren, ohne sich dabei gleichzeitig einer Haltung zu verschreiben, die das Leben als Produkt einer ungelenkten, rein materiellen Evolution ansieht.

Es ist schlichtweg falsch, dass die einzige Alternative zum Kurzzeit-Kreationismus das Darwin'sche Weltbild ist. Darüber habe ich schon in meinem Buch Kosmos ohne Gott? geschrieben.[144] Ich erörtere dort auch die Auswirkungen der Tatsache, dass sich die moderne neodarwinistische Darstellung nach Ansicht einer wachsenden Zahl führender Biologen als unzureichend erweist. Außerdem habe ich Anhang D in diesem Buch der Frage der theistischen Evolution gewidmet.

Jeder echte Wissenschaftler ist sich bewusst, dass Wissenschaft nicht unfehlbar ist. Theorien verändern sich (wie wir schon beim Thema Erdrotation und Erdbewegung gesehen haben). Viele Wissenschaftler sind kritische Realisten. Sie gehen davon aus, dass sie sich schrittweise der Wahrheit über das Universum nähern, sind aber bereit, ihre Theorien an neue Erkenntnisse anzupassen – wenn dies gerechtfertigt ist.

Wir als Christen sollten uns zweier Gefahren bewusst sein. Ich habe sie schon am Ende des zweiten Kapitels erwähnt. Einerseits sollten wir unsere Interpretation der Bibel nicht zu sehr an die Wissenschaft binden. Denn sollte diese sich ändern, wird die betreffende Interpretation hinfällig. Andererseits wären wir nicht gut beraten, wenn wir aus Angst oder Fortschrittsfeindlichkeit die Wissenschaft ignorieren und damit nur die allgemeine Meinung unterstützen würden, dass Christen eine antiintellektuelle Haltung hätten. Kein Christ muss sich vor solider Wissenschaft fürchten. Es gab schon immer und gibt nach wie vor viele Christen, die auf höchstem Niveau in verschiedensten wissenschaftlichen Disziplinen arbeiten.

Auf welchem Weg kommen wir nun am besten weiter? Für mich

gibt es vier ausschlaggebende Aspekte, die diese Überlegung beeinflussen sollten:

1. Die derzeitigen wissenschaftlichen Belege für ein hohes Alter der Erde.

2. Das grundehrliche und bewundernswerte Eingeständnis bekannter Kurzzeit-Kreationisten: »Die Kreationisten unserer Zeit sollten demütig zugeben, dass ihr Erklärungsmodell derzeit nach rein wissenschaftlichen Standards unglaubwürdig ist. Sie sollten sich mit denen zusammentun, die ein naturalistisches Weltbild ebenfalls ablehnen, wie etwa den Langzeit-Kreationisten, um gemeinsame Glaubensgrundsätze aufzubauen.«[145]

3. Die Einsicht, dass der Schöpfungsbericht nicht an die Junge-Erde-Theorie gebunden ist; man kann ihn so interpretieren, muss es aber nicht. Es gibt andere denkbare Interpretationen, die von einem hohen Erdalter ausgehen, ohne dabei die Autorität der Bibel anzuzweifeln.

4. Die Tatsache, dass wir nicht alles wissen. Demut ist eine Haltung, die sich oft bei den größten Wissenschaftlern findet – sie ist auch eine grundlegende christliche Tugend.

Ähnliche Faktoren wie die ersten drei, die ich hier genannt habe, werden auch den Menschen in den Jahren nach Kopernikus und Galilei in den Sinn gekommen sein und sie darin bestärkt haben, dass die neue Interpretation einer sich bewegenden Erde besser zu den neuesten Erkenntnissen ihrer Zeit passt. Es gibt keinen Grund, warum dies nicht auch heute passieren könnte. Es war damals keine Schande und kein schlechter Kompromiss, seine Einstellung zur Bewegung der Erde zu ändern. Das gilt auch heute für das Alter der Erde. Immerhin haben sich manche Wissenschaftler inzwischen davon überzeugen lassen, dass es einen Anfangspunkt für die Entstehung des Universums geben muss. Ich weise noch einmal auf meinen vierten Punkt hin – die Notwendigkeit von Demut.

Ein notwendiger Nachtrag

Ich möchte hier nicht einfach das Thema abschließen. Der Leser könnte sonst den Eindruck bekommen, dass man sich nur mit dem ersten Kapitel der Bibel beschäftigen muss, um über das Verhältnis von Schöpfungserzählung und Wissenschaft zu sprechen. Das wäre wirklich sehr schade, denn es gibt durchaus noch viel mehr in 1. Mose zu entdecken. Das ist es, womit ich mich im letzten Kapitel beschäftigen möchte.

V. Die Botschaft des biblischen Schöpfungsberichts

Das 1. Buch Mose ist von unschätzbarer Wichtigkeit für die gesamte Bibel. Das Eröffnungskapitel legt die Grundlage für ein biblisches Weltbild.[146] Es gibt uns Menschen ein Metanarrativ, eine große Geschichte, in die wir unser Leben einfügen können und aus der wir Bedeutung, Zweck und Wert gewinnen. Dieses Kapitel ist dieser Geschichte gewidmet.

Gott existiert

»Was ist die Wirklichkeit?« Das ist die grundlegendste Frage, die wir uns überhaupt stellen können. In einem biblischen Weltbild wird Gott die zentrale Rolle als Grundlage jeglicher Realität zugesprochen. »Am Anfang schuf Gott (...).« Das ist ein erheblicher Wahrheitsanspruch: Es gibt einen Gott. Das wird im 1. Buch Mose behauptet, ohne dass vorher irgendeine Art von Beweisführung erbracht wird. Nicht dass der Verfasser dieses Buchs keinerlei Belege für diese Behauptung hatte. Das 1. Buch Mose wie auch die übrige Bibel tragen ja durchaus Indizien für die Existenz Gottes zusammen. Jedoch erinnert uns die Art und Weise, in der das 1. Buch Mose beginnt, daran, dass jede Weltanschauung irgendwo anfangen muss. Wo das atheistische Weltbild mit der Entstehung des Universums anfängt – oder besser gesagt: mit nichts –, fängt das biblische Weltbild mit Gott an. Allerdings informiert uns 1. Mose 1 nicht nur darüber, dass es einen Gott gibt; das Kapitel erzählt uns weit mehr über ihn.

Gott ist der ewige Schöpfer

»Am Anfang schuf Gott den Himmel und die Erde.« – Diese feierliche Eröffnung ist nicht nur ein Wahrheitsanspruch im Blick auf die Existenz Gottes. Hier wird auch eine Aussage über das physische

Universum getroffen. Ob das Universum aus dem Nichts[147] erschaffen wurde, wird im Text nicht eindeutig bestätigt, obwohl es gute Argumente dafür gibt. Beispielsweise ist die Formulierung »Himmel und Erde« wahrscheinlich ein Merismus[148] für »alles im materiellen Universum«. Das würde dementsprechend bedeuten, dass es sich tatsächlich um eine Schöpfung ex nihilo handelt.

Zweitens findet sich die deutlichste Aussage zu dem Thema in Offenbarung 4,11: »Du bist würdig, unser Herr und Gott, Herrlichkeit und Ehre und Macht entgegenzunehmen. Denn du hast alle Dinge geschaffen; weil du es wolltest, sind sie da und wurden sie geschaffen.« Demzufolge ist das Universum dadurch entstanden, dass Gott es irgendwann erschaffen hatte. Wir folgern daraus, dass es aus dem Nichts entstanden ist; schließlich gab es vor Gottes Handeln keine Materie, aus der es hätte geschaffen werden können – wie schwierig diese Idee für uns auch zu verstehen zu sein mag. All diese neutestamentlichen Aussagen haben ihre Wurzeln im ersten Buch Mose.

Die Behauptung, dass Gott das physische Universum geschaffen hat, ist enorm wichtig. Denn dadurch werden grundlegende philosophische Fragen wie »Warum gibt es etwas und nicht vielmehr nichts?« beantwortet. Daraus folgt, dass das Universum sich nicht selbst erklären kann – wie der Atheismus behauptet und gemäß seines Selbstverständnisses auch behaupten muss. Sie sagt uns, dass dieses materielle Universum nicht die letzte Wirklichkeit ist. Das ist Gott.

Natürlich darf man die Schöpfung an sich nicht mit dem Schöpfungshergang verwechseln. Es ist mir wichtig, das zu betonen, weil eine mangelhafte Erklärung der Probleme, die mit dem Schöpfungshergang verbunden sind, gelegentlich dafür sorgt, dass Menschen aufhören, überhaupt an die Schöpfung zu glauben. Hier könnte ein Beispiel aus der Wissenschaft weiterhelfen. Laut Stephen Hawking begann die Raumzeit mit einer Singularität, in der die physikalischen Gesetze nicht mehr gelten.[149] Damit stellt der Moment der Schöpfung ein enormes Problem für die Wissenschaft dar. Das hält die meisten Wissenschaftler jedoch nicht davon ab, davon auszugehen, dass es einen Anfang gab. Das Entscheidende für diese Wissenschaftler ist, dass es Belege für einen Anfang gibt, auch wenn dessen Eigenschaften nicht wissenschaftlich nachvollzogen werden können.[150] Diese Einstellung sollten wir im Hinterkopf haben, wenn wir uns mit 1. Mose beschäftigen.

Im ersten Kapitel der Bibel wird ein Teil der vollen Offenbarung Gottes, von der wir am Anfang des Johannesevangeliums lesen, schon angedeutet. »Im Anfang war das Wort, und das Wort war bei Gott, und das Wort war Gott. Dieses war im Anfang bei Gott. Alles wurde durch dasselbe, und ohne dasselbe wurde auch nicht eines, das geworden ist« (Johannes 1,1-3; elb). »Werden« bedeutet in diesem Kontext »entstehen«. Gott ist ewig und »entstand« nicht einfach, er war schon immer da. Das Universum hingegen »entstand«. Es war nicht schon immer da – was auch wieder ein gutes Argument für die Schöpfung ex nihilo ist.

Auch wenn die Schöpfungserzählung nicht als Streitschrift verfasst wurde, steht sie allen abgöttischen Interpretationen des Universums entgegen, seien sie uralt-heidnisch oder modern-säkular. Das Gottesbild aus dem 1. Buch Mose stand schon im Konflikt zu dem polytheistischen Weltbild der Babylonier, Kanaaniter und Ägypter; ähnlich wie auch das Johannesevangelium ein Einspruch gegen die griechische und römische Götterwelt war. Insbesondere altorientalische Schöpfungsmythen enthalten dabei Elemente – die sogenannten Theogonien[151] –, die problematisch sind: In ihnen wird beschrieben, dass Götter aus Urmasse geformt werden. Damit sind diese Götter nicht mehr als eine Vergöttlichung der Natur und der Naturgewalten. Interessanterweise sind diese alten Weltbilder damit näher mit dem materiellen Denken der Neuzeit verwandt, als man denken könnte. Der Physiker Paul Davies zum Beispiel argumentiert, dass die Feinabstimmung des Universums darauf hindeutet, dass eine Art übergeordnete Intelligenz am Werk war, glaubt dabei aber, dass diese Intelligenz ihren Ursprung in der Materie hat – konkret: aus der Urmasse entstanden ist. Der Schöpfungsbericht und das Johannesevangelium lehnen ein materialistisches/naturalistisches Paradigma ab, demzufolge alles mit Materie/Energie, einem Quantenvakuum oder sogar mit nichts begann.[152]

Daran knüpft Richard Dawkins in seinem Buch Der Gotteswahn an. Eines seiner Hauptargumente gegen die Existenz Gottes ist die Frage: »Wenn Gott alles geschaffen hat, wer hat dann Gott geschaffen?« Das halte ich ehrlich gesagt für ein ziemlich dummes Argument, das von mangelnder Kenntnis elementarer philosophischer Überlegungen zeugt. Es lässt darauf schließen, dass Dawkins davon ausgeht, dass Gott nur entstanden bzw. geschaffen worden sein kann. Ein Gott, der selbst erschaffen worden ist, ist allerdings eine Wahnvorstellung. Jedoch ist der Gott, der sich im 1. Buch Mose offenbart, ein Gott, der bereits existiert, ohne geschaffen worden zu sein. Damit greift das Argument hier nicht mehr. Dawkins scheint ein Problem damit zu haben, an etwas zu glauben, das schon immer existiert hat. Das liegt sicherlich nicht daran, dass die Wissenschaft behaupten würde, es gäbe nichts Ewiges. Tatsächlich besteht die Vorstellung, dass ein ewiges Universum oder auch endlose Energie existieren könnte, schon seit Jahrhunderten. Dieser Gedanke ist auch aus modernen akademisch gebildeten Kreisen nicht völlig verschwunden.

Falls Dawkins' Frage sachgemäß wäre, könnte man sie sogar gegen ihn verwenden. Er glaubt, das Universum habe ihn geschaffen. Daher haben wir das Recht, ihn zu fragen: Wer hat deinen Schöpfer geschaffen?

Im Endeffekt kommt man an einem gewissen Punkt mit solchen Fragen nicht mehr weiter. Jeder hat eine eigene Vorstellung darüber, was der Anfang aller Realität ist. Wie wir gesehen haben, ist es für den Atheisten das Universum und für den Theisten Gott. Im 1. Buch Mose lesen wir, dass Gott der Ursprung ist und sich das Universum von ihm ableitet. Dieses Weltbild ist das genaue Gegenteil des antiken Polytheismus und des gegenwärtigen Säkularismus. Dort ist die Materie der Ursprung von allem und alles andere – einschließlich Geist und Verstand – leitet sich aus der Materie ab.

Gott ist nicht Teil seiner eigenen Schöpfung

Ein wichtiger Aspekt der Schöpfungserzählung ist die Tatsache, dass Gott zwar der Urheber der Schöpfung ist, aber nicht identisch mit ihr ist. Wesentliche Bestandteile der Schöpfung wie Sonne, Mond und Sterne werden als rein physikalische Gebilde beschrieben. Nichts weist darauf hin, dass ihnen irgendeine Form von Göttlichkeit zukäme, wie es in damaligen heidnischen Mythen der Fall war. Ebenso wenig ist das Universum eine Form von göttlichem Ausfluss oder göttlicher Ausstrahlung. Gott erschafft die Materie aus dem Nichts, nicht aus sich selbst. Damit gibt es auch kein Anzeichen von pantheistischem Denken in der Schöpfungserzählung.

Gott ist auch kein distanziertes Wesen (gelegentlich auch »Gott der Wissenschaftler« genannt), das das Universum geschaffen hat und sich anschließend desinteressiert zurückgezogen hat (wie es der Deismus annimmt). Im Gegenteil: Es geht im 1. Buch Mose hauptsächlich um die Beziehung zwischen Gott und Mensch – und natürlich auch um die Beziehung von Menschen untereinander. Die bloße Tatsache, dass diese Art Beziehung überhaupt möglich ist,hängt mit einer weiteren, außerordentlich wichtigen Facette im Charakter Gottes zusammen.

Gott ist eine Person

»Gott sprach«, »Gott sah, dass es gut war«, »Dann segnete Gott sie«, »So schuf Gott die Menschen nach seinem Bild, nach dem Bild Gottes schuf er sie, als Mann und Frau schuf er sie«. All diese Aussagen machen deutlich, dass Gott als eine Person und nicht als eine Kraft beschrieben wird. Ich sage das, weil ich denke, dass eine gewisse Gefahr darin liegt, sich Gott als »die Macht« (im Sinne von Star Wars) vorzustellen. Wir sind Personen und gehen völlig zu Recht davon aus, dass wir irgendwelchen Kräften übergeordnet sind: Wir bändigen Kräfte und machen sie uns zunutze. Wenn wir uns also Gott als Macht vorstellen, könnten wir fälschlicherweise auf die Idee kommen, dass man Gott benutzen oder seine Macht »meistern« könnte, anstatt ihm, unserem Herrn und Schöpfer, die Hingabe und Treue zu erweisen, die er verdient. Er kann uns benutzen, nicht wir ihn.

Gott ist Gemeinschaft

1. Mose 1 sagt über Gottes Geist: Er »schwebte über dem Wasser« (1. Mose 1,2; elb). Später wird Gott mit den Worten zitiert: »Lasst

uns Menschen machen in unserm Bild« (1. Mose 1,26; elb). Das wird erst einmal nicht weiter erläutert, ist aber sicherlich schon ein Hinweis auf die Lehre der Dreieinigkeit[153] im Neuen Testament. Dieser Eindruck wird noch dadurch verstärkt, dass die Formulierung »und Gott sprach (...)« immer wieder benutzt wird – die Schöpfung entsteht durch das Wort Gottes. Darauf bezieht sich der Apostel Johannes, wenn er sein Evangelium beginnt: »Am Anfang war das Wort. Das Wort war bei Gott und das Wort war Gott. Er war am Anfang bei Gott. Durch ihn wurde alles geschaffen, was ist. Es gibt nichts, was er, das Wort, nicht geschaffen hat« (Johannes 1,1-3). Johannes macht unmittelbar anschließend deutlich, dass es sich bei diesem »Wort« um Jesus Christus handelt: »Er, der das Wort ist, wurde Mensch und lebte unter uns. Er war voll Gnade und Wahrheit und wir wurden Zeugen seiner Herrlichkeit, der Herrlichkeit, die der Vater ihm, seinem einzigen Sohn, gegeben hat« (Johannes 1,14). Auf diese Weise zeigt sich Gott uns als eine Dreier-Gemeinschaft aus Vater, Sohn und Heiligem Geist. Der Apostel Paulus beschreibt Jesus als »das Bild des unsichtbaren Gottes« und sagt weiter: »Er war bereits da, noch bevor Gott irgendetwas erschuf, und ist der Erste aller Schöpfung. Durch ihn hat Gott alles erschaffen, was im Himmel und auf der Erde ist. Er machte alles, was wir sehen, und das, was wir nicht sehen können, ob Könige, Reiche, Herrscher oder Gewalten. Alles ist durch ihn und für ihn erschaffen. Er war da, noch bevor alles andere begann, und er hält die ganze Schöpfung zusammen« (Kolosser 1,15-17).

Das sind höchst erstaunliche Behauptungen, zu allen Zeiten und im Blick auf jeden, der so beschrieben wird, und im 21. Jahrhundert mehr denn je. Es wird deutlich gesagt, dass Jesus die Raumzeit geschaffen hat. Er war es, der das Universum entworfen hat und durch ungeheure Energie und Kraft ins Leben gerufen hat. Er hat die Gesetze geschrieben, nach denen das Universum funktioniert, er hat den Grundriss für Leben und Bewusstsein entworfen. Seine Gedanken waren zur gleichen Zeit die Gedanken Gottes. Jede Beschäftigung mit Jesus ist sinnlos, wenn er nicht derjenige ist, der er behauptet zu sein: das menschgewordene Wort Gottes. Es wird oft gesagt, dass die Wissenschaft Gott letztlich nicht ausklammern kann. Jesus Christus hat ihn sogar zum Vorzeichen der Rechnung gemacht.

Gott verfolgt ein Ziel mit seiner Schöpfung

Wie schon gesagt: Gott hat nicht alles auf einmal geschaffen – davon müssen wir zumindest ausgehen, wenn wir den Schöpfungsbericht betrachten. Wir sollten uns die Frage stellen, warum das so ist. Welches Ziel verfolgt Gott mit dieser Abfolge von Tagen? Wo führt dieser Prozess hin? Die Erzählung beginnt mit den Worten: »Am Anfang schuf Gott den Himmel und die Erde.« Kurz darauf lesen wir, dass die Erde »wüst und öde« war, und Gott beginnt zu sprechen. Die wiederholte Wendung »Und Gott sprach« kennzeichnet eine Abfolge von schöpferischen und organisatorischen Schritten, durch die Gott die Welt formt und mit Lebewesen füllt. Beim letzten Schritt erschafft Gott den Menschen als sein Ebenbild. Diese Ehre gebührt dem Menschen allein. Er ist die Krone von Gottes Schöpfung. Der Planet Erde wurde gerade zu dem Zweck geschaffen, dass Menschen auf ihm leben können.[154]

Die Schöpfungserzählung erklärt nicht nur, wie das Universum entstanden ist, sondern auch, warum. Sie macht deutlich, wie Gott das Universum und besonders die Erde strukturiert hat. Die Erde soll für die Frauen und Männer, die Gott als seine Ebenbilder geschaffen hat, bewohnbar sein. Dafür wird der Planet entsprechend gestaltet: Licht wird von Dunkelheit getrennt sowie das Festland vom Meer, Lichter werden am Himmel sichtbar gemacht und Pflanzen als Nahrung für den Menschen bestimmt – all das, damit menschliches Leben gedeihen kann, so wie Gott es sich gedacht hat.

Das passt zu Erkenntnissen der modernen Wissenschaft, die Physiker und Kosmologen in den letzten Jahren gesammelt haben. Die Feinabstimmung des Universums ist derart komplex, dass die grundlegendsten Naturkonstanten, die Zahlen, von denen alles abhängt, »genau richtig« sein müssen, damit Leben auf der Erde überhaupt möglich ist.[155] Lord Rees – kein Theist –, der die Auszeichnung Astronomer Royal (Königlicher Astronom) trägt, schreibt darüber in seinem Buch Just Six Numbers (»Nur sechs Zahlen«). Der Physik-Nobelpreisträger Arno Penzias sagte dazu, dass die Erkenntnisse der Astronomie uns auf einen einzigartigen Sachverhalt stoßen: »ein Universum, das aus dem Nichts geschaffen wurde und dabei ein ganz empfindliches

Gleichgewicht benötigt, um genau die richtigen Bedingungen zur Erhaltung von Leben zu ermöglichen. Ein Universum, das auf einem Plan beruht, den man als ›übernatürlich‹ bezeichnen könnte.«[156] Diesen Gedanken äußert auch Paul Davies in seinem Buch Der Plan Gottes. Die Rätsel unserer Existenz und die Wissenschaft: »Ich kann nicht glauben, dass unsere Existenz in diesem Weltall eine Laune des Schicksals ist, ein historischer Zufall, ein kleines Versehen in dem großen kosmischen Drama. Wir sind zu beteiligt (…) Wir sind dazu da, hier zu sein.«[157]

Schöpfungserzählung und Wissenschaft stimmen also darin überein, dass das Universum wie gemacht dafür ist, menschliches Leben zu ermöglichen. Nur dass der Schöpfungsbericht einen Schritt weiter geht und etwas über den Wert des Menschen sagt: Du als Mensch bist das Ebenbild Gottes. Der Sternenhimmel ist ein Zeugnis der Herrlichkeit Gottes, ja, aber er ist nicht sein Ebenbild. Das bist nur du. Das macht dich einmalig und unschätzbar wertvoll. Du bist unvorstellbar klein im Vergleich zu der enormen Größe der Galaxien. Jedoch wissen die Galaxien nicht, dass du existierst. Du aber weißt, dass sie existieren. Größe ist kein allgemeingültiges Maß für den Wert einer Sache. Jede Frau wird dir das bestätigen können, wenn sie den kleinen Diamantring an ihrem Finger betrachtet und ihn mit einem Stück Kohle vergleicht. Der Mathematiker Blaise Pascal schrieb dazu:

> Der Mensch ist nur ein Schilfrohr, das schwächste der Natur, aber er ist ein denkendes Schilfrohr. Das ganze Weltall braucht sich nicht zu waffnen, um ihn zu zermalmen; ein Dampf, ein Wassertropfen genügen, um ihn zu töten. Doch wenn das Weltall ihn zermalmte, so wäre der Mensch nur noch viel edler als das, was ihn tötet, denn er weiß ja, daß er stirbt und welche Überlegenheit ihm gegenüber das Weltall hat. Das Weltall weiß davon nichts.[158]

Gott schafft durch sein Wort

Um noch einmal den Gedanken des letzten Abschnitts zusammenzufassen: Die Tatsache, dass Gott nicht alles auf einmal geschaffen hat, lässt darauf schließen, dass er einen gewissen Plan und ein gewisses Ziel damit verfolgt hat, nämlich die Erschaffung der Erde als eine Heimat für die einzigen Lebewesen, die sein Ebenbild sind: Menschen. Die einzelnen Schritte dieses Plans wurden immer durch sein Reden eingeläutet: »Und Gott sprach.« Für mich als Wissenschaftler hat dieser wiederholte Hinweis auf die Rolle des Wortes Gottes in der Schöpfung eine besondere Bewandtnis. Für mich sind die wissenschaftlichen Erkenntnisse eindeutig: Das Universum kann nicht entstanden sein, ohne dass eine Form von Intelligenz Information und Energie eingespeist hat.

Die Sprache der Mathematik ist ein effektives Werkzeug, wenn es darum geht, zu beschreiben, wie Dinge funktionieren. Sie übersetzt die Naturgesetze in kurze und elegante »Worte« bzw. Symbole. Diese Symbolstruktur spiegelt für mich die größere Wahrheit wider, dass letztendlich Gottes Wort für die physikalischen Strukturen des Universums verantwortlich ist.

Abgesehen davon spielt für mich auch noch eine der größten wissenschaftlichen Entdeckungen unserer Zeit eine Rolle: In jeder unserer hundert Billionen Körperzellen ist ein unfassbar langes »Wort« kodiert: das menschliche Genom. Es ist 3,5 Milliarden »Buchstaben« lang und besteht aus den vier chemischen »Buchstaben« C, G, A und T. Als Francis Crick und James Watson entdeckten, dass die Doppelhelixstruktur der DNA diese Informationen enthielt (sie bekamen dafür den Nobelpreis), erwuchs daraus die Revolution der Molekularbiologie: die Erforschung großer, informationstragender Makromoleküle wie die der DNA.

Erst später hat man entdeckt, dass das Genom eine Datenbank ist, die vom Organismus gelesen und geschrieben wird. Dies hat eine ganz neue Ebene der »epigenetischen« Komplexität in die Molekularbiologie eingeführt. Es wurde auch festgestellt, dass ein Organismus sein eigenes Erbgut verändern kann, was zu Veränderungen führt, die vererbt werden können. Das komplexe Wunderwerk der lebenden Zelle enthält viel mehr Informationen, als bisher bekannt war.

In den letzten Jahren ist Information eines der Hauptkonzepte der Wissenschaft geworden. Besonders faszinierend dabei: Information hat keine physische Gestalt. Die Information, die Sie gerade lesen, ist auf einem physischen Medium abgebildet, auf Papier bzw. einem Bildschirm. Die reine Information selbst ist aber nicht physisch greifbar. Meiner Meinung nach weist die »Immaterialität« der Information auf eine immaterielle Quelle hin – einen Verstand, genauer gesagt: den Verstand Gottes. Dieses Thema bespreche ich in meinem Buch Kosmos ohne Gott? ausführlicher.[159]

Hinzu kommt, dass wir Menschen mit der außergewöhnlichen Fähigkeit begabt worden sind, unser Universum beschreibend in Worte zu fassen und miteinander zu kommunizieren. Ist das nicht ein unmissverständlicher Fingerzeig auf den Urheber aller Worte, der uns nach seinem Ebenbild geprägt hat? Nun, es gibt viele Leute, die den Anspruch, Jesus sei Gottes Wort, als absurd ablehnen. Für sie ist es unmöglich, so einer These in einem Zeitalter wissenschaftlicher Belesenheit zu folgen. Als Wissenschaftler muss ich zugeben, dass mich diese Haltung befremdet. Ein Beispiel: Ich hielt einmal einen Vortrag zum Thema »Wissenschaft und Gott« an einem bedeutenden Forschungszentrum vor einer großen Gruppe von Wissenschaftlern. Nach dem Vortrag sprach mich (freundlicherweise) jemand auf den Inhalt meines Referats an. Er war Physiker und fragte mich: »Ich entnehme Ihrem Vortrag, dass sie nicht nur an Gott glauben, sondern dass sie auch Christ sind. Zwangsläufig glauben Sie damit auch daran, dass Jesus gleichzeitig Gott und Mensch war. Wie können Sie das wissenschaftlich erklären?«

Ich beantwortete seine Frage nicht rundheraus, sondern fragte, ob ich ihm im Gegenzug denn auch eine Frage stellen dürfe. Und da ich es für die einfachere Frage hielt, schlug ich vor, dass er sie zuerst beantworte. »Einverstanden«, sagte mein Gegenüber. – »Was ist das Bewusstsein?«, fragte ich. – »Das wissen wir nicht wirklich«, antwortete er, woraufhin ich meinte: »Macht nichts, probieren wir es mit etwas Einfacherem. Was ist Energie?« – »Nun, wir haben Gleichungen und Formeln, mit denen wir das Verhalten von Energie berechnen können und sie uns zunutze machen können ...«, antwortete er. – »Das habe ich nicht gefragt. Was ist Energie?« Mein Gesprächspartner dachte kurz nach und antwortete (wie ich es mir schon gedacht hatte): »Das wissen wir nicht genau.« Ich fragte ihn daraufhin, ob er denn an die Existenz des Bewusstseins und der Energie glaube. »Ja«, antwortete er. Darauf ich: »Sie glauben also an diese beiden Dinge, ohne genau zu wissen, was sie sind? Muss ich Ihren guten Ruf als Physiker anzweifeln?« – »Bitte nicht!«, bat er. Ich antwortete: »Und trotzdem waren Sie bereit, meine Qualifikation als Wissenschaftler anzuzweifeln, wenn ich es nicht schaffe, ein ungleich komplexeres Thema zu erklären – das Wesen Gottes selbst!«

Ich fuhr fort: »Warum glauben Sie an Bewusstsein und Energie, obwohl Sie deren genaue Natur nicht verstehen?« – »Ich denke, dass diese Konzepte Sinn ergeben. Sie haben eine gewisse Aussagekraft, man muss sie nicht vollständig verstehen, um sie zur Erklärung anderer Sachverhalte zu benutzen«, sagte er.

Ich stimmte ihm zu. »Genau, und deshalb glaube ich daran, dass Jesus Gott und Mensch zugleich war. Ich kann es nicht erklären – es ist ein Sachverhalt, der von Natur aus schwer zu erklären ist, wesentlich schwerer als Energie oder Bewusstsein. Trotzdem glaube ich daran, weil es alles andere für mich erklärt. Es ist die einzige Interpretation, die dem Leben, Sterben, der Wiederauferstehung und der Himmelfahrt Christi gerecht wird.«[160]

Gott ist die Quelle des Lichts

Die Abfolge der Tage im Schöpfungsbericht beginnt mit den Worten: »Und Gott sprach: Es werde Licht!« (1. Mose 1,3; elb). Wir haben gesehen, dass Sonne und Mond erst an Tag vier erwähnt werden, und haben einige der großen Fragen betrachtet, die das aufwirft. Um tiefer in das einzusteigen, was hier geschieht, wollen wir jetzt einen Schlüsseltext im Neuen Testament betrachten, den wir bereits im Zusammenhang mit der »Schöpfung durch das Wort« verwendet haben – Johannes 1. In Johannes 1,1-5 lesen wir:

> Am Anfang war das Wort. Das Wort war bei Gott und das Wort war Gott. Er war am Anfang bei Gott. Durch ihn wurde alles geschaffen, was ist. Es gibt nichts, was er, das Wort, nicht geschaffen hat. Das Leben selbst war in ihm, und dieses Leben schenkt allen Menschen Licht. Das Licht scheint in der Dunkelheit, und die Dunkelheit konnte es nicht auslöschen.

Johannes erwähnt Licht und Dunkelheit. Über das Wort sagt er: »Das Leben selbst war in ihm, und dieses Leben schenkt allen Menschen Licht.« Wir sprechen hier immer noch von der Schöpfung. Wir sind in der Erzählung von Johannes noch nicht bei der Menschwerdung von Jesus angelangt und auch nicht bei seiner anschließenden Aussage, dass Jesus das Licht der Welt ist. Deshalb müssen wir uns fragen: In welchem Sinne ist das Leben ein Licht?

Tag eins in 1. Mose 1 hilft uns hier weiter, wenn es uns sagt, dass das Licht durch einen Sprechakt Gottes entstanden ist. Indem der Text vom Licht als solchem spricht und die Sonne nicht erwähnt, öffnet er unser Denken für ein reiches Spektrum an Ideen. Johannes bringt das Licht mit dem Leben in Verbindung. Wenn wir auf einem Schiff sind und den Strahl eines Leuchtturms sehen, fragen wir uns sofort: Was ist die Lichtquelle? Woher kommt dieser Strahl? Das heißt, im metaphorischen Sinne fragen wir danach, dass jemand uns dieses Licht und seine Herkunft »erhellt«. Und das Leben, alles Leben, hat diesen Effekt – besonders auf Biologen! Sie stecken enorme Ressourcen in ihre Suche nach dem Licht des Lebens: Woher kommt es?

Das ist eine wichtige Botschaft für die Welt von heute. Wenn wir Gott, das Wort, nicht in unsere Suche nach dem Licht des Lebens einbeziehen, werden wir in der Dunkelheit enden. Es ist faszinierend, in einer Zeit zu leben, in der Wissenschaftler die Struktur der DNA »beleuchteten« und entdeckten, dass sie ein Wort ist – ein untrügliches Zeichen für ihren Ursprung.

Das Neue Testament zieht noch mehr aus dem ersten Tag. In einer wohlbekannten Passage zieht Paulus eine Parallele zwischen der Schöpfungshandlung und der christlichen Botschaft:

> Denn wir predigen nicht uns selbst, sondern Christus Jesus als Herrn, uns aber als eure Sklaven um Jesu willen. Denn Gott, der gesagt hat: »Aus Finsternis wird Licht leuchten!«, er ist es, der in unseren Herzen aufgeleuchtet ist zum Lichtglanz der Erkenntnis der Herrlichkeit Gottes im Angesicht Jesu Christi. (2. Korinther 4,5-6; ELB)

Paulus benutzt die Schöpfung hier als eine Metapher, um zu beschreiben, was in einem Menschen passiert, der sich für Jesus entscheidet. Ich weise erneut darauf hin, dass die Metapher nicht den physischen Sachverhalt meint, sondern eine tiefere, real existierende Komponente besitzt. Das Licht, das in den Herzen derer aufleuchtet, die Gott vertrauen, ist natürlich nicht optisch wahrnehmbar – aber es ist real. Es ist nicht nur das Resultat von psychologischem Wunschdenken. Die christliche Botschaft bewirkt eine echte geistliche Verwandlung. Paulus beschreibt dies direkt im nächsten Kapitel und spielt dabei wieder auf die Schöpfung an: »Daher, wenn jemand in Christus ist, so ist er eine neue Schöpfung; das Alte ist vergangen, siehe, Neues ist geworden« (2. Korinther 5,17; elb). Deswegen haben wir einen guten Grund, der christlichen Botschaft Glauben zu schenken – sie bewirkt eine echte Erleuchtung, die sich durch Erfahrung bestätigt. Sie bestätigt sich auch auf gedanklicher Ebene. C.S. Lewis meint dazu: »Ich glaube an Christus, so wie ich glaube, dass die Sonne aufgegangen ist, nicht nur, weil ich sie sehe, sondern weil ich durch sie alles andere sehen kann.«[161]

Im Neuen Testament finden sich noch wesentlich mehr Aussagen über das Licht der Schöpfung. Insbesondere gibt es eine Begebenheit, bei der Jesus selbst auf das Wort »Tag« anspielt, so wie es zum ersten Mal in der Schöpfungserzählung verwendet wird. Er zieht daraus eine überraschende und gehaltvolle Lektion für unser Leben. Im Johannesevangelium ist es eines der wichtigsten Wunder; es bestätigt Jesu Anspruch, der menschgewordene Sohn Gottes zu sein. Es handelt sich dabei um die Auferweckung des Lazarus (Johannes 11,1–12,11). Lazarus lebte mit seinen beiden Schwestern Maria und Marta in Betanien, einem Dorf in der Nähe von Jerusalem. Er wurde krank, und seine Schwestern sandten eine Nachricht an Jesus, der ein Freund der Familie war. Jesus reagierte nicht sofort auf die Nachricht, sondern blieb noch zwei Tage länger an dem Ort, an dem er mit seinen Jüngern gerade war. Danach erst kündigte er an, dass er nach Judäa zum kranken Lazarus gehen werde. Später sagte er seinen Jüngern noch, dass er Lazarus aus dem »Schlaf« des Todes aufwecken werde. Die Jünger reagierten eher entsetzt: »Meister, erst vor wenigen Tagen haben die Juden dort versucht, dich zu steinigen. Und nun willst du dorthin zurückkehren?« (Johannes 11,8). Für sie klang die Idee, nach Judäa zurückzureisen, lebensmüde; sie fühlten sich sehr viel sicherer in Peräa, nördlich des Toten Meeres und weit weg von Jerusalem. Die Feindseligkeit gegen Jesus war dermaßen angestiegen, dass die Jünger Angst davor hatten, was passieren könnte, wenn sie wieder in der Nähe der Hauptstadt auftauchen würden.

Jesus ging auf ihre Sorge ein, indem er ihnen etwas über die Beschaffenheit des Sonnensystems erzählte: »Hat der Tag nicht zwölf Stunden? Wenn jemand am Tag umhergeht, stößt er nicht an, weil er das Licht dieser Welt sieht; wenn aber jemand in der Nacht umhergeht, stößt er an, weil das Licht nicht in ihm ist« (Johannes 11,9-10; Hervorhebung von mir). Anhand der Gestaltung des Beleuchtungssystems der Erde, wie es zuerst in 1. Mose 1 beschrieben wird, will Jesus hier seinen Jüngern eine wichtige Lektion beibringen. Diese basiert auf der ersten Erwähnung des Wortes »Tag«: »Gott nannte das Licht ›Tag‹ und die Finsternis ›Nacht‹« (1. Mose 1,5). Man übersieht hier schnell, dass es Gott ist, der dieses Licht »Tag« nennt. Eigentlich gibt Gott dem Menschen später den Auftrag, allem einen Namen zu geben. Warum behält er sich dann das Recht vor, einige wenige Aspekte der Schöpfung selbst zu benennen? Auf jeden Fall erregt das unsere Aufmerksamkeit, denn »Tag« und »Licht« sind nicht unbedingt das Gleiche.

Jesus erklärt hier einen wichtigen Unterschied, den man leicht übersieht: den zwischen Ordnung und Schöpfung.[162] Wenn Gott das Licht »Tag« nennt und die Dunkelheit »Nacht«, ist das kein Schöpfungsakt im strengen Sinne. Dass zwischen den beiden überhaupt erst sprachlich unterschieden werden kann, wird durch einen Akt der Ordnung ermöglicht: Gott bringt eine geometrische Ordnung in das Sonnensystem.

Damit diese Ordnung erreicht wird, muss als Erstes die Lichtquelle für unsere Erde, die Sonne, außerhalb des Planeten platziert werden. Wie Jesus in Bezug auf den vierten Tag sagt, ist das Licht, die Sonne, nicht in uns, das heißt auf der Erde. Zweitens muss sich die Erde um die eigene Achse drehen, damit die Tag- und Nachtaufteilung überhaupt erst entstehen kann. In diesem Sinne ist »Tag« unsere Erfahrung des Lichts (der Sonne). Das Licht wird durch eine wohlüberlegte organisatorische Strategie des Schöpfers selbst eingeteilt.

An Tag vier der Schöpfung erhalten wir eine Beschreibung des Zwecks von Sonne, Mond und Sternen. 1. Mose erklärt ganz klar: »Sie sollen Zeichen sein, anhand derer die Jahreszeiten, die Tage und die Jahre bestimmt werden« (1. Mose 1,14).

Heutzutage, im Zeitalter der Technologie, vergessen wir – vor allem als Stadtbewohner – schnell, was für eine wichtige Rolle Sonne, Mond und Sterne für das Leben auf der Erde spielen. Über Jahrtausende waren Menschen davon abhängig, diese »Lichter« am Himmel zu sehen: nicht nur, um den Zyklus von Saat und Ernte bzw. den besten Zeitpunkt, das Vieh an den richtigen Weideplatz zu bringen, bestimmen zu können, sondern auch, um navigieren zu können. Diese »Lichter« helfen Menschen, ihre Position in Raum und Zeit zu bestimmen.

Damit gewinnt das Gespräch, das Jesus mit seinen Jüngern vor zwei Jahrtausenden in irgendeinem abgelegenen Fleckchen des großen Römischen Reichs führte, eine völlig neue, atemberaubende Dimension. Denn es ist niemand anderes als der Schöpfer selbst, der an diesem Tag mit den Jüngern redete: das Wort, durch das alles, was existiert, ins Leben gerufen worden ist. Er selbst war der Architekt und Schöpfer dieses Sonnensystems, von dem er da redete. Es war sein Geist, der sich einen gewaltigen Fusionsreaktor hat einfallen lassen, der sich ohne Schienen durch den Raum bewegt, die Raumzeit um sich krümmt und damit die Erde in seiner Umlaufbahn hält und sie in seinem Licht und seiner Wärme badet. Es war auch seine Idee, die Lichtquelle außerhalb des Globus zu platzieren, auf dem er später die Krone seiner Schöpfung ansiedeln würde: Mann und Frau, geschaffen nach seinem Ebenbild. Da stand nun der Schöpfer auf seinem von ihm selbst geschaffenen Planeten und war sich nicht zu schade, einer Gruppe von menschlichen Geschöpfen zu erklären, warum genau er das Sonnensystem so gestaltet hatte. Der geneigte Leser wird mir zustimmen, dass wir an dieser Stelle ebenfalls gut zuhören sollten.

Die Jünger dachten, dass es Selbstmord wäre, Jesus nach Judäa zu folgen. Es wäre doch am sichersten, meinten sie, dort zu bleiben, wo sie waren. Für sie war das eine einfache, logische Schlussfolgerung. Wenn die Machthaber in Jerusalem Jesus festnehmen wollten, ist der sicherste Ort eine der Provinzen, die möglichst weit von der Hauptstadt entfernt war. Diese Idee entstand in ihren Köpfen (wo auch sonst?). Anders gesagt: Sie verließen sich auf eine innere Lichtquelle zur Orientierung. Wenn es aber darum ging, die Provinz zu bereisen, verließen sie sich auf das Licht der Sonne, um einen Tagesmarsch zu bewältigen. Nachts würden sie stolpern und den Weg nicht finden können, schließlich war das Licht *nicht in ihnen*. Wir wissen heute, dass es gewisse Meerestiere gibt, die Licht in Form von Leuchtorganen in sich tragen: Leuchtfische zum Beispiel erzeugen Licht durch chemische Prozesse.[163] Einige dieser Fische benutzen ihr Licht auch zur Navigation. Leider sind wir Menschen nicht so gemacht. Wir sind auf eine Lichtquelle angewiesen, die außerhalb von uns ist und sich noch nicht einmal auf unserer Welt befindet.[164] Die Erde wurde bewusst so geschaffen, dass sie um einen 150 Millionen Kilometer entfernten Stern kreist, auf den sie wegen seines Lichts, seiner Wärme und seiner Energie vollständig angewiesen ist.

Natürlich benutzt Jesus die Einrichtung der Beleuchtung der Erde als Metapher für etwas, das auf einer völlig anderen Ebene liegt. Er erwartete von seinen Jüngern, dass sie aus dieser Beobachtung etwas lernen: Wenn sie schon auf einer rein materiellen Ebene vollständig abhängig von einer externen Lichtquelle sind, wie verhält es sich dann mit der intellektuellen, geistlichen oder moralischen Ebene? Was ist dort die Quelle ihrer Erkenntnisse und Antworten? Ist sie innerhalb oder außerhalb ihres eigenen Verstandes?

Diese Frage hat nichts von ihrer Relevanz verloren. Der Konflikt zwischen dem theistischen und dem naturalistischen Weltbild dreht sich um die Frage, ob es einen externen Fixpunkt zur Orientierung gibt. Für einen Atheisten ist das Universum ein geschlossenes System, das allein durch das Prinzip von Ursache und Wirkung bestimmt wird. Letztendlich ist die interne Struktur dieses Systems selbsterklärend – eine Frage der Physik und Chemie, der Materie und der Energie. Für einen Atheisten ist die einzige Quelle der Weisheit der eigene Verstand.

Im Gegensatz dazu hält der Theist, der sein Weltbild von der Bibel her versteht, das Universum für ein offenes System, das weder von sich aus existiert noch selbsterklärend ist. Es gibt eine Quelle der Weisheit außerhalb des Systems, und das ist Gott. So wie unsere Erde die Sonne braucht, damit wir uns auf dem Planeten überhaupt orientieren können, braucht der Mensch Gott. Jedes Erklärungsmodell des Universums und des menschlichen Lebens, das Gott nicht einschließt, kann sich nur in der Dunkelheit verlieren. Deswegen sind alle naturalistischen Versuche, ein Konzept dadurch zu erklären, dass man es aus einem anderen ableitet, zum Scheitern verurteilt – ob man nun Leben vom Unbelebten herleitet, Bewusstsein vom Unbewusstsein, Rationales vom Irrationalen, den Menschen vom Tier oder gar Moral vom Schmerz- und Lustempfinden. Während der Aufklärung wurde der menschliche Verstand zur höchsten Instanz gemacht. Die traurige Ironie dabei ist, dass man der Dunkelheit der vorhergehenden Jahrhunderte das »Licht der Erkenntnis« entgegenstellen wollte, dieses Licht aber im eigenen Verstand gesucht hat.

So viel zur philosophischen Ebene. Jesu Worte waren aber nicht an Wissenschaftler oder Philosophen gerichtet, sondern an eine Gruppe gewöhnlicher Männer, die um ihr Leben besorgt waren. Dabei hatten sie vermutlich vergessen, dass Jesus schon einmal etwas Wichtiges zum Thema Licht gesagt hat. Es war bei ihrem letzten Aufenthalt in Jerusalem: »Ich bin das Licht der Welt. Wer mir nachfolgt, braucht nicht im Dunkeln umherzuirren, denn er wird das Licht haben, das zum Leben führt« (Johannes 8,12). Jesus selbst ist also die Lichtquelle, von der er redet. Nicht nur irgendeine Lichtquelle, sondern die Quelle des Lichts für die ganze Welt. Ähnlich wie die spätere Aussage Jesu – »Ich bin (…) die Wahrheit« (Johannes 14,6) – ist das eine erstaunliche Behauptung. Wir Wissenschaftler hoffen ja immer darauf, dass wir die Wissenschaft irgendwo im Rahmen unserer Arbeit voranbringen konnten, indem wir wenigstens ein bisschen Licht in ein problematisches Forschungsfeld gebracht haben. Meistens waren das dann weniger relevante Studien. Nicht viele Wissenschaftler hatten das Privileg, wirklich wichtige, bis dato schwer zu bewältigende Probleme der Menschheit zu »beleuchten«. Diese Männer und Frauen haben mit ihrer Entdeckung der Welt großen Nutzen gebracht – man könnte die Entdeckung des Penicillins als ein Beispiel nennen. Jedoch würde kein zurechnungsfähiger Wissenschaftler jemals behaupten, das Licht zu sein.

Jesus behauptete genau das – und belegte die Wahrheit seines Anspruchs durch sein Leben, Sterben und seine Auferstehung.

In gewisser Weise wollte Jesus damit auch sagen, dass er als Lichtquelle in Bewegung ist. Es sollte deutlich sein, dass man von einer solchen Lichtquelle nur profitiert, wenn man mit ihr Schritt hält. Das gilt genauso für Jesus. Wenn wir in seinem Licht bleiben wollen und unseren Weg von ihm erhellen lassen wollen, sollten wir mit ihm Schritt halten. »Wer mir nachfolgt (…), wird das Licht haben« (Johannes 8,12).

Damit wird die Aufforderung an die Jünger deutlich: Ohne ein Licht, das von Gott her diese Angelegenheit erhellte, sagte ihr menschlicher Verstand ihnen, dass der Tod auf sie wartete. Jesus aber macht ihnen deutlich, dass sie in ihm eine Lichtquelle finden würden, die außerhalb von ihnen war; sie würden das Licht des Lebens in ihm finden, wenn sie ihm nur folgten. Wie viel die Jünger zu dem Zeitpunkt davon verstanden haben, wissen wir nicht. Wir wissen bloß, dass sie ihm gefolgt sind. Manche von ihnen, namentlich Thomas, legten dabei eine Art widerwilligen Pessimismus an den Tag: »Wir wollen mit ihm gehen – und mit ihm sterben« (Johannes 11,16). Immerhin sind sie ihm gefolgt – gut, dass sie es getan haben.

Ihre Reise führte sie an einen Friedhof in Betanien. Lazarus war bei ihrer Ankunft schon vier Tage tot und lag aufgebahrt in einer Grabhöhle, wie sie im Nahen Osten üblich war. Seine Schwestern waren dabei, ihn zu beweinen, als Jesus ankündigte, Lazarus werde wieder auferstehen. Marta antwortete darauf, dass sie auch damit rechnete – aber erst am Jüngsten Tag, bei der Auferstehung der Toten. Darauf reagierte Jesus mit einer weiteren verblüffenden Aussage: »Ich bin die Auferstehung und das Leben. Wer an mich glaubt, wird leben, auch wenn er stirbt. Er wird ewig leben, weil er an mich geglaubt hat, und niemals sterben. Glaubst du das, Marta?« (Johannes 11,25-26). Marta antwortete erstaunlich gefasst: »Ja, Herr (…). Ich habe immer geglaubt, dass du der Christus bist, der Sohn Gottes, der in die Welt kommen soll« (Johannes 11,27).

Martas Glaube wurde kurz darauf bestätigt. Jesus befahl, den Stein wegzurollen, der das Grab verschloss, obwohl Marta mit dem aus menschlicher Sicht durchaus gerechtfertigten Einwand, dass es furchtbar stinken würde, dagegen protestierte. Dann befahl er Lazarus, herauszukommen – was dieser dann auch tat, immer noch in die

Leichentücher seiner Beerdigung eingewickelt. Mit diesem Wunder bestätigten sich Jesu Aussagen, dass er die Auferstehung und das Leben sei, auf spektakuläre Weise. Der Jesus, dem sie gefolgt waren, hatte Macht über Leben und Tod. Für die Jünger rückte dieses Erlebnis den Tod in eine völlig neue Perspektive und veränderte ihr Denken maßgeblich. So sollte es auch bei uns sein.

Die Geschichte hat noch eine weitere Facette. Die Schwestern hatten Jesus eine Nachricht geschickt, weil sie hofften, dass er aus Liebe zu ihrer Familie kommen und Lazarus heilen würde. Als er dann zu spät eintraf, machten sie ihm Vorhaltungen: »Herr, wärst du hier gewesen, wäre mein Bruder nicht gestorben« (Johannes 11,21.32). Die Schwestern hatten sich – ebenso wie die Jünger vor ihnen – auf etwas verlassen, das aus menschlicher Sicht vernünftig erschien. Das kostete sie nahezu das Vertrauen in die Liebe, die Jesus für sie hatte. Schwierige Lebensumstände bewirken so etwas oft. Wir bemühen unseren Verstand und versuchen, irgendeinen Sinn in dem zu sehen, was passiert ist – finden aber keinen. Wir brauchen ein Licht, das nicht in uns selbst ist.

Bei diesem Thema gibt es natürlich keine einfachen Antworten, aber eins ist klar: Der Atheismus bietet keine Hoffnung an. Er kann kein Licht in die Dunkelheit des Todes bringen – der Tod ist die Endstation. Jesus dagegen hat gezeigt, dass mit dem Tod nicht alles endet. Mehr noch: Für diejenigen, die ihm als Herrn und Retter vertrauen, wird es eine Auferstehung geben, von Freude durchdrungen. Der Beweis dafür ist nicht allein das Wunder, das Jesus an Lazarus vollbracht hat, sondern seine eigene Auferstehung und die Tatsache, dass er sich vielen Zeugen anschließend gezeigt hat (1. Korinther 15,1-11).

Die Vollkommenheit der Schöpfung

Wenn man 1. Mose 1 liest, stolpert man immer wieder über folgenden Satz: »Und Gott sah, dass es gut war« (1. Mose 1,4.10.12.19.21.25). Die höchste Bewertung vergibt Gott am sechsten Tag: »Danach betrachtete Gott alles, was er geschaffen hatte. Und er sah, dass es sehr gut war« (1,31). Gott ist kein deistisches Wesen, das sich nach Vollendung nicht für sein Werk interessiert. Er ist begeistert von seiner Schöpfung. Gott begutachtet sie mit dem fachmännischen Auge eines Künstlers, der sein Kunstwerk Schritt für Schritt bis zur vollendeten Harmonie perfektioniert hat. Das Ergebnis seiner Arbeit liegt nun vor ihm, vollkommen für die glorreiche Aufgabe, die er für sein Werk vorgesehen hat.

Leider hat es nicht lange gedauert, bis diese ursprüngliche Harmonie zerstört wurde. Der Mensch versagte bei seiner Aufgabe, eine höhere Ebene der Moral an den Tag zu legen, und die Sünde kam in die Welt, um dort endlose Verwüstung anzurichten. Diese moralische Infektion war dermaßen ausgeprägt, dass eine komplexe Lösung nötig war, um die Beziehung zwischen Mensch und Schöpfer wiederherzustellen; wesentlich komplexer, als es die Schöpfung gewesen war. Der Schöpfer selbst wurde Mensch, wurde dann von seiner eigenen Schöpfung getötet und stand wieder auf, um über Sünde und Tod zu triumphieren.

Am Anfang war jedoch alles vollkommen. Was für ein Unterschied ist das zu dem Weltbild pantheistischer Philosophien, die alle Materie grundsätzlich als verwerflich ansehen und es für weise halten, allem vollständig zu entfliehen. In der Bibel hingegen steht, dass es eines Tages eine neue Schöpfung, einen neuen Himmel und eine neue Erde geben wird (vgl. 2. Petrus 3,13; Offenbarung 21), die genauso vollkommen sein werden, wie es die ursprüngliche Schöpfung war. Dort wird die Gerechtigkeit zu Hause sein. Bis dahin sollten wir uns bewusst machen, dass Gott uns als Verwalter einer vollkommenen Schöpfung eingesetzt hat und wir damit eine gewisse Verantwortung haben. Die Schöpfung gehört nicht uns, sondern Gott – wir haben kein Recht, sie zu missbrauchen, zu verwüsten und zu zerstören. Tatsächlich nimmt Gott unsere Haltung gegenüber der Schöpfung sehr ernst. Es wird der Tag kommen, an dem er diejenigen vor Gericht stellen wird, die die Erde zerstören (Offenbarung 11,18b).

Der Sabbat

In 1. Mose 1 gibt es noch viel mehr zu entdecken, aber wir werden uns jetzt damit begnügen, die Diskussion mit einigen Gedanken zum Thema Sabbat abzurunden. Leon Kass schreibt, dass es in der

Kultur der Mesopotamier und Babylonier siebentägige Zyklen gab, die an den Mondphasen ausgerichtet waren. Sie hatten auch ihren eigenen sabattu, einen Vollmondtag, der zugleich ein Fasten- und Unglückstag war.[165] »Im Gegensatz dazu hatte der siebte Tag bei den Israeliten nichts mit Himmelskörpern zu tun, sondern allein mit dem Schöpfer des Himmels. Er schuf einen Kalender, der völlig losgelöst von den Kreisläufen der Gestirne[166] war, und so der Erinnerung an deren Schöpfer, der über und jenseits ihrer endlosen Bewegung steht, diente.«[167] Damit sollte die Einführung des Sabbats eine Erinnerung an die Gefahr darstellen, sich eher nach der Schöpfung anstatt nach dem Schöpfer zu richten (vgl. Römer 1,25).

Im Neuen Testament wird der Sabbat in unterschiedlichen Zusammenhängen erwähnt. Nur einen davon werden wir genauer betrachten. Dabei wird der Sabbat als Beispiel herangezogen, um dem Leser eine oft missverstandene Grundlehre des Christentums zu erklären. Der Verfasser des Hebräerbriefes zitiert die Zeilen aus dem 1. Buch Mose, die den Sabbat betreffen, und schreibt eine längere Abhandlung über die Sabbatruhe. Er schließt seine Diskussion mit der Aussage: »Also bleibt noch eine Sabbatruhe dem Volk Gottes übrig. Denn wer in seine Ruhe eingegangen ist, der ist auch zur Ruhe gelangt von seinen Werken wie Gott von seinen eigenen« (Hebräer 4,9-10; elb).

Wieder einmal benutzt ein biblischer Verfasser ein Konzept aus der Schöpfung als Metapher, um eine real existierende, tiefere Wahrheit zu veranschaulichen. In diesem Textabschnitt beziehen sich die »Werke Gottes« auf die Schöpfungsarbeit, von der sich Gott am siebten Tag ausgeruht hat. Gott schuf und ruhte sich anschließend aus. Wir haben also ein Universum geerbt, das wir nicht selbst geschaffen haben.

Daran sollten wir – vor allem wir Wissenschaftler – uns gelegentlich erinnern. Wir haben das Universum nicht gemacht. Wir haben das, was wir erforschen, nicht selbst hervorgebracht, sondern untersuchen etwas, das es bereits gibt. Dieser einfache Gedanke hat weitreichende Konsequenzen. Wir sollten etwa keine Theorien darüber aufstellen, wie das Universum zu funktionieren hat, und es dann in den Rahmen dieser Theorie zwängen. Stattdessen sollten wir unsere Vorstellungen vom Universum selbst formen lassen. Das Prinzip, das hinter diesem Beispiel steht, ist allgemeingültig, und wir alle müssen daran erinnert werden, wie wichtig es ist. Der ehemalige britische Oberrabbiner Jonathan Sacks schreibt zum Sabbat: »Das ist ein Tag, der unserm Eingreifen in die Natur und unserem Ausüben wirtschaftlicher Tätigkeiten eine Grenze setzt. An ihm werden wir uns bewusst, dass wir Geschöpfe sind, nicht Schöpfer. Die Erde gehört nicht uns, sondern Gott. Sechs Tage lang ist sie uns übergeben, aber am siebten Tag geben wir diese Vollmacht symbolisch ab. Wir sollen kein ›Werk‹ verrichten, das heißt, keine Handlung, die den Zustand von irgendetwas für Zwecke des Menschen ändert. Der Sabbat ist eine wöchentliche Erinnerung an die Integrität der Natur und die Grenzen des menschlichen Bemühens.«[168]

Genau um diese »Grenzen menschlicher Bemühungen« geht es in der Passage aus dem Hebräerbrief. Wir alle sehnen uns nach Ruhe: nicht einfach nur nach einem Tag zum Ausruhen und Erholen oder dem dringend benötigten Urlaub, sondern nach einer Ruhepause von dem konstanten Druck, Leistung erbringen zu müssen. Dieser Druck macht manche Leute zu getriebenen Workaholics, die einem unerreichbaren Ziel nachjagen, immer in der Hoffnung, eine Art dauerhafter Bedeutung zu erlangen. Daneben gibt es noch andere Dinge, die uns die Ruhe rauben: Einsamkeit, zerbrochene Beziehungen, Frust, unerfüllte Sehnsüchte, Schuldgefühle, Schmerz, Krankheit, Verletzungen, Probleme mit Familie und Freunden sowie eine Menge anderer Dinge. Wir sind ruhelose Wesen. Augustinus hat den Grund dafür schon vor langer Zeit bis zur Schöpfung zurückverfolgt: »Denn geschaffen hast Du uns zu Dir, und ruhelos ist unser Herz, bis dass es seine Ruhe hat in Dir.«[169]

Als Augustinus das schrieb, war er sich zweifellos schon der Lösung für diese Ruhelosigkeit bewusst. Sie besteht in Jesus selbst, der sagte: »Kommt alle her zu mir, die ihr müde seid und schwere Lasten tragt, ich will euch Ruhe schenken. Nehmt mein Joch auf euch. Ich will euch lehren, denn ich bin demütig und freundlich, und eure Seele wird bei mir zur Ruhe kommen. Denn mein Joch passt euch genau, und die Last, die ich euch auflege, ist leicht« (Matthäus 11,28-30). Jesu Einladung ist eindeutig. Wenn wir zu ihm kommen und das akzeptieren, was er »sein Joch« nennt, werden wir Ruhe finden. Es geht darum, seine Autorität und Leitung anzuerkennen. Das ist der

Kern des christlichen Glaubens: die Bereitschaft, Jesus Christus als seinem Herrn und Retter zu vertrauen und dadurch Vergebung und Frieden bei Gott zu finden. Diese beiden Dinge können nicht durch Arbeit, Anstrengung oder Leistung verdient werden, sondern sind ein Geschenk. Das Problem dabei ist nur, dass wir Menschen das kaum akzeptieren können, schließlich geht es in der Welt stets um Erfolg und Leistung.

Laut dem Hebräerbrief kann uns der Sabbat genau an dieser Stelle helfen. Dabei geht es nicht darum, an einem von sieben Tagen eine Pause zu machen, sondern wichtiger ist, das Prinzip hinter der Sabbatruhe zu verstehen. Gott tat seine Arbeit und schuf das Universum; dann ruhte er aus. Wir erben diese Schöpfung, für die wir nichts getan oder geleistet haben. In diesem Sinne nehmen wir das in Anspruch, was Gott geschaffen hat. Wenn man auf geistlicher Ebene bei Gott Ruhe finden möchte, das heißt Gottes Vergebung, Erlösung und Frieden annehmen will, dann funktioniert das nach genau demselben Prinzip. Gott hat die Arbeit schon getan, auf der die Erlösung aufbaut: Christus ist für die Sünde des Menschen am Kreuz gestorben. Wenn wir bei Gott Ruhe finden möchten, dann müssen wir uns auf der Arbeit ausruhen, die Christus getan hat – nicht auf der Arbeit, die wir tun. Paulus zeigt dieses Prinzip glasklar: »Wenn Menschen arbeiten, erhalten sie ihren Lohn nicht als Geschenk. Ein Arbeiter hat sich verdient, was er bekommt. Gerecht gesprochen aber wird ein Mensch aufgrund seines Glaubens, nicht aufgrund seiner Taten« (Römer 4,4-5).

Zurück zum Anfang: Eine persönliche Anmerkung

Inzwischen sind vierzig Jahre vergangen, seit Sally und ich geheiratet haben. Unsere Hochzeitsansprache wurde von einem ganz außergewöhnlichen Mann gehalten. In seiner Jugend war er Schwergewichtsboxer gewesen – einer von der Sorte, die es bei einem Jahrmarkt so ziemlich mit jedem Herausforderer aufnimmt. Als er Christ wurde, veränderte sich sein Leben maßgeblich. Er ging als erwachsener Mann noch einmal auf die Schule und holte seine Schulbildung nach, zusammen mit den Kindern, die ihren regulären

Schulabschluss machten. Er hatte ein erstaunliches Gedächtnis und entwickelte eine enzyklopädische Kenntnis für alles, was mit der Bibel zusammenhing. Das benutzte er wiederum, um den christlichen Glauben an alle möglichen Leute zu vermitteln: vom Werftarbeiter bis zum Cambridge-Studenten. Er war dabei sehr erfolgreich, die Leute liebten ihn für seine Direktheit und Ehrlichkeit. Sein Name war Stan Ford.

In seiner Predigt ging es um den Vers: »Am Anfang schuf Gott den Himmel und die Erde.« Stan war kein Wissenschaftler, aber er hatte großen Respekt für Gelehrsamkeit. Was er an diesem Tag aber sagte, blieb uns im Gedächtnis und hatte einen großen Einfluss auf unser Eheleben. Es ging um die ersten vier Worte des Verses: »Am Anfang schuf Gott (…).« Er sagte, dass eine Ehe auch ein neuer Anfang sei und es viele neue Anfänge in der Zukunft geben würde. Die Grundlage für jeden neuen Anfang müsse Gott sein. Stan sollte recht behalten, wie es sich an unserer Ehe zeigte. Was wäre ein Anfang ohne Gott? Das Universum selbst hätte ohne ihn nicht angefangen.

Wenn sich das jetzt zu sehr nach Predigt anhört, möge der geneigte Leser daran denken, dass man es kaum jemandem übel nimmt, wenn er von Wissenschaft oder Fußball begeistert ist. Wie dem auch sei – es wird nicht schaden. Es ist eine Sache, sich intensiv mit der Natur der Schöpfungstage zu beschäftigen, eine ganz andere aber, den Kerngedanken des Schöpfungsberichtes zu verstehen, anzuwenden und zu leben. Wenn wir das Letztere nicht tun, bin ich mir nicht sicher, ob das Erstere überhaupt Sinn hat.

Wenn ich es mir recht überlege, habe ich Stan nie nach den Schöpfungstagen gefragt. Leider ist es dafür zu spät. Die Ironie dabei ist, dass er mittlerweile viel mehr darüber weiß, als ich jemals über sie lernen werde – in diesem Leben jedenfalls.

Wie sollten wir nun eigentlich mit Menschen umgehen, die nicht dieselbe Meinung haben wie wir? Ich bin mir sicher, dass dieses alte Sprichwort es ganz gut ausdrückt: »Im Notwendigen herrsche Einmütigkeit, im Zweifelhaften Freiheit, in allem aber Nächstenliebe.«

Jetzt ist es aber wirklich angezeigt, die Dinge ruhen zu lassen. Höchste Zeit für einen Sabbat!

Anhang A – Der kulturelle Hintergrund des ersten Buchs Mose

Das 1. Buch Mose wurde ursprünglich auf Hebräisch verfasst. Der hebräische Name des Buchs leitet sich vom ersten Wort des Textes ab – bere'šit, »am Anfang«[170]. Die ersten griechischen Übersetzer nannten das Buch Genesis (griechisch für »Ursprung«). Edward J. Young, ein Experte für das Alte Testament und die hebräische Sprache, sagt über den Text, dass er alle Anzeichen einer Prosaerzählung hat, bei der es um eine Abfolge von Ereignissen geht. Das typische Stilmittel hebräischer Lyrik, der sogenannte parallelismus membrorum, bei dem die eine Aussage aus einer Zeile in der zweiten Zeile mit anderen Worten wiederholt wird, fehlt völlig. Ein Beispiel findet man in Psalm 30,9 (elb):

> Zu dir, HERR, rief ich,
> und zum Herrn flehte ich.

Jedoch zählt Young auch einige Aspekte auf, die eher ungewöhnlich für reine Prosa sind. Das sind vor allem die regelmäßig und refrainartig wiederkehrenden Verse »Und Gott sah, dass es gut war«, ferner Wiederholungen wie »Und Gott sprach«, »Es soll (…) werden«, »Und es geschah so«. Daher wirkt die Sprache des Textes »erhaben und nahezu poetisch«. Es werden also einige quasipoetische Elemente verwendet, um dem Text einen sprachlich eingängigen Stil zu geben, ohne dabei aber den geordneten Charakter der Erzählung zu beeinträchtigen.[171] Tatsächlich treten die oben genannten Aspekte immer im Zusammenhang mit nichtpoetischen, faktischen Aussagen über die Schöpfung und Anordnung des materiellen Universums auf.

C. John Collins schreibt Folgendes über die Textgattung des Schöpfungsberichts: »Wir haben den Text immer als Erzählung bezeichnet, was auch angemessen ist. Das liegt vor allem an der wiederholten Verwendung des Imperfekts mit *Waw-consecutivum*[172], die den Narrativ bildet, eine grammatische Form, die dazu dient, um aufeinanderfolgende Ereignisse zu beschreiben. Allerdings müssen wir zugeben, dass es sich um eine ungewöhnliche Erzählung handelt – nicht nur wegen der einzigartigen Ereignisse, die beschrieben werden, oder weil außer Gott keine anderen Akteure auftreten. Die Geschichte wird erst durch die höchst strukturierte Erzählweise außergewöhnlich.«[173]

Jeder Versuch, den Schöpfungstext zu verstehen, kann nur profitieren, wenn man die Schrift- und Erzähltradition wie auch die Kultur des Alten Orients kennt. Da dies ein weites Feld ist, muss man die Kultur und die betreffende Zeit etwas näher bestimmen. Im 1. Buch Mose wird von der Gründung großer Städte im alten Mesopotamien berichtet. In der Beschreibung von Abrahams Pilgerreise finden sich noch mehr geografische Hinweise: Er bricht in Ur auf, einer Stadt in Chaldäa, und reist bis nach Kanaan. Dort leben seine Nachkommen, bis die gesamte Familie nach Ägypten auswandert. Damit kommen auch die Kulturen Mesopotamiens, Kanaans und Ägyptens ins Blickfeld. Traditionellerweise geht man davon aus, dass Mose der Verfasser des 1. Buchs Mose ist, obwohl sein Name nirgendwo erwähnt wird. Davon ausgehend müsste man den Text auf irgendeinen Zeitpunkt zwischen 1400 und 1200 v.Chr. datieren.

Wie der Text in der Kultur gelesen wurde, aus der er stammte, können wir anhand des Alten und Neuen Testaments feststellen. Hier sehen wir, dass die Schöpfungsgeschichte als historischer Bericht verstanden wurde. Dieses Bewusstsein findet man auch bei dem jüdischen Historiker Flavius Josephus. In der Einleitung zu seinem Geschichtswerk Jüdische Altertümer (etwa 110 n.Chr. entstanden) kann man deutlich erkennen, dass er den Unterschied zwischen sorgsam recherchierten, faktischen Berichten und bewusst erfundenen Mythen sehr wohl kannte.

Aufschlussreich ist ein Vergleich zwischen dem Bericht aus dem 1. Mose und ähnlichen Werken aus anderen antiken Kulturen. Ein wichtiges Beispiel ist hier das babylonische Epos Enuma elisch, was übersetzt so viel heißt wie »als oben« – der Titel besteht aus den ersten beiden Worten des Epos. Der Text wurde während der Zeit des altbabylonischen Reichs (etwa 2000 v.Chr.) verfasst[174] und laut K.A. Kitchen etwa um 1000 v.Chr. vervollständigt.[175] Enuma elisch war ein kulturell enorm wichtiger Text für die Babylonier und spielte eine wichtige Rolle beim jährlichen Neujahrsfest. Am vierten Tag des Festes wurde der Text von der Priesterschaft feierlich vorgetragen. Jedoch ist das Epos primär kein Schöpfungsbericht, sondern die Geschichte eines Kriegs zwischen den babylonischen Göttern. Es wird erzählt, wie der Gott Marduk seine Vorherrschaft errang. Die Schöpfung der Welt ist dabei nur ein Nebenprodukt seines Kampfes. Nach seinem Sieg über die Göttin Tiamat zerteilte Marduk ihren Körper in zwei Hälften. Mit einer schuf er die Erde, mit der anderen den Himmel. Die Schöpfung ist somit nur ein Nebendarsteller in einem Schauspiel, in dem es hauptsächlich um die Götter und ihre Kriege geht.[176] Ich zitiere einmal die ersten Zeilen des Epos, um den Stil des Textes zu verdeutlichen:

> enūma eliš la nabu šamāmu (...)
>
> Zu der Zeit, da oben die Himmel noch nicht benannt waren,
> Unten die Erde noch keinen Namen besaß,
> Da gab es Apsu, den Ersten, ihren Erzeuger,
> (Und) die Allmutter Tiamat, deren Kinder sie alle werden sollten,
> Taten als eins ihre Wasser zusammen,
> Nicht miteinander verbunden waren die Rohrbündel, und das
> Röhricht nicht sichtbar,
> Zu der Zeit, da noch keiner der Götter erschienen war,
> Keiner von ihnen einen Namen besaß noch eine Bestimmung,
> Da wurden die Götter in ihrer Mitte erschaffen (...).[177]

Es wurde schon vielfach auf gewisse Ähnlichkeiten zwischen dem mosaischen Schöpfungsbericht und Enuma elisch hingewiesen. Einige Beispiele: Enuma elisch wurde auf sieben Tafeln geschrieben und der Schöpfungsbericht redet von sieben Tagen; die Reihenfolge der Schöpfung verläuft ähnlich: erst der Himmel, dann das Meer und am Ende die Erde; auf der sechsten Tafel sowie am sechsten Tag wird von der Erschaffung des Menschen berichtet.

Einige Forscher schließen aus diesen Übereinstimmungen, dass der Schöpfungsbericht aus Enuma elisch entstanden ist. Auf ähnliche Weise argumentieren sie auch, dass die Geschichte der Sintflut von den beiden

Epen Gilgamesch und Atrachasis[178] inspiriert worden ist. Sie glauben auch, das Konzept, dass Gott das ursprüngliche Chaos in einen Kosmos formt, sei nicht einfach nur eine Beschreibung des Frühstadiums des Universums. Es soll eine Anleihe aus älteren Mythen sein, in denen es um den Kampf der Götter mit einer Macht aus dem Ur-Chaos geht. Oft wird zusätzlich noch davon ausgegangen, dass das 1. Buch Mose vergleichsweise spät geschrieben worden ist – während der Zeit des jüdischen Exils in Babylon (im 6. Jahrhundert v.Chr.).[179]

Es gibt jedoch auch viele Forscher, die davon ausgehen, dass diese oberflächlichen Ähnlichkeiten nur von den wesentlich markanteren Unterschieden ablenken. Es ist vor allem auffällig, dass der Text aus dem 1. Buch Mose nicht die Entstehung der Götter, die sogenannte Theogonie, aufgreift. Dabei findet sich dieses Merkmal nicht nur in dem babylonischen Epos, sondern auch in vielen anderen altorientalischen Mythologien.[180] Der Gott, der im 1. Buch Mose beschrieben wird, ist völlig anders. Er wurde nicht vom Universum geschaffen wie die heidnischen Götter. Es ist gerade umgekehrt: Der Gott der Bibel schuf das Universum.

Mehr noch: Laut dem biblischen Schöpfungsbericht ist der Mensch als Ebenbild Gottes geschaffen worden und bildet damit die Krone der Schöpfung: »Wir wollen Menschen schaffen nach unserem Bild.« In Enuma elisch ist der Mensch im Gegensatz dazu nur ein Nachtrag, geschaffen, um die Arbeitslast der Götter zu erleichtern:

> Ich will Blut zusammenmischen und Knochen formen.
> Und den Lullu (d.h. den Urmenschen) ins Leben rufen,
> und sein Name sei Mensch!
> Ich will den Lullu-Menschen erschaffen,
> damit er die Arbeit der Götter verrichtete und diese Ruhe haben.[181]

Im Gegensatz zu den mesopotamischen Mythen findet man im Schöpfungsbericht viele der dort wichtigen Aspekte nicht: Himmel und Erde wurden nicht aus dem Körper einer Gottheit geschaffen; es gibt keine verfeindeten Götter und Göttinnen oder mythische Wesen; den Sternen, den Planeten, der Sonne und dem Mond werden keine göttlichen Eigenschaften zugewiesen – tatsächlich werden im Schöpfungsbericht noch nicht einmal die ansonsten üblichen Bezeichnungen für Sonne und Mond benutzt.

Das Universum aus dem Schöpfungsbericht ist keine mythische Welt. Sie ist voll mit den Dingen, die uns wohlbekannt sind: Licht, Himmel, Meer und Festland, Sonne, Mond und Sterne; Pflanzen und Tiere und nicht zuletzt der Mensch. Im 1. Buch Mose geht es nicht um eine mythologische, sondern eine historische Schöpfung. Und über allem steht Gott, der Schöpfer, und erschafft alles durch sein Wort. Wenn dieser Bericht so sehr vom babylonischen Schöpfungsbericht beeinflusst wurde, wie einige behaupten, warum ist er dann so völlig anders? Die Kernbehauptung (Gott der Schöpfer ist nicht Teil seiner eigenen Schöpfung) widerspricht sämtlichen heidnischen, polytheistischen Interpretationen des Universums, die man in babylonischen oder ähnlichen Mythologien finden kann.[182] Die bloße Behauptung, ein einziger allmächtiger, unabhängiger Gott sei verantwortlich für die Schöpfung, ist ein Protest gegen den Vielgötterglauben jener Kulturen.[183] Ein Beispiel dafür ist die Rolle der Sonne in der Schöpfung: Sie wird als eine einfache Lichtquelle beschrieben und nicht als Gottheit. Diese Darstellung ist ein direkter Widerspruch zu der Mythologie des Landes, in dem Josef herrschte und Mose aufwuchs. Dort war der Sonnengott Ra der höchste aller Götter und sein Name war ein Bestandteil des ägyptischen Herrschertitels: Pha-ra-o.

Eine Erklärung für diesen Widerspruch zwischen den Ähnlichkeiten und den gravierenden Unterschieden wäre die Annahme einer bewussten Bearbeitung des Textes: Die ursprünglich mythologische Erzählung wurde schrittweise »entgöttert«[184], das heißt, die mythischen Bestandteile der Erzählung wurden von den Juden im babylonischen Exil entfernt, um den Text zu einem Protest gegen den Götzendienst der Babylonier zu machen. Kenneth Kitchen widerspricht dieser Hypothese jedoch: »Die allgemeine Annahme, dass die hebräische Erzählung einfach eine gereinigte und vereinfachte Version der babylonischen Legende sei (was ebenfalls den Flutgeschichten zugeschrieben wird), ist eine Täuschung; im Alten Orient ist es die Regel, dass einfache Geschichten und Überlieferungen (durch Hinzufügen und erdichtete Ausschmückung) den Anstoß zu kunstvollen Legenden geben können, nicht aber viceversa. Im Orient wurden Legenden nicht – was für die frühe Genesis angenommen worden ist – vereinfacht oder zu einer Pseudo-Historie umgeformt.«[185]

Abgesehen davon ist es allein schon deswegen unwahrscheinlich, dass mythologische Elemente aus dem Text eliminiert wurden, weil es einfach keinen Grund dafür gab. Der Schöpfungsbericht wurde von jemandem geschrieben, der von vornherein nicht an eine Vielzahl von Göttern glaubte.

Auch Allan Millard, Professor für semitische Sprachen, lehnt die Hypothese ab, dass der mosaische Schöpfungsbericht das Ergebnis einer Umgestaltung älterer Mythen sei. Er entdeckte und entzifferte einen Großteil eines babylonischen Sintflut-Epos – die Steintafel, auf der die Geschichte eingemeißelt war, hatte vergessen in einem Schubkasten im British Museum gelegen. Millard schreibt: »Es muss noch bewiesen werden, dass irgendeine Form von Entlehnung stattgefunden hat, selbst eine indirekte (…). Alle, die vermuten oder behaupten, dass die Hebräer etwas von anderen übernommen haben, müssen zwangsläufig zugeben, dass das Ausmaß der Revision, Veränderung und Umdichtung durch keinen einzigen ähnlichen Fall bestätigt werden kann. So etwas findet man weder in altorientalischen Werken noch in anderen hebräischen Schriften.«[186]

Im Blick auf die Parallelen zwischen 1. Mose 1–11 und dem reichhaltigen, literarischen Fundus aus dem antiken Nahen Osten bringt Kenneth Kitchen einen weiteren Gesichtspunkt ins Spiel: Zwar ist überall von Schöpfung und Sintflut[187] die Rede, aber es gibt trotzdem keine direkte Verbindung zwischen dem Schöpfungsbericht und ähnlichen Erzählungen: »Trotz der wiederholten Feststellungen älterer Bibelwissenschaftler stehen Enūma Eliš und Gen 1–2 in keiner direkten Beziehung. So ist etwa das Wort tehom/thm (...) sowohl im Hebräischen als auch im Ugaritischen bekannt und bedeutet nichts weiter als ›Tiefe, Abgrund‹. Es handelt sich also nicht um eine Gottheit, wie etwa Ti'amat, eine Göttin aus Enūma Eliš.«[188] An einer anderen Stelle schreibt Kitchen: »Alle früheren Versuche, eine direkte Verwandtschaft zwischen der Genesis und babylonischen Epen wie Enūma Eliš zu belegen, mussten aufgegeben werden. Es gibt keine nachweisliche Verbindung und die Werke unterscheiden sich deutlich in Inhalt, Ziel, Theologie und Sprache.«[189]

Damit ist die Frage der Datierung jedoch noch nicht geklärt. Laut Kitchen gibt es mehrere Beweisstränge, die alle nahelegen, dass der biblische Schöpfungsbericht älter ist als vergleichbare babylonische Epen:

1. Das Konzept einer Sprachverwirrung, wie sie in 1. Mose 11 erwähnt wird, ist sehr alt. In sumerischen Aufzeichnungen aus den Jahrhunderten 1800/1900 v.Chr. wird das Thema im Kontext eines Herrschaftsberichts über einen König aus dem Jahr 2600 v.Chr. ebenfalls beschrieben.

2. 1. Mose 1–11 ist von einer Erzählstruktur geprägt, die typisch für Texte vor 1600 v.Chr. ist. Nach 1600 v.Chr. finden sich keine Texte mit diesen Eigenschaften mehr.

3. Um 1700 v.Chr. hatte sich der Gebrauch von Keilschrift schon bis nach Hazor in Kanaan und selbst bis nach Hebron ausgebreitet. Daher ist es gut möglich, dass der Schöpfungsbericht schon zu diesem Zeitpunkt verfasst worden war.

Kitchen fasst die Hinweise folgendermaßen zusammen:

> So gibt es keinen Grund, dass nicht auch der Grundstock von Gen 1–11 in dieser Zeit Richtung Westen wanderte. Die schriftliche Form in frühhebräischer Sprache kann durchaus später und auch unabhängig davon entstanden sein. Die Traditionen der Patriarchen würden dann in Ägypten (als Familientradition) bis ins 14./13. Jh. weitergegeben worden sein und wahrscheinlich erst zu dieser Zeit aufgeschrieben und dann bis in die monarchische Zeit und darüber hinaus überliefert worden sein. (...) Diese Traditionen sind damit Teil der frühesten Schichten hebräischer Überlieferung und entsprechen dem, was auch die mesopotamischen Traditionen in ihrer jeweiligen Kultur überliefern.

Hinsichtlich biblischer Aufzeichnungen zur Schöpfung, die tatsächlich zu einem späteren Zeitpunkt geschrieben worden sind, schreibt er:

> Innerhalb der Bibel steht die Erzählung von Gen 1–11 in deutlichem Kontrast zu dem einzigen anderen umfangreichen he-

bräischen Text über die ersten Anfänge, nämlich dem des unzweifelhaft nachexilischen Chronisten (ca. 430 v.Chr.) (...) Es ist bezeichnend, dass er keine jüngere Version von Schöpfung, Fall, Flut usw., sondern gleich zu Beginn lediglich eine genealogische Zusammenfassung der Geschichte von Adam bis Abraham (1. Chronik 1,1-28) bietet! Die Erzählweise hatte sich - wie vieles andere in der Antike - in der Zeit vom 19. bis ins 5. Jh. deutlich geändert.[190]

Spätestens jetzt sollte ein aufmerksamer Leser fragen, warum die Frage nach dem Zeitpunkt der Abfassung des 1. Buchs Mose überhaupt wichtig ist – schließlich war das polytheistische Weltbild zu Moses Zeiten nicht viel anders als das zur Zeit des jüdischen Exils in Babylon. Es ist aus folgendem Grund wichtig: Wenn man sich hauptsächlich auf die Frage des Konflikts mit dem Vielgötterglauben der Zeit (die im Text nicht ausdrücklich angesprochen wird) konzentriert, schenkt man der Frage nach dem Ursprung des Universums (die im Text ausdrücklich angesprochen wird) unter Umständen weniger Aufmerksamkeit. Damit läuft man Gefahr, den Text nur auf eine theologische und kulturelle Ebene zu beschränken. Das sind Eigenschaften, die dem Schöpfungsbericht oft zugeschrieben werden, als ob er keinerlei historische oder wissenschaftliche Bedeutung hätte – oder, schlimmer noch, als ob der historisch-wissenschaftliche und der theologisch-kulturelle Aspekt sich gegenseitig ausschließen würden. Es ist jedoch durchaus möglich, dass ein Text uns sowohl objektiv Fakten vermittelt als auch eine theologische Zwecksetzung hat. Genau dies ist beim Schöpfungsbericht der Fall. In den Worten von C. John Collins ausgedrückt: »Das 1. Buch Mose bietet uns die wahre Geschichte der Vergangenheit des Menschen.«[191]

Anhang B – Der Anfang des Universums, wie ihn Bibel und Wissenschaft darstellen

Zum größten Teil beschäftigt sich die Bibel mit Dingen, die wesentlich wichtiger als die Wissenschaft sind – wie etwa der Grund für die Existenz des Menschen. Dieses Thema ist grundsätzlich unabhängig von der Frage nach den Gesetzen und Mechanismen des Universums. Es gibt aber einige nicht unwichtige Schnittpunkte. Der vielleicht wichtigste Schnittpunkt ist die Tatsache, dass sowohl Bibel als auch Wissenschaft davon ausgehen, dass das Universum an einem feststehenden Zeitpunkt seinen Anfang genommen hat. Im Gegensatz zur Wissenschaft, die erst kürzlich überhaupt auf diese Idee gekommen ist, hält die Bibel schon seit Jahrtausenden an dieser Überzeugung fest. Aristoteles' Ansicht, dass das Universum ewig sei, hatte das wissenschaftliche Denken ohne nennenswerte Herausforderung jahrhundertelang dominiert.

Als ich das Thema einmal mit Richard Dawkins diskutierte, war er nicht sonderlich beeindruckt von meiner Bemerkung, dass die Bibel recht hat, wenn sie sagt, das Universum habe einen Anfang. Er meinte dazu nur, dass es im Grunde eine fünfzigprozentige Chance gewesen sei: Entweder es gibt einen Anfang oder es gibt keinen. Damit sei es keine große Sache, dass die Bibel an diesem Punkt recht hat. Es ist aber sehr wohl eine große Sache. Als die Indizien dafür, dass das Universum nicht ewig ist, sich zu verdichten begannen, wehrten sich einige Wissenschaftler vehement gegen diese Entwicklung. Sie waren besorgt, dass diese Erkenntnis die Argumente für eine Schöpfung bestärken würden.[192] Das war keine Frage des richtigen Ratens. Diejenigen, die sich gegen den wissenschaftlichen Fortschritt wehrten, weil sie befürchteten, er unterstütze die biblische Weltsicht, konnten sich nicht durchsetzen, weil die wissenschaftliche Beweislage für einen Anfang des Universums zu eindeutig war.

»Am Anfang schuf Gott den Himmel und die Erde.« Wie oft wurde diese großartige Eröffnung der Bibel schon unter die Lupe genommen. Die Tatsache, dass das Wort »Anfang« im Hebräischen keinen bestimmten Artikel hat, scheint den Anfang des Universums für einige noch geheimnisvoller zu machen. Leon Kass schreibt zum Beispiel: »Auch in diesem Punkt kann die moderne Kosmologie nur zustimmen: ›Was war vor dem Urknall?‹ Das weiß wohl nur Gott. Trotz all unseres Wissens kann die absolute Rätselhaftigkeit des Anfangs und seiner Ursache nicht aufgelöst werden.«[193] C. John Collins hingegen sagt dazu: »Der Artikel fehlt, weil das Wort in sich schon bestimmt ist.«[194] Aus der Perspektive der Physik ist die Frage nach »vor dem Urknall« natürlich bedeutungslos, wenn Gott die Zeit gemeinsam mit dem Raum erschuf – die Raumzeit.

Nehmen wir einmal einen wissenschaftlichen Bericht zum Anfang des Universums, unnachahmlich beschrieben von Bill Bryson:

> Und so, aus dem Nichts, nimmt unser Universum seinen Anfang.
>
> In einem einzigen blendenden Stoß, in einem Augenblick der Prachtentfaltung, der für jede Beschreibung mit Worten viel zu schnell und umfangreich ist, nimmt die Singularität himmlische Dimensionen an und wird zu einem unvorstellbar großen Raum. In der ersten, lebhaften Sekunde (und viele Kosmologen widmen ihre gesamte Berufslaufbahn dem Versuch, diese Sekunde in noch dünnere Scheiben zu zerlegen) entstehen die Schwerkraft und die anderen beherrschenden Kräfte der Physik. Nach noch nicht einmal einer Minute hat das Universum einen Durchmesser von weit mehr als einer Million Milliarden Kilometern, und es wächst schnell. Wärme ist jetzt reichlich vorhanden, zehn Milliarden Grad, genug, damit die Kernreaktionen beginnen und leichte Elemente entstehen lassen – im Wesentlichen Wasserstoff und Helium mit einem Schuss (ungefähr einem unter hundert Millionen Atomen) Lithium. Nach drei Minuten sind 98 Prozent aller Materie entstanden, die existiert oder jemals existieren wird. Wir haben ein Universum. Es ist ein Ort der erstaunlichsten und lohnendsten Möglichkeiten, und wunderschön ist es auch. Und alles ist ungefähr in der Zeit geschehen, die man zur Zubereitung eines Sandwichs braucht.[195]

Die Geschichte geht noch weiter. Lassen wir den Physiker Sir John Houghton[196] hier zu Wort kommen:

> Das Universum braucht etwa eine Million Jahre, um auf eine Temperatur abzukühlen, die es Elektronen ermöglicht, sich an Atomkerne zu binden, damit Atome entstehen können. (...) Stellen wir uns nun einen Raum vor, der eine höhere Dichte hat als seine Umgebung. Dank der Gravitationskraft wird dieser Raum mehr Masse anziehen. (...) Im Laufe mehrerer Millionen Jahre werden sich diese hoch verdichteten »Kleckse« zu Sternen entwickeln und Ansammlungen von Sternen werden sich zu Galaxien entwickeln (...). Noch extremere Bedingungen entstehen, wenn Sterne gegen Ende ihrer Lebenszeit explodieren; ein Ereignis, das als Supernova beschrieben wird. (...) Innerhalb dieser gigantischen Explosion entstehen Schwermetalle wie Platin, Gold, Uran und eine Menge anderer Elemente.
>
> Das explodierte Material enthält (...) alle 92 natürlich auftretenden Elemente des Periodensystems. Diese wiederum vermengen sich mit gasförmigem Wasserstoff und Helium aus dem interstellaren Zwischenraum. So fängt der Evolutionsprozess eines Sterns von Neuem an. Ein Stern der zweiten Generation wird geboren. (...) Wir glauben, dass unsere Sonne so ein Stern ist. Um unsere Sonne herum haben sich Planeten gebildet, wahrscheinlich indem Gas-und-Staub-Wolken, die die junge Sonne umgaben, nach und nach zu einer Anzahl dichterer Objekte zusammenschmolzen. Die Erde wurde vor 4,5 Milliarden Jahren geboren. Ihre chemische Zusammensetzung und ihre atmosphärischen Bedingungen ermöglichten die Entwicklung von Leben.[197]

Houghton schlussfolgert aus dieser Beschreibung:

> Man kann sagen, dass das gesamte Universum dazu nötig ist, damit der Mensch existieren kann. Es muss alt genug (und damit auch groß genug) dafür sein, dass eine Generation von Sternen entstehen und sterben konnte, um die schweren Elemente zu produzieren. Es ist auch ein gewisses Alter nötig, damit ein Stern

> der zweiten Generation (wie unsere Sonne) und das Planetensystem entstehen konnten. Zuletzt müssen auch noch die Bedingungen auf der Erde passen, damit Leben entstehen, überleben und sich ausbreiten kann (...) Aber das ist noch nicht alles. Nach unserem derzeitigen Verständnis war eine unglaublich präzise Feinabstimmung[198] nötig, damit das Universum sich richtig entwickeln kann – Abstimmungsaspekte wie die Grundstruktur und die Bedingungen zum Zeitpunkt des Urknalls.[199]

Einige Leute stoßen sich an der Idee eines Urknalls, weil sie sich von Richard Dawkins haben beeinflussen lassen, der darauf besteht, dass man sich zwischen Gott und Wissenschaft entscheiden müsse. Das sind jedoch falsche Alternativen. Das ist in etwa so, als ob man dazu gezwungen wird, sich zwischen Henry Ford und der Fließband-Fertigungsstrecke in einer Autofabrik zu entscheiden, wenn man erklären möchte, wie der Ford Galaxy entstanden ist.[200]

Tatsache ist, dass beide Erklärungen notwendig sind, um die Entstehung des Universums zu erläutern. Sie widersprechen sich nicht, sondern ergänzen sich. Henry Ford ist derjenige, der das Auto entworfen hat; die Fertigungsstrecke ist der Mechanismus, der für die Konstruktion des Autos zuständig ist. Ebenso müssen wir uns nicht zwischen Gott und Urknall entscheiden. Es sind zwei Erklärungen mit unterschiedlichen Schwerpunkten: Beim einen geht es um die Tatsache, dass Gott der Handelnde ist, beim anderen um Mechanismen und Gesetze. Es ist erwähnenswert, dass der belgische Jesuit und Kosmologe Georges Lemaître, der als Erster die These vom Beginn des Universums in einem »Urknall« vorschlug, ebenfalls nicht die Notwendigkeit sah, zwischen Wissenschaft und Glaube entscheiden zu müssen.[201]

Außerdem ist der Begriff »Urknall« letztendlich vor allem ein Etikett, das von Sir Fred Hoyle auf ein (faszinierendes) Mysterium geklebt wurde – er selbst glaubte übrigens nicht an den Urknall. Wissenschaftler benutzen das Urknall-Modell, um damit ihren »Glauben« an den Anfang des Universums – oder, besser gesagt, der Raumzeit – auszudrücken. Der Physiker Arno Penzias erhielt einst einen Nobelpreis für seine Entdeckung der kurz nach dem Urknall entstandenen kosmischen Mikrowellenstrahlung. Er schreibt zum Thema Urknall: »Unsere besten Daten (…) entsprechen genau dem, was ich vorhergesagt hätte, wenn ich nur die fünf Bücher Mose, die Psalmen und die Bibel als Ganzes gehabt hätte. Deswegen könnte man das kosmologische Standardmodell, das von Physikern und Kosmologen entwickelt wurde, als eine wissenschaftliche Ausarbeitung der biblischen Aussage ›Am Anfang schuf Gott den Himmel und die Erde‹ und aller mit ihr verbundenen Konsequenzen ansehen.«[202] Für mich hat es eine gewisse Ironie, dass das Standardmodell der Kosmologie nicht nur die biblische Behauptung belegt, dass es einen Anfang gab, sondern gleichzeitig auch impliziert, dass das Universum enorm alt ist.

Wenn wir bedenken, was in Römer 1,19-20 steht, sollte uns dieser wissenschaftliche Beleg nicht überraschen – im Gegenteil, wir sollten mit so etwas rechnen. Gott hat seinen Fingerabdruck in der Schöpfung hinterlassen. »Natürliche Theologie« ist damit ein berechtigtes Unterfangen. Um das deutlich zu machen, habe ich die derzeitige Annäherung von dem, was Wissenschaft und Bibel über den Anfang der Raumzeit sagen, angesprochen.

Anhang C – Zwei verschiedene Schöpfungsberichte?

Oft wird der Schöpfungsbericht aus 1. Mose 2 als Argument gegen den chronologischen Ablauf in 1. Mose 1 ins Feld geführt. Es wird immer wieder auf Diskrepanzen hingewiesen wie etwa die Tatsache, dass Kapitel 1 die Schöpfung der Pflanzenwelt vor der Erschaffung des Menschen beschreibt, während es in Kapitel 2 genau umgekehrt zu sein scheint.

> An dem Tag, als Gott, der HERR, Erde und Himmel machte – noch war all das Gesträuch des Feldes nicht auf der Erde, und noch war all das Kraut des Feldes nicht gesprosst, denn Gott, der HERR, hatte es noch nicht auf die Erde regnen lassen, und noch gab es keinen Menschen, den Erdboden zu bebauen; ein Dunst aber stieg von der Erde auf und bewässerte die ganze Oberfläche des Erdbodens –, da bildete Gott, der HERR, den Menschen aus Staub vom Erdboden und hauchte in seine Nase Atem des Lebens; so wurde der Mensch eine lebende Seele. Und Gott, der HERR, pflanzte einen Garten in Eden im Osten, und er setzte dorthin den Menschen, den er gebildet hatte. Und Gott, der HERR, ließ aus dem Erdboden allerlei Bäume wachsen, begehrenswert anzusehen und gut zur Nahrung, und den Baum des Lebens in der Mitte des Gartens, und den Baum der Erkenntnis des Guten und Bösen. (1. Mose 2,4b-9; ELB)

Laut C. John Collins übersetzt man das hebräische Wort eretz hier am sinnvollsten mit »Land« statt mit »Erde«, da das Fehlen der Vegetation hier nicht darauf zurückgeführt wird, dass sie noch nicht geschaffen wurde, sondern darauf, dass es noch nicht geregnet hatte. Daraus folgert Collins, dass dieses Szenario die Erfahrungswelt des ursprünglichen Lesers widerspiegelt: Sie kennt »ein Land, in dem es im Winter regnet, aber so gut wie gar nicht im Sommer. Diese Witterungsbedingungen sorgen dafür, dass der Boden am Ende des Sommers staubtrocken und braun ist. Erst der einsetzende Regen ermöglicht es, dass Pflanzen wachsen können. Die einzige Möglichkeit, sich gegen diesen Kreislauf zu wehren, liegt darin, den Boden zu bearbeiten – in diesem Fall heißt das, ein Bewässerungssystem anzulegen.«[203]

Mit anderen Worten: Collins behauptet, dass der Bericht aus 1. Mose 2 nichts mit der ursprünglichen Schöpfung pflanzlichen Lebens am dritten Tag zu tun hat. Stattdessen sagt er, dass Gott zu einem ganz bestimmten Zeitpunkt im Jahreskreis an einem ganz bestimmten Ort, bevor die Pflanzen begonnen hatten zu wachsen, den Menschen schuf.[204] Diese Interpretation geht klar davon aus, dass der Kreislauf der Natur schon lange bestehen muss, um überhaupt relevant für dieses Ereignis zu sein. Wenn man das mit den Ereignissen des sechsten Tages in Einklang bringen möchte, muss man laut Collins zu dem Schluss kommen, dass die Tage aus 1. Mose 1 entweder keine gewöhnlichen Tage sind oder dass es zeitliche Abstände zwischen ihnen gibt. Collins bevorzugt die erste der beiden Optionen und erklärt, dass er die Tage als Gottes Arbeitstage versteht. Damit spielte die Länge der Tage keine Rolle. Obwohl ich in Kapitel 3 einige Argumente für die zweite Option bzw. Varianten dieser Option zusammengetragen habe, ist der effektive Unterschied zwischen den beiden Möglichkeiten klein. Hier möchte ich hervorheben, dass der Text Folgendes aussagt: »Dies ist die Entstehungsgeschichte des Himmels und der Erde [aretz], als sie geschaffen wurden. An dem Tag, als der HERR, Gott, Erde [aretz] und Himmel machte – noch war all das Gesträuch des Feldes nicht auf der Erde [aretz] …« Der Begriff aretz kann natürlich »Land« oder »Boden« bedeuten, aber wenn wir der Interpretation von Collins folgen, müssen wir davon ausgehen, dass ein und dasselbe hebräische Wort, das dreimal hintereinander im selben Satz verwendet wird, beim dritten Auftauchen eine andere Bedeutung hat als beim ersten und zweiten Mal, und dass die ursprünglichen Leser das auch sofort verstehen konnten. Bei vorhergehenden unterschiedlichen Verwendungen von aretz in 1. Mose 1 (Himmel und Erde, und die Bezeichnung des trockenen Landes als Erde) wird jeweils angedeutet, dass es hier um eine neue Verwendung des Begriffs geht, aber in 1. Mose 2 bietet der Kontext keine solchen Hinweise.

Ein anderer Interpretationsvorschlag sieht den ersten Bericht als eine hauptsächlich chronologische Aufzählung an, während der zweite

Bericht vorwiegend logisch aufgebaut ist. Es passiert uns ja auch im alltäglichen Sprachgebrauch, dass wir den logischen und den zeitlichen Ablauf unbewusst miteinander verbinden. Jim hat ein Auto gekauft. Er ist damit nach Hause gefahren. Du fragst ihn, wo er es denn abstellt. Nun, er hat eine Garage gebaut, wo er das Auto abstellen kann. Hat er die Garage gebaut, als er mit dem Auto nach Hause gekommen ist? Nein, die Garage war schon da. Das wäre deutlicher gewesen, wenn man anstelle des Perfekts »Er hat gebaut« das Plusquamperfekt »Er hatte gebaut« benutzt hätte.

Das Hebräische hat jedoch keine eigene Zeitform, die mit dem Plusquamperfekt vergleichbar wäre. Das führt dazu, dass der zeitliche Ablauf nicht immer sofort klar erkennbar ist. Manche behaupten deswegen, dass der Ablauf der Ereignisse aus 1. Mose 2,5-9 nur dem Ablauf in 1. Mose 1 widerspricht, wenn man davon ausgeht, dass beide die gleiche Form haben. Wenn der erste Bericht nun aber überwiegend chronologisch strukturiert ist und den Ablauf der Schöpfung von Anfang bis Ende beschreibt, während der zweite den Menschen in den Vordergrund stellt und logisch strukturiert ist, lässt sich dieser Konflikt lösen. Dies wird nicht in allen Bibelübersetzungen klar.[205]

Im Hebräischen gibt es jedoch Wege, das Plusquamperfekt auszudrücken. Das könnte dabei helfen, einen weiteren chronologischen Konflikt zwischen 1. Mose 1 und 2 zu lösen. In einigen Übersetzungen von 1. Mose 2,19 gewinnt man den Eindruck, dass das Tier erst nach dem Menschen erschaffen wurde: »Und Gott, der Herr, formte aus Erde alle Arten von Tieren und Vögeln. Er brachte sie zu Adam, um zu sehen, welche Namen er ihnen geben würde« (1. Mose 2,19). Collins spricht sich dafür aus, dass das hebräische Verb mit »hatte (...) geformt« übersetzt werden sollte, womit der Konflikt vermieden wäre.[206] In der Septuaginta wird diese Unterscheidung allerdings nicht gemacht, obwohl es im Griechischen eine Zeitform gibt, die dem Plusquamperfekt entspricht.

Anhang D – Theistische Evolution und der »Lückenbüßergott«

Nach 1. Mose 1 sind die einzelnen Schöpfungsakte mit dem siebten Tag, an dem Gott sich ausruhte, zum Ende gekommen. Das Schöpfungswerk war vollbracht. Das scheint darauf hinzudeuten, dass keiner der Prozesse, die während der Schöpfung abliefen, noch aktiv ist oder wieder stattfinden würde. Dies hat Konsequenzen für eine der wichtigsten Annahmen der Naturwissenschaft – die Idee der Gleichförmigkeit der Natur. Die Idee hinter diesem Prinzip ist, dass die Gegenwart der Schlüssel zur Vergangenheit ist – jedenfalls bis zum Bruchteil einer Sekunde nach dem Anfang.

Anders gesagt: Das 1. Buch Mose scheint darauf hinzuweisen, dass Natur und Naturgesetze nicht immer absolut gleichförmig waren. Das bedeutet jedoch nicht, dass die Idee einer *weitgehenden* Gleichförmigkeit im 1. Buch Mose abgelehnt wird. Tatsächlich ist es doch so, dass die Existenz des Sabbats darauf hinweist, dass Gott nach Beendigung der Schöpfung das Universum aufrechterhält. Es ist abhängig davon, dass Gott es in seiner Vorsehung[207] erhält. Für uns bedeutet das, dass wir uns auf die Ordnung der Natur verlassen können, die Gott am Anfang in seine Schöpfung eingebaut hat. Jesus selbst macht diesen Punkt in einer seiner Aussagen deutlich: »Denn er lässt die Sonne für Böse und Gute aufgehen und sendet Regen für die Gerechten wie für die Ungerechten« (Matthäus 5,45). Aus diesem Grund sollte man den christlichen Glauben nicht mit Deismus gleichsetzen. Ein deistisches Glaubenssystem geht davon aus, dass Gott die Initialzündung für die Entstehung des Universums gegeben hat, sich dann aber zurückzog und nun nicht mehr in seine Schöpfung eingreift. Andererseits umfasst Gottes Erhalten des Universums nicht das gesamte Ausmaß von dem, was die Bibel als Schöpfung beschreibt – wie das Konzept des Sabbats nahelegt.

Im Neuen Testament werden diese beiden göttlichen Rollen als Schöpfer und Bewahrer des Universums bestätigt. Paulus schreibt beide Aufgabenbereiche Christus zu: »Durch ihn hat Gott alles erschaffen (...) und er hält die ganze Schöpfung zusammen« (Kolosser 1,16.17). Ähnliches wird auch im Hebräerbrief über Jesus gesagt: »Durch ihn hat er das ganze Universum und alles, was darin ist, geschaffen (...) Er erhält das Universum durch die Macht seines Wortes« (Hebräer 1,2.3).

Dem 1. Buch Mose zufolge bestand die Schöpfung nicht aus einer, sondern aus mehreren eigenständigen Schöpfungshandlungen[208], nach deren Vollendung Gott ruhte. Das deutet zweifellos darauf hin, dass diese Handlungen auch Prozesse einschlossen, die heute nicht mehr stattfinden. Was aus göttlicher Perspektive ein übernatürlicher Schöpfungsprozess ist, würde jedoch von »unten«, aus wissenschaftlicher Perspektive, wie ein Unstetigkeits- oder der Singularitätsmoment wirken. Für die meisten Wissenschaftler ist dieser Gedanke ungenießbar, vor allem aber für Biologen – besonders, aber nicht ausschließlich, wenn sie Atheisten sind. Der Physiker Paul Davies, den ich schon in Kapitel 5 erwähnt hatte[209], schreibt:

> Den Ursprung des Lebens einem göttlichen Wunder zuzuschreiben, ist nicht nur ein rotes Tuch für Wissenschaftler, sondern auch aus theologischer Perspektive suspekt. Der Begriff »Lückenbüßergott« wurde deswegen erfunden, um die Ansicht bloßzustellen, dass man Gott immer als Erklärung heranziehen kann, wenn Wissenschaftler eine Lücke in ihrem Wissen haben. Das Problem mit dieser Geisteshaltung ist, dass sich diese Lücken schließen, je mehr die Wissenschaft voranschreitet – womit Gott zunehmend aus der Entwicklungsgeschichte der Natur ausgeschlossen wird. Theologen haben schon vor langer Zeit festgestellt, dass sie dazu verdammt sind, eine Rückzugsschlacht nach der anderen zu schlagen, wenn sie die Wissenschaft auf ihrem eigenen Gebiet herausfordern wollen. Wer die Entstehung von Leben als Gottesbeweis anführt, riskiert, dass sein Argument in dem Moment in sich zusammenfällt, in dem es jemand schafft, Leben in einem Reagenzglas zu erzeugen[210]. Darüber hinaus gibt die Vorstellung, dass Gott hier und da in spontanen Anfällen ein paar Atome durch die Gegend schiebt, um sich mit

> den Naturgesetzen zu messen, kein besonders inspirierendes Bild vom »großen Architekten« ab.[211]

Viele Wissenschaftler, die an Gott glauben, sind ähnlicher Meinung. Die Idee eines Gottes, der sich einmischt, oder weniger abschätzig, der von Zeit zu Zeit eingreift, ist eine Art Semideismus und Gottes unwürdig. Ihrer Meinung nach funktioniert die Natur aus sich heraus – in dem Sinne, dass das Leben eine Konsequenz der von Gott gegebenen Naturgesetze ist, ein Ergebnis des Potenzials, das Gott am Anfang in die Materie hineingelegt hat. Ein besonderes Eingreifen seinerseits ist nicht notwendig. Sie sagen, dass solch ein Konzept einer theistischen Evolution[212] Gott sicherlich würdiger ist als die Vorstellung, dass Gott eine Million unterschiedlicher, übernatürlicher Schöpfungsakte geleistet hat, um die atemberaubende Vielfalt von Spezies zu erschaffen. Es gibt Leute, die dieser Meinung sind, obwohl der Schöpfungsbericht (und das vorliegende Buch) an keiner Stelle sagt, dass es eine Million unterschiedlicher Schöpfungsakte gab. Man sollte sich bewusst machen, dass die Aussage »Und Gott sprach ...« nicht oft vorkommt.[213]

Das bringt uns zu der Frage, wie die frühe Schöpfungsgeschichte nach Darwin interpretiert wurde. Rabbi Jonathan Sacks sagt, dass jüdische Ausleger dazu neigen, sich mit der Idee der Evolution anzufreunden:

> Die Vorstellung, die Evolution zeige, dass das Leben durch Zufall entstanden ist, beeindruckt den religiösen Geist nicht; denn dieser weiß aus vielen biblischen Beispielen, dass das, was zufällig erscheint, in Wirklichkeit Vorsehung ist. Das Buch Ester ist, ebenso wie die Geschichte von Josef, eine Geschichte der Vorsehung, in der alles zur richtigen Zeit und auf die richtige Weise geschieht, um das vorbestimmte Ende herbeizuführen – dabei taucht das Wort »Gott« nirgends in dem Buch auf, und das Fest, das aus ihm hervorging, Purim, bedeutet »Los« oder »Schicksal«. Im Allgemeinen wird das, was durch die Augen der Menschen betrachtet als Zufall erscheint, mit den Augen des Glaubens als göttlich gewollt angesehen. »Im Gewandbausch schüttelt man das Los, aber all seine Entscheidung kommt vom HERRN (Sprüche 16,33, ELB).[214]

Sacks zitiert den Rabbiner J. H. Hertz (1872–1946 n.Chr.), der sagt: »›Es gibt nichts grundlegend Unjüdisches an der evolutionären Vorstellung von der Entstehung und dem Wachstum der Existenzformen, vom Einfachen zum Komplexen und vom Niedrigsten zum Höchsten‹, vorausgesetzt, wir erkennen an, dass ›jede Stufe kein Zufallsprodukt ist, sondern ein Akt des göttlichen Willens, der das göttliche Ziel verwirklicht und das Siegel der göttlichen Zustimmung erhält‹.«[215]

Diese Ansicht wird heute von dem bedeutenden Biologen und Christen Francis Collins vertreten, dem Direktor des National Institutes of Health (Nationales Gesundheitsinstitut) in den USA und Träger des Templeton-Preises 2020, der sagt: »Die Evolution könnte uns als vom Zufall getrieben erscheinen, aber aus Gottes Sicht wäre das Ergebnis bereits festgelegt. So könnte Gott an der Schöpfung aller Arten vollständig und ganz nah beteiligt sein, während dies aus unserer Perspektive, die durch die Tyrannei der linearen Zeit begrenzt ist, als zufälliger und ungerichteter Prozess erscheint.«[216]

Asa Gray, der als wichtigster amerikanischer Botaniker des neunzehnten Jahrhunderts gilt und Charles Darwins wichtigster Unterstützer auf dem Kontinent war, vertrat die theistische Evolution. Gray war Christ, ebenso wie Theodosius Dobzhansky (1900–1975 n.Chr.), ein ukrainisch-amerikanischer Genetiker, der als einer der wichtigsten Architekten der Evolutionstheorie gilt. 1996 ebnete Papst Johannes Paul II. den Weg für die Anerkennung der Evolution durch die römisch-katholische Kirche, als er vor der Päpstlichen Akademie der Wissenschaften in Rom verkündete: »Heute … geben neue Erkenntnisse dazu Anlaß, in der Evolutionstheorie mehr als eine Hypothese zu sehen.« Er fügte jedoch vorsichtig hinzu: »Der menschliche Körper hat seinen Ursprung in der belebten Materie, die vor ihm existiert. Die Geistseele hingegen ist unmittelbar von Gott geschaffen.«[217]

Francis Collins beschreibt die theistische Evolution, so wie er sie versteht:

> Als ich entdeckte, in welcher Form alle Lebewesen zusammenhängen, erfüllte mich das mit Ehrfurcht. Für mich waren diese

> beeindruckenden Beobachtungen ein Zeichen dafür, dass das alles ein Teil im Gesamtkonzept des Allmächtigen ist – desselben Gottes, der die Entwicklung des Universums anstieß und alle physikalischen Parameter genau so festlegte, dass Sterne, Planeten, Elemente und das Leben selbst entstehen konnten. Ohne damals einen Namen dafür zu haben, nahm ich diese Vorstellung, die man inzwischen allgemein »theistische Evolution« nennt, gern für mich an. Diese Idee empfinde ich auch heute noch als höchst zufriedenstellend.[218]

Collins führt diesen Gedanken noch fort:

> Gott ist nicht an Raum und Zeit gebunden. Er schuf das Universum und legte die Naturgesetze fest. Um sein ansonsten unbelebtes Universum mit Lebewesen zu füllen, benutzte Gott einen eleganten Mechanismus: die Evolution. Im Rahmen dieses Prozesses entstehen Mikroorganismen, Pflanzen und alle möglichen Tierarten. Am beeindruckendsten ist dabei aber, dass er denselben Mechanismus benutzt, um ein besonderes Wesen entstehen zu lassen. Es sollte intelligent sein, zwischen Richtig und Falsch unterscheiden können und vom Wunsch erfüllt sein, Gott wertzuschätzen.[219]

An einem bestimmten Punkt in der Geschichte überträgt Gott dann sein Ebenbild auf diese aus der Evolution entstandenen Kreatur, erklärt Collins weiter. Und damit begann die Existenz der menschlichen Art »nach dem Ebenbild Gottes«.[220]

Damit scheinen dies die Hauptaussagen dieser Form der theistischen Evolution zu sein:

1. Gott verursacht die Entstehung des Universums.
2. Gott legt die Gesetze der Physik fest und nimmt die Feinabstimmung der Anfangsbedingungen vor.
3. Gott erhält das Universum.
4. Das Universum entwickelt sich weiter und Leben entsteht, ohne dass Gott noch einmal einen besonderen, übernatürlichen Eingriff vornimmt – bis zu dem Punkt, an dem er den Menschen erschafft.

5. An einem bestimmten Punkt überträgt Gott sein Ebenbild auf ein menschenartiges Lebewesen (einen Hominiden), das aus einem abgestuften Evolutionsprozess entstanden ist.[221]

Es gibt noch andere Versionen der theistischen Evolution. Manche lehnen Punkt 5 ab und sagen stattdessen, dass der Mensch schon mit Punkt 4 entstanden sei. Ein anderes Beispiel ist der Biochemiker Michael Behe, der auch die These des Intelligent Designs vertritt. Er akzeptiert die ersten drei, nicht aber den vierten Punkt. Er glaubt, dass Evolution (im Darwin'schen Sinne) stattgefunden hat, aber dass sie »beaufsichtigt« wurde. Seiner Argumentation zufolge ist das Ausmaß der natürlichen Auslese und der zufälligen Mutation relativ begrenzt. Es gibt eine Begrenzung der Fähigkeiten evolutionärer Variationen, die nur dann überschritten werden kann, wenn Mutationen verursacht werden, die nicht zufällig sind. Mit anderen Worten: Behe sagt, dass zusätzliche Information eingegeben werden musste und dass ein »Konstrukteur«[222] diese Mutationen beeinflusst hat. So gesehen muss Gott an mehreren Stellen während des Evolutionsprozesses Atome durch die Gegend geschoben haben. Allerdings glauben Behe und andere Vertreter der Intelligent-Design-These nicht, dass dieser »Konstrukteur« nur dort aktiv wird, wo es Lücken in der Kausalkette der Entwicklung gibt. Ihm geht es darum, dass wir nur an diesen Punkten beweisen können, dass es einen Konstrukteur gibt. Er glaubt nicht, dass Gott nur in den Lücken aktiv ist.

Auch die von C.S. Lewis und Francis Collins bevorzugte Version der theistischen Evolution verlangt danach, dass Atome umdirigiert werden. Mit dem, was wir über die Funktion des Gehirns wissen, ist es nur schwer vorstellbar, dass Gott sein Ebenbild auf ein bereits existierendes Wesen übertragen hat, ohne dabei grundlegende Eingriffe am Nervensystem des Gehirns vorzunehmen. So ein Eingriff wäre notwendig, um eine neuronale Grundstruktur im Gehirn zu schaffen, die das neue »Gottesbewusstsein« aufnehmen kann.

Simon Conway Morris, Professor für Paläontologie in Cambridge, formuliert eine weitere Variante der theistischen Evolution. Er argumentiert, dass die Evolution sich mit nahezu unheimlicher Präzision ihren Weg in einem großen Raum voller möglicher Optionen zu einem Punkt gebahnt hat, den Conway Morris »die allerbeste Lösung des

Lebens« nennt. Für Conway Morris ist dieser Prozess kongruent (deckungsgleich) mit der Schöpfung: »Viele werden in alldem weiterhin das zweckfreie Walten des ›blinden Uhrmachers‹ erblicken, andere aber ziehen es vielleicht vor, ihre dunkle Brille abzulegen und eine Welt jenseits des Zufalls zu entdecken. Die Wahl liegt natürlich bei Ihnen.«[223]

All das hat nun den nützlichen Effekt, dass es mich dazu zwingt, intensiv nachzudenken. Erstens: Ich bin nun einmal kein Biologe (obwohl ich mir viel Mühe gebe, nachzuverfolgen, was Biologen schreiben). Zweitens: Ich habe größten Respekt und Bewunderung für diese Menschen, die sich gegen den Atheismus stellen. Vor allem Francis Collins war für mich persönlich über die Jahre hinweg eine große Ermutigung. Trotzdem, obwohl die dominanteste Position unter Biologen, die gleichzeitig Christen sind, die der theistischen Evolution ist, möchte ich noch meinen bescheidenen Beitrag zur Diskussion hinzufügen.

Als Wissenschaftler bin ich mir der Gefahr einer »Lückenbüßergott«-Mentalität bewusst, genauso wie des Risikos, intellektuell träge zu sein. Deswegen möchte ich hier betonen, dass ich die Hauptindizien für Gottes Schaffen nicht in den derzeitigen Lücken der wissenschaftlichen Erkenntnis sehe, sondern in allem, was wir aufgrund wissenschaftlicher Erkenntnis wissen können. Die bloße Tatsache, dass wir Wissenschaft betreiben können, ist für mich ein Indiz. Ich stimme Francis Collins von ganzem Herzen zu, dass Gott die Naturgesetze geschaffen hat, die unser Universum regulieren. Er ist der Regisseur des Ganzen. Für mich als Mathematiker ist schon die mathematische Verständlichkeit des Universums ein großer Hinweis auf die Existenz eines Schöpfers, ebenso auch die fein nuancierte Effizienz der Mathematik, die entwickelt wurde, um das Universum zu beschreiben.

Ich gehe noch einen Schritt weiter: Ich bin ebenfalls der Meinung, dass Gott das Universum hat entstehen lassen (und weiter am Laufen hält) und die physikalischen Parameter samt den anfänglichen Randbedingungen mit so einer Präzision setzte, dass die Entstehung von Elementen und mehrerer (mindestens zwei[224]) Generationen von Sternen möglich wurde; mit dem Endresultat, dass sich Planeten gebildet haben, die die schweren Elemente enthielten, die für das Leben notwendig sind. Der wichtigste Punkt ist an dieser Stelle, dass Gott das bewirkte – nicht wie er es bewirkte. Das ist ein sekundärer Punkt, über den wir definitiv unterschiedlicher Meinung sein können.

Der Punkt, an dem ich Probleme mit einer theistischen Evolutionstheorie[225] bekomme, ist die dann folgende Entwicklungsstufe. Bis jetzt haben wir nur kosmologische, physikalische und chemische Prozesse angesehen, aber keine biologischen. Wir sind jetzt an einem Punkt, an dem die Rohmaterialien für die Entstehung des Lebens vorhanden sind als Ergebnis eines physikalisch nachvollziehbaren Prozesses, der von Gott eingeleitet und beaufsichtigt wurde.

Die theistische Evolution stellt nun die Frage, warum am Anfang des Lebens ein besonderer, übernatürlicher Schöpfungsakt nötig sein sollte. Wäre es nicht konsequenter, davon auszugehen, dass der Ursprung und die Entwicklung des Lebens auf die gleiche Art und Weise verlaufen wie alle vorher ablaufenden Prozesse? Wäre es nicht bedauerlich, an diesem Punkt einen Gott (der die Lücke füllt) vorauszusetzen, nur weil es noch keine plausible Erklärung für den Ursprung des Lebens gibt? Diese letzte Frage ist auf eine gewisse Weise ironisch. Denselben Vorwurf müssten sich Verfechter der theistischen Evolution auch gefallen lassen, wenn es um den Ursprung des Universums oder in vielen Fällen auch um den Ursprung menschlichen Lebens geht.

Die Frage ist hier gar nicht, ob Gott es auf eine gewisse Weise getan haben könnte oder nicht. Gott, der nun einmal Gott ist, kann Dinge erschaffen, wie es ihm passt. An diesem Punkt stimme Francis Collins ebenfalls zu. Der wichtigste Punkt ist, dass Gott es getan hat. Soweit wir feststellen können, hat er sich dazu entschieden, einen Teil davon durch sekundäre Verursachung zu tun – das, was wir oft als »natürliche Prozesse« bezeichnen, wie die Formung und Entstehung von Galaxien, Sternen und Planeten durch Einwirkung von Anziehungskräften und anderen Naturgesetzen, ohne dass dabei ein konstantes göttliches Eingreifen notwendig wäre. Die Frage ist: Hat Gott alles auf diese Art und Weise geschaffen? Gibt es einen guten Grund, davon auszugehen, dass einige separate Schöpfungshandlungen (z.B. die Entstehung von Leben oder des Menschen) im Laufe der Geschichte des Universums stattgefunden haben, die sich fundamental von den Ereignissen unterscheiden, die sonst in Gottes geregelter Welt ablaufen?

Warum ist das überhaupt wichtig? Ist das nicht ein typisches Beispiel dafür, dass Christen einen völlig unwichtigen Nebenschauplatz belagern? Ich glaube das nicht. Es ist vor allem jetzt wichtig, zu einem Zeitpunkt, da viele Atheisten die Meinung verbreiten, dass der Mensch nichts Besonderes ist, sondern nur das Produkt desselben blinden und ziellosen Prozesses, der auch alle anderen Spezies hervorgebracht hat. Die Frage nach der Bedeutung des Menschen ist kein Nebenschauplatz.

Singularitäten, Wunder und das Übernatürliche

Es gibt drei Gedanken, die mir an diesem Punkt wichtig sind. Wie wir wissen, scheinen die meisten Physiker ganz gut damit leben zu können, dass die Raumzeit ihren Anfang mit einer Singularität nahm, die sich wissenschaftlich nicht greifen lässt. Verfechter einer theistischen Evolutionslehre scheinen sich ebenfalls damit arrangieren zu können, dass Gott für diese Singularität verantwortlich war – er ist die erste Ursache. Das Universum entstand nicht durch einen natürlichen Prozess. Der Grund dafür, dass es etwas gibt (und nicht nichts), ist Gott, der wollte, dass es so ist.

An zweiter Stelle steht die Überlegung, dass – wie oben dargestellt – viele Anhänger einer theistischen Evolution daran festhalten, dass mit dem Ursprung menschlichen Lebens irgendeine Art übernatürlicher Diskontinuität einhergeht.

Der wichtigste Gesichtspunkt ist jedoch, dass es im Laufe der Geschichte des christlichen Glaubens noch andere »Singularitäten« gab, die im Vergleich zur ersten erst vor kurzer Zeit auftraten – allen voran die Menschwerdung und Auferstehung Jesu Christi. Diese Ereignisse haben zwar eine physische Dimension, stehen aber außerhalb des Erklärungspotenzials der Naturgesetze. Nach dem Neuen Testament wurden diese Ereignisse durch einen direkten göttlichen Eingriff von außen ausgelöst. Diejenigen von uns, die Christen sind, glauben daran, dass diese Ereignisse tatsächlich stattgefunden haben. Und das, obwohl viele unserer atheistischen Kollegen aus der Wissenschaft argumentieren, dass die Gesetze der Natur solche Vorfälle für unmöglich erklären.[226]

In Anbetracht dieser Tatsachen verwundert es mich, dass einige Christen von vornherein Schwierigkeiten mit der Behauptung haben, dass es noch mehr einzigartige Ereignisse gab wie etwa die Entstehung von Mensch und Leben. Wenn man, sagen wir, mindestens drei bedeutende, singuläre Ereignisse akzeptiert – Schöpfung, Menschwerdung und Auferstehung –, kann es zumindest keinen prinzipiellen Einwand gegen (ein paar) mehr Singularitäten geben, besonders, wenn es für sie sowohl wissenschaftliche als auch biblische Belege gibt. Nicht nur das: Auch Alfred Russel Wallace, ein Zeitgenosse von Charles Darwin, war der Meinung, dass es Unregelmäßigkeiten bei der Entstehung des Lebens gab – die Entstehung des Bewusstseins und die Entstehung speziell menschlicher Fähigkeiten. Wallace wurde als der vergessene Mann der Evolutionsforschung bezeichnet, da er die Theorie der natürlichen Auslese ausgearbeitet und seine Idee an Charles Darwin weitergereicht hatte. Wallace hat sehr viel mehr beigetragen und verdient mehr Ruhm, als man ihm bis kürzlich zugestand.

Damit ergibt sich die Frage, ob man solche Ereignisse während des Schöpfungsgeschehens als Wunder bezeichnen könnte. Denis Alexander schreibt dazu:

> In der Bibel scheint das Wunder für besondere und ungewöhnliche Handlungen Gottes reserviert zu sein, mit denen er in die von ihm *geschaffene Ordnung* und in das Leben seines Volkes eingreift. Das schließt die Möglichkeit nicht aus, dass Gott während der *Schöpfung* Wunder vollbracht hat. Wenn das der Fall sein sollte, schweigt sich die Schrift über diesen Aspekt der *Schöpfungsarbeit* aus. Wenn Jesus eingreift, indem er etwa Wasser zu Wein macht, die stürmische See beruhigt oder Lazarus von den Toten auferstehen lässt, sticht das aus Gottes üblicher Arbeitsweise in seiner *Schöpfung* heraus.
>
> Wissenschaftliches Arbeiten beruht auf der Beobachtung von Regelmäßigkeiten und der logischen Schlussfolgerung auf unbeobachtete Regelmäßigkeiten. Der säkulare Wissenschaftler geht davon aus, dass alles in regelmäßigen und reproduzierbaren Bahnen verläuft, weil die Wissenschaft genau das bisher immer festgestellt hat. Der christliche Wissenschaftler ist derselben

Meinung, glaubt darüber hinaus, eine Begründung für diese Ordnung zu haben: den *Schöpfergott*, der das Universum mit diesen Regelmäßigkeiten versehen hat. Die Annahme, dass Wunder ein regelmäßiger oder sogar vorhersehbarer Teil von Gottes *allgemeiner Schöpfung* sind, hat etwas Widersprüchliches. Es ist das Wesen des Wunders, dass es ein unerwartetes, unregelmäßiges Ereignis ist. Wunder sind besondere Anzeichen für Gottes Gnade. Ich schlage vor, dass Christen dieses biblische Verständnis des Wunders im Hinterkopf behalten, wenn sie die Sprache der Wunder benutzen.[227]

Alexander benutzt hier das Wort »Schöpfung« sowohl für den Prozess als auch das Produkt – für den Schöpfungsakt, bei dem Gott das Universum mit seinen Gesetzmäßigkeiten gestaltete, und für die Schöpfung, die jetzt existiert und von Wissenschaftlern auf Regelmäßigkeiten hin erforscht wird. Diese Regelmäßigkeiten sind ein Teil dessen, was Alexander »Gottes allgemeine Schöpfung« nennt. Vermutlich bezieht er sich damit darauf, dass Gott auch weiterhin das Universum mit seinen Regelmäßigkeiten erhält – das »Präsens«[228] der Schöpfung, wie er es nennt.

Wenn ich Alexander richtig verstanden habe, akzeptiere ich diese Definitionen bereitwillig. Es müssen Regelmäßigkeiten im Universum auftreten, damit wir ein »Wunder«, im Neuen Testament auch »Zeichen« genannt (wie C.S. Lewis betont), als solches erkennen können. Ohne diese Regelmäßigkeiten würden Jesu Wunder nicht »herausstechen«, wie Alexander sagt. Lewis hingegen argumentiert, dass ein Wunder nicht gegen die Naturgesetze verstößt. Für ihn ist es ein Ereignis, bei dem Gott als Gesetzgeber etwas Neues in das System einspeist. Es ist ein außerordentlicher Akt Gottes, der im Gegensatz zu einem regulären Akt Gottes steht.[229]

Nun, wenn man Wunder daran erkennt, dass sie sich aus den Regelmäßigkeiten des Universums hervorheben, passt die Bezeichnung »Wunder« nicht gänzlich auf die Schöpfung des Universums, bei der diese Regelmäßigkeiten erst entstanden sind. Was nicht bedeutet, dass Gott keine direkten Eingriffe während der Schöpfung vorgenommen haben könnte. An dieser Stelle passt das Wort »übernatürlich« besser.

Alexander scheint sich dieses Unterschieds nicht bewusst zu sein. Schließlich geht es in der Aussage »Am Anfang war das Wort (...) Durch ihn wurde alles geschaffen, was ist« (Johannes 1,1.3) nicht um ein Wunder, obwohl eine übernatürliche Handlung der höchsten Ordnung beschrieben wird.

Wir schließen daraus, dass die Bibel nicht darüber schweigt, dass Gott bei der Schöpfung übernatürlich wirkte, auch wenn das Wort Wunder nicht verwendet wird. Das scheint sogar der Sinn der strukturiert ablaufenden Schöpfung zu sein: den Unterschied zwischen dem besonderen Akt der Schöpfung, vom Anfang bis zum ersten Aufblühen menschlicher Zivilisation, und der Arbeit zum Erhalt des Universums danach (»Gottes allgemeine Schöpfung«, wie Alexander es nennt) zu kennzeichnen.

Alexander begeht den Fehler, keinen Unterschied zwischen einem Wunder und einer übernatürlichen Handlung zu machen. Das führt dann zu dieser befremdlichen Aussage: »Die Annahme, dass Wunder ein regelmäßiger oder sogar vorhersehbarer Teil von Gottes allgemeiner Schöpfung sind, hat etwas Widersprüchliches.« Soweit ich weiß, würde niemand behaupten, dass Wunder regelmäßige oder vorhersehbare Ereignisse sind.[230] Meine These ist, dass Gott in der Zeit der Schöpfung sowohl durch direkte übernatürliche Eingriffe als auch erhaltend wirkte.[231]

Zudem denke ich, dass Alexanders Aussage, die Wissenschaft habe bisher immer herausgefunden, dass alles regelmäßig und reproduzierbar funktioniert, nicht haltbar ist.[232]

Aus theologischer Sicht scheint die theistische Evolutionstheorie im Grunde die augustinische Vorstellung der Schöpfung übernommen zu haben: Schöpfung als die »Eigentliche Ursache«, als das Ereignis, mit dem alles begonnen hat. Das Wort Schöpfung drückt also den Gedanken aus, dass das Universum von Gott abhängig ist. Gott bewirkt die Entstehung des Universums und seiner Gesetze und legt alles Potenzial in es hinein.[233] Diese Abhängigkeit ist natürlich eine der grundlegenden Eigenschaften der Schöpfung, aber ich glaube nicht, dass das alles ist, was die Bibel mit dem Begriff »Schöpfung« ausdrücken möchte. Sowohl im Alten als auch im Neuen Testament wird deutlich zwischen Gottes anfänglichen Schöpfungsakten und seinem anschließenden Erhalt des Universums unterschieden. Dieser Unterschied wird auch im Schöpfungsbericht deutlich: Erst wird von einer Reihe von Schöpfungshandlungen berichtet, dann von Gottes Ruhen. Im Gegensatz zu meinen Freunden der theistischen Evolutionstheorie bin ich der Meinung, dass es wissenschaftliche Indizien für diesen Unterschied gibt.

Sind alle Lücken schlecht?

Das wiederum bringt uns zurück zum Thema des »Lückenbüßergottes«. Es gibt unterschiedliche Arten von Lücken, wie ich an anderer Stelle umfangreicher diskutiere.[234] Manche Lücken existieren, weil man noch nicht genug Informationen hat. Diese schließen sich nach und nach, je weiter die Wissenschaft fortschreitet – das sind die schlechten Lücken, auf die mit dem Begriff »Lückenbüßergott« angespielt wird. Es gibt aber auch »gute Lücken« – Lücken, die erst dank der fortschreitenden Wissenschaft sichtbar werden. Die Tatsache, dass die Information, die auf einer bedruckten Seite Papier enthalten ist, nicht durch Physik oder Chemie erklärt werden kann, ist keine „Wissenslücke". Sie hat mit der Natur des Schreibens zu tun und wir wissen, wie wir sie füllen können – durch den Einsatz von Intelligenz.

Wie wir gesehen haben – man sehe es mir bitte nach, falls ich zu sehr darauf herumreite –, haben sich Physiker und Kosmologen damit angefreundet, dass ihr mathematisches Modell des Ursprungs der Raumzeit sie an einen Punkt führt, an dem physikalische Gesetze nicht definiert sind – eine Singularität. Die meisten Christen akzeptieren Gott bereitwillig als den letzten Grund hinter diesem Ereignis und hinter den Naturgesetzen. Das bedeutet, dass sie davon ausgehen, dass es einen Punkt (oder Punkte) geben muss, an dem Gott direkt eingreift, obwohl er auch indirekt handeln kann. Die Existenz des Universums zu verursachen, war sicher so ein direkter Eingriff Gottes.[235]

In diesem Zusammenhang finde ich es bemerkenswert, dass es einen langen, unkommentierten Zeitabschnitt (in dem sicher auch chemische und physikalische Prozesse stattgefunden haben) gibt, der in der Schöpfungsgeschichte zwischen »Am Anfang schuf Gott Himmel und Erde«[236] und der Erwähnung der formlosen, leeren Erde liegt. An diesem Punkt informiert uns 1. Mose 1,2 darüber, dass »der Geist Gottes ... über der Wasserfläche« schwebte. Der Astrophysiker Hugh Ross meint dazu, dass uns diese Aussage einen Referenzrahmen und einen Standpunkt der Betrachtung gibt: an einem bestimmten Punkt nicht weit oberhalb der Erdoberfläche.[237] Interessanterweise könnte uns das eine wichtige Frage beantworteten: Wenn der Großteil von 1. Mose 1 sich mit global stattfindenden Phänomenen beschäftigt – Erde, Land, Meer, Himmel etc. –, warum ist dann von Tag und Nacht die Rede, da diese doch nicht gleichzeitig sichtbar sind, sondern auf unterschiedlichen Hälften der Erde stattfinden?[238]

Man könnte die Erwähnung von Gottes Geist, der über der Erde schwebt, auch als einen dramatischen Auftakt sehen, der nicht nur betont, dass Gottes außerordentlicher Akt der Schöpfung jetzt beginnt, sondern auch, wo er beginnt. Das lange Warten hat ein Ende. Gottes außerordentlicher Akt der Schöpfung fängt jetzt an. Das lange Warten hat ein Ende. Der Schöpfer wird jeden Moment damit anfangen, die Welt zu formen, Leben zu erschaffen und die Erde auf den krönenden Abschluss seiner Schöpfung vorzubereiten: Mann und Frau, geschaffen nach seinem Ebenbild.

Dieser Eindruck eines besonderen Schöpfungsakts wird durch den biblischen Bericht über die Entstehung des Lebens noch bestätigt. Wir lesen, dass Gott am dritten Tag mehr als einmal redet. Als Erstes trennt Gott die Landmassen vom Meer, dann spricht er noch einmal: »Dann sprach er: ›Auf der Erde soll Gras wachsen und sie soll Pflanzen hervorbringen (...)‹« (1. Mose 1,11). Mit anderen Worten: Nach dem 1. Buch Mose gelangt man nicht durch eine ungesteuerte Entwicklung von anorganischer Materie zu organischer Materie, wie ich weiter oben bereits angedeutet habe.[239] Ohne dass Gott direkt eingreift und spricht, entsteht kein Leben aus Nichtleben.[240]

Gibt es in der Wissenschaft irgendwelche Hinweise für solche singulären Ereignisse? Ich antworte darauf, dass Bibel und Wissenschaft sich in diesem Punkt, dem Ursprung des Lebens, ergänzen, genauso wie sie sich beim Thema Ursprung des Universums ergänzen.

Bevor ich dies weiter ausführe, sollten wir ein mögliches Missverständnis aus dem Weg räumen. Entgegen landläufiger Meinung kann die Evolutionstheorie nach Darwin (und deren moderne Ableger) den Ursprung des Lebens nicht festlegen. Richard Dawkins liegt schlichtweg falsch damit, wenn er in Der blinde Uhrmacher sagt, dass natürliche Selektion nicht nur Variation, sondern auch die Existenz des Lebens erklären kann.[241] Sein Fehler hat nichts mit dem Glauben an Gott zu tun, sondern ist einfach logischer Natur. Die Darwin'sche Evolution setzt die Existenz mutierender Replikatoren voraus, bevor sie überhaupt starten kann. So kann die Darwin'sche Evolution definitionsgemäß unmöglich die Existenz einer Sache erklären, ohne die sie selbst nicht starten könnte. Diese offensichtliche Erkenntnis hatte der berühmte russische Evolutionsbiologe Theodosius Dobzhansky schon vor langer Zeit erkannt: »Präbiologische Evolution ist ein Widerspruch in sich.«[242]

Deswegen ist es begrüßenswert, dass Dawkins in einem seiner neueren Bücher, Die Schöpfungslüge, zugibt, dass natürliche Selektion nicht die Existenz des Lebens erklären kann. Nichtsdestotrotz findet sich dort diese merkwürdige Aussage: »Eigentlich brauchen wir keine plausible Theorie für den Ursprung des Lebens, und wir sollten vielleicht sogar ein wenig beunruhigt sein, wenn jemand eine allzu plausible Theorie entdeckt.«[243] Laut Dawkins müsste Leben überall in der Galaxie existieren, wenn es eine plausible Theorie gibt. Was hat die Frage nach der Verbreitung von Leben in der Galaxie denn mit der Plausibilität einer Theorie zur Entstehung des Lebens zu tun? Eine plausible Theorie könnte sehr wohl die Wahrscheinlichkeit der Entstehung von Leben auch auf die Erde beschränken. Tatsächlich existiert eine plausible Theorie zum Ursprung des Lebens: Gott hat es auf einem Planeten geschaffen, den er eigens zu diesem Zweck vorbereitet hat.

Dawkins meint damit wahrscheinlich, dass man von einer plausiblen naturalistischen Theorie, die anhand bestimmter physischer und chemischer Bedingungen erklären kann, dass Leben früher oder später auftauchen muss, erwarten müsste, dass sie auch sagt, dass es statistisch gesehen jede Menge Lebensformen da draußen geben müsste. So eine Theorie gibt es aber nicht, und die jüngste Forschung macht wenig Hoffnung auf eine solche. Dieser letzte Punkt ist wichtig, denn die Evolutionstheorie, die normalerweise unter der theistischen Evolution eingeordnet wird, ist der Neodarwinismus. Diese Theorie wird jedoch von immer mehr Biologen als unzureichend angesehen, darunter die Systembiologen Denis Noble von der Universität Oxford und James Shapiro von der Universität Chicago. Sie sind der Meinung, dass sie nicht nur überarbeitet, sondern durch etwas viel Anspruchsvolleres ersetzt werden muss. Das hat natürlich Auswirkungen auf die wissenschaftliche Fundiertheit eines so genannten theistischen Neodarwinismus – wenn das nicht zu widersprüchlich klingt.[244]

Eine Frage der Information

Die Sache hat einen Haken. Die Natur des Lebens selbst spricht stark dagegen, dass es jemals eine rein naturalistische Theorie zur Entstehung des Lebens geben wird. Zwischen Leben und Nichtleben erstreckt sich eine gewaltige Kluft und diese ist qualitativer, nicht lediglich quantitativer Art. Man könnte es mit der Kluft zwischen den Rohmaterialien, Tinte und Papier, und dem Endprodukt, beschriebenes Papier, vergleichen. Das Rohmaterial ordnet sich nicht von selbst zu linguistischen Strukturen an. Diese Strukturen sind keine »emergenten« Phänomene, das heißt, sie tauchen nicht ohne den Einsatz von Intelligenz auf.

Die in die DNS kodierte »Datenbank« und die unglaubliche Rechen- und Speicherleistung einer lebenden Zelle sind zwei Faktoren, die für jeden Erklärungsansatz wichtig sind. Wer die Existenz dieser Faktoren begründen möchte, muss von einer Informationsquelle ausgehen, die jenseits der physischen und chemischen Materialien liegt, aus denen eine Zelle besteht. Wie Bill Gates es ausdrückt: »Die menschliche DNS ist einem Computerprogramm vergleichbar, nur ist sie viel komplexer als alle Software, die bisher geschrieben wurde.«[245] Mit allem, was wir aus der Informatik wissen, können solche Prozessoren und Programme noch nicht einmal theoretisch erklärt werden, ohne dass man ein übergeordnetes Bewusstsein voraussetzt.

Der Mathematiker Amir Aczel schreibt: »Dabei zeigte sich, dass die DNS ungeheure Informationsmengen speichern und verarbeiten kann (…) und mithilfe dieser Information das Leben reguliert. Nun stellt sich die große Frage, wie die Desoxyribonukleinsäure entstanden ist. (…) Waren es vielleicht die Macht, der Verstand und der Wille eines höheren Wesens, die diese sich selbst replizierende Basis allen Lebens schuf?«[246] Die Antwort auf diese Frage ist zweifellos »Ja!«

Ungesteuert verlaufende, natürliche Prozesse können nicht die Art von sprachähnlicher Information erzeugen, die man in RNS und DNS findet.[247] Selbst wenn ungesteuerte Prozesse eine Maschine erzeugen würden (eine zentrale Annahme in atheistischem Denken), würde diese Maschine keine neuen Informationen erzeugen können. Der Physiker Léon Brillouin schreibt in seinem Buch Science and Information Theory, einem Klassiker der Informationstheorie: »Eine Maschine erzeugt keine neue Information, sondern bewirkt eine sehr wertvolle Umformung bekannter Information.«[248]

Was mich an der (theistischen) Evolution und ihrer Auffassung vom Ursprung des Lebens verwundert, ist die scheinbare Gleichgültigkeit ihrer Vertreter gegenüber diesen wissenschaftlichen Überlegungen: Sie setzen sich einfach darüber hinweg. Ich sehe keinerlei Indizien dafür, dass die (gottgegebenen) Naturgesetze sicherstellen können, dass das Universum und Leben entstehen. Das gilt auch, wenn sie innerhalb der Anfangsbedingungen arbeiten, die Gott gesetzt hat, und an der Materie, die Gott geschaffen hat. Dafür ist ein besonderer, unabhängiger, übernatürlicher Eingriff erforderlich. Die mathematischen Gesetze, die wir von der Physik her kennen, reichen nicht aus, um diese Arbeit zu erledigen. Sie können einfach keine neuen Informationen erzeugen – was von einigen leitenden Physikern anerkannt wird.

Paul Davies schreibt dazu: »Kann spezifische Zufälligkeit das garantierte Ergebnis eines vorbestimmten, mechanischen, gesetzmäßigen Prozesses sein, der zum Beispiel in einer Ursuppe ablaufen könnte, die man der Gnade unserer vertrauten Gesetze der Physik und Chemie überlässt? Ausgeschlossen; kein Naturgesetz kann das vollbringen.«[249]

Und trotzdem wird behauptet, dass solche Prozesse nicht nur Information hervorgebracht haben, sondern auch ein Wesen, das wiederum neue Information erzeugen kann! Das ist mit Sicherheit nicht der Fall! Wissenschaftliche Überlegungen aus der Informationstheorie deuten in genau die entgegengesetzte Richtung. Die einzige glaubwürdige Antwort auf die Frage, woher die biologische Information für den

Ursprung des Lebens gekommen ist, ist ein besonderer, intelligenter Akt des Schaffens.[250]

Das ist ein krasser Gegensatz zu dem Gedanken, der sich in folgendem Kommentar von Denis Alexander äußert: »Stell dir vor, du gehst in das Atelier eines Künstlers (…) und sagst dem Besitzer: ›Du hast die falsche Sorte von Malfarben ausgesucht, mit denen kann man gar nichts anfangen!‹ Ich denke, wir sind uns alle einig, dass so eine Reaktion sehr beleidigend wäre. Meiner Meinung nach ist es gleichermaßen beleidigend, wenn jemand selbstbewusst verkündet, dass die kostbaren Materialien, die Gott durch den Sterbeprozess von Sternen ins Dasein ruft, nicht das Potenzial haben, Leben zu erzeugen.«[251]

Dieses Argument ist höchst fehlerhaft, die Analogie passt nicht zur Anwendung. Niemand behauptet, dass die Rohstoffe des Schöpfers »die falsche Sorte« sind oder dass man mit ihnen »nichts anfangen« kann. Es geht darum, dass dieses gute Material ohne den direkten Eingriff des Schöpfers kein Leben erzeugen kann. Das ist keine Verunglimpfung des Schöpfers, genauso wenig, wie es eine Beleidigung des Künstlers wäre, ihm zu sagen, dass seine Farben kein Meisterwerk erzeugen können, ohne dass er sie aufträgt. Der Gedanke, dass die Farben alles ohne ihn machen könnten, ist aberwitzig. Das wäre eine Beleidigung für den Künstler!

Was die Auffassung betrifft, das Leben sei bloß ein Produkt des Potenzials, das im durch Naturgesetze geregelten Zusammenwirken von Materie und Energie angelegt ist: Es ist keineswegs intellektuelle Trägheit, diese Auffassung abzulehnen. Genauso wenig intellektuell träge ist es ja, die Suche nach dem Perpetuum mobile, ständig fortlaufender Bewegung, aufzugeben oder beeindruckende Bilder dem kreativen Genie eines Leonardo da Vinci zuzuschreiben anstatt den physikalischen und chemischen Attributen von Leinwand und Farbe.

Das bringt mich zurück zu Paul Davies' Aussage: »Darüber hinaus gibt die Vorstellung, dass Gott hier und da mal in spontanen Anfällen ein paar Atome durch die Gegend schiebt, um sich mit den Naturgesetzen zu messen, kein besonders inspirierendes Bild vom ›großen Architekten‹ ab.«[252] Erstens: Die Idee, dass der Erfinder der Naturgesetze sich mit diesen Gesetzen messen muss, klingt widersprüchlich. Und was ist mit einem Atome bewegenden Gott? Auch hier kann Leonardo da Vinci uns helfen. Weder Geist noch Information ist materiell. Und trotzdem hat die konzeptionelle Idee in Leonardos Geist die Atome in seiner Hand bewegt, die wiederum die Atome im Pinsel bewegt hat, der schließlich die Atome in der Farbe bewegt hat. Das Ergebnis ist ein künstlerisches Meisterwerk. Keine dieser Bewegungen musste sich in irgendeiner Form mit den Naturgesetzen messen. Im Gegenteil: Kraft des Geistes wurden Naturgesetze verwendet, um das Ergebnis zu produzieren. Nun ist Gott Geist und nicht materiell. Letzten Endes hat Gott Atome bewegt (bzw. geschaffen), um die Entstehung des Universums in Gang zu bringen und Jesus von den Toten auferstehen zu lassen. Folglich liegt Davies falsch mit seiner Aussage. Es wäre auch kein inspirierender Gedanke, sich Gott als jemanden vorzustellen, der nichts bewegt, um Leben zu schaffen, oder nichts tut, um sein eigenes Meisterwerk zu produzieren – den Menschen in seinem Ebenbild, sodass dieser gleichfalls in der Lage ist, durch seinen Geist Atome zu bewegen.

Gemeinsame Vorfahren?

Es gibt ein Argument aus der Evolutionstheorie, das den Gedanken eines speziellen Schöpfungsakts für den Menschen direkt infrage stellt. Mensch und Tier haben viele anatomische Gemeinsamkeiten, vom Aufbau der Knochen und inneren Organe bis hin zu Ähnlichkeiten im genetischen Material. Das deutet darauf hin, dass es eine nahtlose, evolutionäre Entwicklung durch natürliche, nicht gesteuerte Prozesse von unten nach oben gibt – vom Primitiven zum Komplexen. Obwohl es einige Lücken in den Fossilienfunden gibt, sind die meisten Biologen der Meinung, dass sich die Details letztlich ergeben werden. Die Indizien, die sie auf molekularer Ebene finden, sind für sie ein grundsätzlicher Beleg dafür, dass alles Leben durch die Evolution miteinander zusammenhängt.

Diese Ähnlichkeiten sind natürlich unbestreitbar. Wie jedoch Beispiele aus der gezielten Züchtung zeigen, können diese Ähnlichkeiten auch auf bewusste Gestaltung statt auf Abstammung zurückgeführt werden. Tatsächlich ist auch eine Kombination beider Faktoren möglich. Daher fällt eine evolutionäre Erklärung der Ähnlichkeiten mittels natürlicher Selektion nur so weit ins Gewicht, wie die Mechanismen der Evolution nachweislich das leisten können, was von ihnen erwartet wird. Wie ich an anderer Stelle erkläre[253], können diese Mechanismen das zum Teil – Eigenschaften, die durch natürliche Auslese und Mutation entstanden sind, können beobachtet werden und sind unbestritten. Aber ob sie belastbar genug sind, um den Unterschied zwischen Mensch und Tier zu erklären, ist eine ganz andere Frage. Und dieser Unterschied ist ein Quantensprung. Der Genetiker Steve Jones schreibt: »Ein Schimpanse mag achtundneunzig Prozent seiner Gene mit einem durchschnittlichen menschlichen Wesen gemeinsam haben; deswegen ist er noch lange kein Mensch – er ist ein Schimpanse. Und sagt etwa die Tatsache, dass Mäuse oder Bananen gleiche Gene wie wir haben, etwas Neues über die menschliche Natur aus? Manche behaupten, dass wir bald auf jenes Gen stoßen werden, das uns zu Menschen macht. Die Botschaft der Ahnen soll uns dann enthüllen, wer wir wirklich sind. Mir kommt diese Idee lächerlich vor.«[254]

Der Systembiologe Denis Noble erklärt in seinem Buch The Music of Life: Biology beyond the Genome im Detail, wie feine Unterschiede in der Sequenz von Genomen enorm komplexe Unterschiede in der jeweiligen Funktion bedeuten können. Er schreibt über das Genom (und auch das Gehirn), dass wir »uns merken sollten, dass es sich dabei um Datenbanken handelt, die vom System als Ganzem benutzt werden. Es sind keine Programme, die das Verhalten des Systems bestimmen.«[255] Noble stellt einen interessanten Vergleich auf: Das menschliche Genom mit seinen etwa 30 000 Genen gleicht einer gewaltigen Orgel mit 30 000 Pfeifen (solche gibt es tatsächlich). »Die Musik der Orgel ist ein ganzheitlicher Ablauf. Es ist nicht nur eine Reihe von Noten. Die Musik wird aber nicht von der Orgel geschaffen. Sie ist kein Programm, das, sagen wir, eine Fuge von Bach schreibt. Das hat Bach selbst getan. Es braucht überdies einen fähigen Organisten, um die Orgel zu spielen.« Noble schließt den Gedankengang mit einer ausgezeichneten Frage ab: »Wir haben nun eine Orgel und etwas Musik – wer ist der Orgelspieler und wer ist der Komponist? Gibt es zudem auch einen Dirigenten?«[256] Ob Noble diese Fragen ausreichend beantwortet hat, ist eine andere Sache, aber allein die Tatsache, dass er diese Fragen stellt, ist eine willkommene Abwechslung zu dem extremen Reduktionismus, der die meisten anderen Publikationen zu dem Thema charakterisiert.

Jerry Fodor und Massimo Piatelli-Palmarini zweifeln zwar nicht an der Evolution, sind aber sehr besorgt, dass »ein Großteil der neodarwinschen Literatur (…) alarmierend unkritisch« ist, und dass »der methodische Skeptizismus, der die meisten Bereiche des wissenschaftlichen Diskurses auszeichnet, in eklatanter Weise zu fehlen scheint, wenn es um den Darwinismus geht.« Das scheint sich vor allem auf die Rolle der natürlichen Selektion zu beziehen:

> Das Konzept der natürlichen Selektion scheint sich langsam, hinterlistig und aggressiv auszubreiten. Es werden willkürliche Ursache-Wirkung-Verknüpfungen für phänotypische Merkmale angeführt, in denen man versucht, ihre hypothetischen Auswirkungen auf die Überlebensfähigkeit in einer hypothetischen selektionsgeprägten Umgebung aufzuzählen. Diese Art der Argumentation hat sich von der Evolutionstheorie hin zu zahlreichen anderen wissenschaftlichen Disziplinen ausgebreitet: Philosophie, Psychologie, Anthropologie, Soziologie, Theologie und selbst zur Ästhetik. Manche Leute gehen wirklich davon aus, dass natürliche Auslese eine Art Universalsäure ist und nichts ihrem Auflösungspotenzial widerstehen kann.
>
> Uns kommen die Anhaltspunkte, die diese aggressive Ausbreitung der Selektion untermauern sollen, sehr spärlich vor. Die Glaubwürdigkeit dieser Denkweise basiert hauptsächlich auf gestohlenem Ruhm. Da die Biologie den Mechanismus der natürlichen Selektion zu bestätigen scheint, wird angenommen, dass dies auch für alle anderen Spielarten gilt. Sollte die natürliche Selektion aus der Biologie verschwinden, würden alle ihre Ableger in anderen Gebieten ebenfalls verschwinden. Das wäre ein wünschenswertes Ergebnis. Denn oft genug hat sich gezeigt, dass diese Ableger nicht nur mit willkürlichen Ursache-Wirkung-Verknüpfungen, sondern auch mit zweckgebundenen, ad hoc eingeführten Argumenten arbeiten, die undurchdacht,

> reduktionistisch, selbstbeweihräuchernd und extrem wissenschaftsgläubig statt wissenschaftlich sind. Auf der Detailebene weisen sie so viele Mängel auf, dass sie gezwungenermaßen die Daten an ihre Hypothese anpassen anstatt umgekehrt. Also ist die Frage nach der Wahrheit der natürlichen Selektion wichtig.[257]

In diesem Zusammenhang ist eine Aussage Jerry Fodors aus einem früheren Artikel höchst interessant:

> In der Tat kommt eine nennenswerte Anzahl von vernünftigen Biologen langsam zu dem Schluss, dass man die Theorie der natürlichen Auslese nicht länger vorbehaltlos als erwiesen betrachten kann (...). Derzeit macht man sich Sorgen darum, dass die Erklärung der natürlichen Selektion durch Berufung auf selektive Zuchtmethoden irreführend ist und dass sich auch Darwin davon in die Irre hat führen lassen. Weil *Züchter Geist* besitzen, muss die Tatsache in Betracht gezogen werden, dass sie bewusst auf gewisse Eigenschaften hinzüchten. Wenn man mehr dazu wissen möchte, muss man einfach einen Züchter fragen. Das ist eine Zerreißprobe für den Vergleich zwischen Züchtung und natürlicher Auslese, vielleicht sogar bis zu dem Punkt, an dem sie hinfällig wird. Was soll man nun darunter verstehen, wenn jemand von natürlicher Selektion spricht? Die Antwort auf die Frage ist und bleibt offen.[258]

Es ist nicht überraschend, dass Fodor damit eine Lawine losgetreten hat. Er ist nicht der Einzige, der anfängt, kritische Fragen zur natürlichen Selektion zu stellen. Der Biologe William Provine schreibt im Nachwort zu einer Neuauflage seines klassischen Werks The Origins of Theoretical Population Genetics, dass sich seine Ansichten »dramatisch verändert« haben: »Natürliche Selektion wirkt sich auf gar nichts aus, genauso wenig wählt sie etwas aus, sie treibt und passt nichts an, sie erzwingt, maximiert, erschafft, modifiziert, formt, bedient, erhält nichts. Natürliche Auslese macht nichts. Als Naturgesetz gehört sie in die unwirkliche Kategorie, die von Konzepten wie Stahls hypothetischem Stoff ›Phlogiston‹ oder Newtons ›Äther‹ bevölkert wird. Natürliche Selektion als gegeben anzusehen, ist praktisch, weil es eine Ausrede bietet, nicht über den tatsächlichen Auslöser der Auslese reden zu müssen. Darwin konnte man das Gerede noch verzeihen, für moderne Darwinisten ist das unverzeihlich. Kreationisten haben inzwischen unsere blutleere Rhetorik entdeckt. Das macht die Redeweise von den ›Absichten‹ der natürlichen Selektion zu großen, argumentativ angreifbaren Zielen.«[259]

Erst kürzlich schrieb der Biologe Robert G. Reid sein umfassendes Werk Biological Emergences: Evolution by Natural Experiment[260] und steuerte damit weitere kritische Fragen zum Thema der natürlichen Selektion bei. In einer Rezension des Buchs schreibt Christopher Rose, Professor für Elektrotechnik und technische Informatik an der Rutgers University: »Reid argumentiert überzeugend dafür, dass das selektionistische Denkmodell eine konzeptionelle Sackgasse ist, wenn es darum geht, Innovation zu verstehen. Sein Fehler liegt in der Annahme, dass die natürliche Selektion eine kreative Kraft in der Evolution sei.«[261] Reid ist sich des Risikos bewusst, das er mit dieser Behauptung eingeht. Er schreibt dazu: »Neodarwinisten sind dermaßen empfindlich, wenn es um Kreationismus geht, dass sie jegliche Kritik des derzeitig vorherrschenden Paradigmas als eine Bresche in den Mauern des wissenschaftlichen Weltbilds ansehen, durch das die fundamentalistischen Horden einfallen können. Das hat zur Folge, dass alle Fragen darüber, wie die Selektionstheorie überhaupt beanspruchen kann, die Evolution allumfassend zu erklären, unbeantwortet bleiben oder ignoriert werden.«[262] Reid zählt dann eine beträchtliche Menge an Indizien für die Unzulänglichkeit der natürlichen Selektion auf.

Vor diesem Hintergrund scheint Dawkins' Zugeständnis, dass die natürliche Selektion den Ursprung des Lebens nicht erklären kann, immer noch sehr unzureichend zu sein. Dieser Mechanismus hat so gut wie gar keine Auswirkung auf die Entwicklung des Lebens. All das bedeutet natürlich nicht, dass die Wissenschaftler, die ich gerade zitiert habe, den Naturalismus aufgegeben hätten. Es bedeutet aber, dass sich die Gewichtung in den Erklärungsmodellen langsam verschiebt: fort von den vereinfachten, reduktionistischen Erklärungen hin zu »emergenten« Modellen. In diesen stellt sich die Frage nach dem Input von Information durch eine intelligente Quelle allerdings noch drängender, und einen solchen Input a priori auszuschließen erscheint noch willkürlicher. Denn auch »Emergenz« stellt sich als verschwommener Begriff heraus, der eine Reihe versteckter Annahmen verbergen kann.[263]

Christopher Rose beschließt seine Rezension damit, dass er Reids Beitrag zur Diskussion lobt:

> Zustimmung verdient Folgendes: Die Evolutionsbiologie muss dazu angetrieben werden, über reduktionistische, nur auf Genetik konzentrierte Erklärungen hinauszuwachsen. Eigenschaften wie Mehrzelligkeit, morphologische Baupläne, Flexibilität des menschlichen Verhaltens, Homologie, Selbstreparatur oder menschliche Intelligenz sind zu komplex für derartige Erklärungsversuche. Die wichtigen Ereignisse in der Entwicklung des Lebens vereinen Ursachen auf den unterschiedlichen anatomischen Organisationsstufen, von denen keine automatisch Vorrangstellung einnimmt.
>
> Negativ fällt ins Gewicht: Emergenz bringt neue Probleme mit sich, vor allem darin, wie wir die Evolutionstheorie überzeugend darstellen können und die Öffentlichkeit (sowie uns selbst) davon überzeugen können, dass die Biologen wissen, worüber sie da reden.[264]

Seit der ersten Auflage meines Buches Sieben Tage, das Universum und Gott hat es grundlegende Entwicklungen in diesem Bereich gegeben. Denis Noble, den ich weiter oben bereits erwähnt habe, ist Mitglied einer Gruppe, die sich Third Way (der dritte Weg) nennt. Diese Gruppe hat eine große Menge an Hinweisen aus der Biologie zusammengetragen, die zeigen, dass die Synthetische Evolutionstheorie (Neo-Darwinismus) ersetzt werden muss, da sie sowohl veraltet als auch unzureichend ist. Das ist eine sehr wichtige und in der Tat faszinierende Entwicklung, und für die Leser und Leserinnen, die tiefer eintauchen wollen, verweise ich auf mein Buch Kosmos ohne Gott?, in dem ich mich diesem Thema und den daraus entstehenden Implikationen im Detail widme.[265]

Lückenbüßer-Evolution?

Man sollte den Vorwurf einer »Lückenbüßergott«-Mentalität ernst nehmen, denn auch ein Theist kann intellektuell nachlässig sein und so etwas wie »Ich kann es nicht erklären, deswegen kann nur Gott verantwortlich sein« sagen. Trotzdem darf nicht mit zweierlei Maß gemessen werden.

Die Evolution ist ebenfalls ein hartnäckiger »Lückenbüßer«. Es ist nicht allzu schwer, einen spekulativen Sachverhalt zurechtzuschustern und dann zu behaupten: »Die Evolution ist dafür verantwortlich.« Tatsächlich muss ein überzeugt naturalistischer Wissenschaftler sagen, dass natürliche Prozesse allein für das Leben in all seiner Vielfalt verantwortlich sind, da es in einem naturalistischen Weltbild keine akzeptablen Alternativen gibt.

Der Physik-Nobelpreisträger Robert Laughlin, der sich mit den Eigenschaften von Materie beschäftigt, die Leben möglich machen, sprach folgende Warnung aus:

> »... erwächst jedoch, und das ist am wichtigsten, die Sorge, dass ein großer Teil des heutigen biologischen Wissens ideologischer Natur ist. Ein Leitsymptom für ideologisches Denken ist die Erklärung, die nichts impliziert und nicht getestet werden kann. Ich bezeichne solche logischen Sackgassen als Antitheorien, wie sie sich genau gegenteilig auswirken wie richtige Theorien: Sie lassen das Denken zum Stillstand kommen, statt es anzuregen. Beispielsweise fungiert die von Darwin ursprünglich als großartige Theorie entworfene Lehre von der Evolution durch natürliche Selektion in jüngster Zeit eher als Antitheorie. Man zieht sie heran, um peinliche experimentelle Mängel zu verbergen und Befunde zu legitimieren, die bestenfalls fragwürdig und schlimmstenfalls ›noch nicht einmal falsch‹ sind. Ihr Protein trotzt den Massenwirkungsgesetzen? Das ist das Werk der Evolution! Ihr komplizierter Mischmasch aus chemischen Reaktionen verwandelt sich in ein Hühnchen? Evolution! Das menschliche Gehirn arbeitet nach logischen Prinzipien, die kein Computer nachahmen kann? Ursache ist die Evolution!«[266]

Ich befürchte, dass der Glaube an eine »Lückenbüßer-Evolution« wahrscheinlich weiter verbreitet ist als der Glaube an den »Lückenbüßergott«. Das Erstere kann unbemerkt gedeihen, da sich die Kritik nur auf Letzteres konzentriert.

Sosehr es mich auch reizt, das Thema weiterzuverfolgen, möchte ich mit einem Gedankenexperiment zu Abstammung und Design schließen. Nehmen wir einmal an, dass Wissenschaftler es eines Tages schaffen, in einem Labor Leben aus unbelebten Chemikalien zu produzieren – viele gehen davon aus, dass sie dies schaffen werden angesichts Craig Venters Konstruktion eines synthetischen Bakteriums, wofür er ein in einem Computerprogramm enthaltenes Genom verwendete. Nehmen wir weiter an, dass dieses Leben sich ausbreitet und sich als neue Spezies etabliert; sagen wir: Spezies X. Stellen wir uns jetzt vor, dass sämtliche wissenschaftliche Aufzeichnungen darüber verloren gehen und Wissenschaftler in der fernen Zukunft Spezies X entdecken. Wenn sie immer noch am Neo-Darwinismus festhalten – was, wie oben erwähnt, immer unwahrscheinlicher wird –, werden diese Wissenschaftler unweigerlich behaupten, dass Spezies X aufgrund eines ununterbrochenen natürlichen Evolutionsprozesses mit allem anderen Leben verwandt ist. Damit würden sie eindeutig falschliegen, oder? Die Beziehung von Spezies X zu allen anderen Spezies entstand durch eine besondere und eigenständige Übertragung von Information durch eine intelligente Quelle. Mehr noch: Dieser Eingriff durch eine menschliche Intelligenz wäre schon definitionshalber unsichtbar für das naturalistische Denken – genauso wie die besondere Schöpfungshandlung Gottes, durch die der Mensch entstand. Wie gut, dass Naturalismus nicht die einzige Perspektive ist, aus der man alles betrachten kann.

Danksagung

Über die Jahre habe ich viel aus Gesprächen mit Leuten oder dem Lesen von Büchern und Kommentarbänden gelernt. Am meisten verdanke ich allerdings meinem lebenslangen Freund und Mentor, dem inzwischen verstorbenen Professor David Gooding, Mitglied der Irish Academy. Er war es, der mich vor vielen Jahren als Erster darauf aufmerksam machte, dass es in 1. Mose 1 nicht nur um Schöpfung, sondern auch um Ordnung geht. Ihm verdanke ich auch die zahlreichen Einsichten, die ich aus dem gedanklichen Reichtum der Bibel gewonnen habe – sie haben mich tief beeinflusst und sind zu einem integralen Bestandteil meines Denkens geworden. Ich möchte auch Barbara Hamilton für ihre unschätzbare Hilfe mit den grammatischen und stilistischen Ungereimtheiten meines Originalmanuskripts danken. Zu Dank verpflichtet bin ich auch meinem wissenschaftlichen Mitarbeiter Simon Wenham für aufmunternde Gedanken und kritisches Urteil.

Index

Anmerkungen

1 Dabei handelt es sich um Schulen unterschiedlicher Glaubensrichtungen: egal ob jüdisch, muslimisch, christlich oder anderweitig religiös.
2 Lennox, John: *Kosmos ohne Gott? Warum Glaube und Wissenschaft zusammengehören,* Holzgerlingen 2023.
3 Dies wird oft auch als ptolemäisches System bezeichnet.
4 *Heliozentrisch* heißt »mit der Sonne im Zentrum«, abgeleitet vom griechischen Wort *helios* – Sonne.
5 Luther, Martin: *Tischreden*, Bd. 1, Weimar 1912, 419.
6 Übersetzt aus: Brooke, John Hedley: *Science and Religion*, Cambridge 1991, 96.
7 Calvin, Johannes: *Johannes Calvins Auslegung der Heiligen Schrift*, Bd. 5, Neukirchen 1930.
8 Steinhauser, Thomas und Titzmann, Michael (Hrsg.): *Galileo Galilei. Lettera a Christina di Lorena / Brief an Christine von Lothringen*, Passau 2008, 111.
9 Vgl. Stillman, Drake: *Discoveries and Opinions of Galileo*, New York 1957, 237.
10 Galilei, Galileo: *Dialoge über die Weltsysteme*, Leipzig 1891, 110.
11 Übersetzt aus: Marston, Paul: *Great Astronomers in European History*, Bristol 2014, 229.
12 Vgl. Lennox, John: *Hat die Wissenschaft Gott begraben?*, 23-26.
13 Sefer Emunot ve-Deot, Buch VII; zitiert in Rabbi Jonathan Sacks: *The Great Partnership: Science, Religion, and the Search for Meaning,* New York 2011, 353.
14 Übersetzt aus: Sacks: *Great Partnership*, 353.
15 Das ist die wörtliche Übersetzung des griech. Wortes *anastasis,* das im Neuen Testament für »Auferstehung« verwendet wird.
16 Siehe Lewis, C.S.: *Wunder: ... möglich, wahrscheinlich, undenkbar?* Brunnen-Verlag, Basel/Gießen 1980, Kapitel 7.
17 Vgl. Apostelgeschichte 1. Die Apostelgeschichte wurde vom Historiker Lukas geschrieben, der als Arzt im Vergleich zu den anderen Verfassern des Neuen Testaments noch am ehesten eine Art wissenschaftliche Ausbildung genossen hatte. Wie hilfreich Lukas' Perspektive im Umgang mit Fragen rund um den Themenkomplex Wissenschaft und Wunder ist, kann man bei David W. Gooding nachlesen: *According to Luke*, Leicester 1987. Für eine wissenschaftliche Perspektive vgl. Lennox: *Gott im Fadenkreuz: warum der Neue Atheismus nicht trifft*, Kapitel 7.

18 Gooding, David: *The Riches of Divine Wisdom: The New Testament's Use of the Old Testament,* Nordirland, Myrtlefield House 2013.

19 Tatsächlich benutzte Gott die menschliche Sprache, wenn er in der Bibel mit gewissen Leuten redete. Wie genau er das tat, wissen wir natürlich nicht. Man könnte hier einen Schritt weiter gehen und sagen, dass die menschliche Sprache eine Ableitung von Gottes ursprünglicher Sprache ist – in dem Sinne, dass wir ohnehin als sein Ebenbild geschaffen worden sind.

20 Basilius von Cäsarea: *Homiliae in Hexaemeron (Homilien über das Hexaemeron)*, Zweite Homilie, Kapitel 7, in: Des heiligen Kirchenlehrers Basilius des Großen ausgewählte Schriften. Übersetzung: J. Kösel, F. Pustet, München 1925.

21 Übersetzt aus: Blocher, Henri: *In the Beginning*, Leicester 1984, 18.

22 Calvin, Johannes: *Johannes Calvins Auslegung der Heiligen Schrift*, Bd. 1, Neukirchen-Vluyn 1956, 15.

23 Ich möchte anmerken, dass das Hebräisch der Bibel ein Vokabular von weniger als 7000 Wörtern umfasst, wohingegen im Englischen derzeit etwa 200 000 Wörter in Gebrauch sind.

24 Übersetzt aus: Calvin, Johannes: *Commentary on the Book of Psalms*, Bd. 5, Edinburgh 1849, 184.

25 Übersetzt aus: Augustinus, Aurelius: *The Writings Against the Manichaeans and the Donatists*, Nicene and Post-Nicene Fathers of the Christian Church, Bd. IV, Edinburgh 1887.

26 Übersetzt aus: Sacks: *Great Partnership*, 9.

27 Übersetzt aus: Froehlich, Karlfried: *Biblical Interpretation in the Early Church*, Minneapolis 1980, xxi–xxii, http://ms.augsburgfortress.org/downloads/9781451496376Introduction.pdf.

28 Übersetzt aus: Tornau, Christian: *Saint Augustine*, in: The Stanford Encyclopedia of Philosophy (Sommerausgabe 2020), Edward N. Zalta, https://plato.stanford.edu/archives/sum2020/entries/augustine.

29 Ich merke an, dass ich das Wort Tag hier nicht im Sinne eines 24-Stunden-Tags verwende! Mehr dazu an anderer Stelle.

30 Augustinus, Aurelius: *Über den Wortlaut der Genesis*, Buch I bis VI, Paderborn 2010, 81.

31 In einer Randbemerkung möchte ich darauf hinweisen, dass es Menschen gibt, die immer noch das aristotelische Weltbild vertreten: Siehe www.fixedearth.com (Zugriff am 16.12.2013).

32 Wobei es natürlich auch darüber Meinungsverschiedenheiten gibt, was zentrale und was weniger zentrale Themen sind.

33 Aus mathematischer Perspektive gibt es einige chaotische Elemente im Kräftespiel der Planeten. Wir können nicht exakt vorhersagen, wo sie sich in 100 Millionen Jahren befinden werden, weil wir sie jetzt

nicht genau genug messen können. Allerdings scheinen die chaotischen Elemente beschränkt zu sein.

34 Übersetzt aus: Brooke, John Hedley: *Science and Religion*, Cambridge 1991, 96.

35 Gamma Draconis (auch Etamin genannt) ist ein Stern, der direkt über London zu sehen ist. Bradley entdeckte eine jährlich auftretende Abweichung in der offensichtlichen Position des Sterns, die aus Veränderungen der Umlaufgeschwindigkeit der Erde entstand. Davon ausgehend konnte man eine Erdumlaufgeschwindigkeit von etwa 30 km/s schätzen.

36 Ein Paradigma ist eine bestimme Denkweise bzw. ein bestimmter konzeptioneller Rahmen, innerhalb dessen Wissenschaft betrieben wird.

37 Für eine historische Abhandlung zu dem Thema, siehe Ronald L. Numbers: *The Creationists: The Evolution of Scientific Creationism*, 1992; Neuauflage Cambridge, MA: Harvard University Press 2006.

38 Calvin schreibt: »Also nicht die ganze Schöpfung in einem Nu! Es ist ein Irrtum und bedeutet eine ungebührliche Geringschätzung des Mose, wenn man sagt, dass er zum Zweck der Belehrung den einen Schöpfungsakt in sechs Tageswerke zerlegt habe. Nein, Gott selbst hat sein Wirken also nach der Fassungskraft der Menschen eingerichtet.« (*Johannes Calvins Auslegung der Heiligen Schrift. Auslegung der Genesis*, Neukirchen-Vluyn 1956, 15).

39 Sacks, Jonathan: *The Great Partnership: Science, Religion, and the Search for Meaning*, New York 2012, 351–368.

40 Über die Weltschöpfung, in: *Die Werke Philos von Alexandria. Erster Teil. Schriften der Jüdisch-Hellenistischen Literatur in deutscher Übersetzung, hrsg. von Prof. Dr. Leopold Cohn*, Erster Band, Breslau 1909, Abschnitt 3.

41 A.a.O.

42 A.a.O., Abschnitt 54.

43 Übersetzt aus: Hailperin, Herman: *Rashi and the Christian Scholars*, Pittsburgh 1963, 44.

44 Übersetzt aus: Maimonides: *Mishneh Torah, Hilkhot Yesodei ha-Torah 2:2*; zitiert in: Sacks: *Great Partnership*, 352.

45 Sacks: Great Partnership, 352.

46 Ben Maimon, Mose: *Führer der Unschlüssigen*. Übers. und Kommentar von Adolf Weiss, Leipzig 1923, Einleitung.

47 Ben Maimon, Mose: *Führer der Unschlüssigen*. Übers. und Kommentar von Adolf Weiss, Leipzig 1923, 196.

48 Übersetzt aus: Ginzburg, Dov: »The Age of the Earth from Judaic Traditional Literature«, Earth Sciences History 3, Nr. 2 1984, 169-73; www.jstor.org/stable/24135821?seq=1.

49 Siehe Sacks, *Great Partnership*, 356-57.
50 Brox et al. (Hrsg.): *Irenäus von Lyon. Adversus Haereses – Gegen die Häresien*, Bd. 5, Freiburg im Breisgau 2001, 181.
51 Origenes: *Über die Grundlehren der Glaubenswissenschaft* (De principiis), IV, 2.9, Wiederherstellungsversuch von Dr. Karl Fr. Schnitzer, Stuttgart 1835.
52 Origenes: *Acht Bücher gegen Celsus*. Aus dem Griechischen übersetzt von Paul Koetschau. Bibliothek der Kirchenväter, 1. Reihe, Band 52 und 53, München 1926, I, 19.
53 De Lubac, Henri: *Geist aus der Geschichte. Das Schriftverständnis des Origines*, übertragen und eingeleitet von Hans Urs von Balthasar, Einsiedeln 1968.
54 Siehe auch Boersma, Hans: *Heavenly Participation: The Weaving of a Sacramental Tapestry*, Grand Rapids 2011, 146.
55 Basilius von Cäsarea: *Homiliae in Hexaemeron (Homilien über das Hexaemeron)*, Fünfte Homilie, 5, in: Des heiligen Kirchenlehrers Basilius des Großen ausgewählte Schriften. Aus dem Griechischen übersetzt: J. Kösel, F. Pustet, München 1925.
56 Augustinus: *Über den Wortlaut der Genesis*. Übersetzt von Carl Johann Perl, Paderborn 1961.
57 Augustinus: *Über den Gottesstaat*. Aus dem Lateinischen übers. von Alfred Schröder, München 1911-16, 11. Buch, Abschnitt 6 und 7.
58 Augustinus: *Über den Wortlaut der Genesis*. Übersetzt von Carl Johann Perl, Paderborn 1961.
59 Augustinus: *Über den Gottesstaat*. Aus dem Lateinischen übers. von Alfred Schröder, München 1911-16, 12. Buch, Abschnitt 13.
60 Lewis, C.S.: *Überrascht von Freude*: *Eine Autobiografie*, Brunnen 1992.
61 Der Begriff Anagoge stammt aus dem Griechischen und bedeutet »klettern« oder »erklimmen«. Er bezieht sich auf eine mystische oder spirituelle Auslegung der Bibel.
62 Boersma: *Heavenly Participation*, 148.
63 Sir Richard Southern, *Robert Grosseteste: The Growth of an English Mind in Medieval Europe*, 2. Ed. 1986; Neuauflage Oxford: Clarendon, 1992, 135.
64 Southern, *Robert Grosseteste*, 209.
65 Southern, *Robert Grosseteste*, 208.
66 Für ein Spektrum an Meinungen, siehe David G. Hagopian, Hrsg.: *The Genesis Debate: Three Views on the Days of Creation*, Mission Viejo, Crux, 2001; J. P. Moreland und John Mark Reynolds, Hrsg.: *Three Views on Creation and Evolution*, Zondervan 1999.
67 Wenham, Gordon: *Genesis 1–15, Word Biblical Commentary 1*, Word 1987, 40.

68 Eine sehr hilfreiche Diskussion über dieses Thema findet sich in: C. John Collins: *Genesis 1–4: A Linguistic, Literary, and Theological Commentary,* Phillipsburg, 2006, 13ff.

69 In Anhang A werden wir relevantes Material aus den umliegenden Reichen von Ägypten, Assyrien und Mesopotamien besprechen.

70 Für eine umfangreiche Diskussion der Haupttheorien siehe: Hagopian, David G. (Hrsg.): *The Genesis Debate: Three Views on the Days of Creation*, Mission Viejo 2001; ferner: Moreland, J.P. und John Mark Reynolds (Hrsg.): *Three Views of Creation and Evolution*, Grand Rapids 1999. Ebenso gibt es einen guten Bericht darüber in Roger Forster und Paul Marston: *Reason, Science and Faith*, Monarch 1999.

71 Herder, Johann Gottfried von: *Vom Geist der Ebräischen Poesie: Eine Anleitung für die Liebhaber derselben, und der ältesten Geschichte des menschlichen Geistes*, Bd. 1, Dessau 1782, 58. Vgl. auch: Wenham, Gordon J. *Genesis 1–15.* Word Biblical Commentary, Waco 1987, 6-7. Hilfreich sind auch die zahlreichen Quellen, die in Hagopian, *The Genesis Debate* zitiert werden.

72 Vgl. Gooding: *According to Luke* a.a.O.

73 Walton, John: *The Lost World of Genesis One*, Downers Grove 2009, 91-92. Mehr Details in Anhang B.

74 Siehe Buller, David: *»Creation Is the Temple Where God Rests«*, Biologos, Zugriff 6.5.2015, https://biologos.org/articles/series/reflections-on-the-lost-world-of-genesis-1-by-john-walton/creation-is-the-temple-where-god-rests; siehe auch Weeks, Noel K.: »The Bible and the ›Universal‹ Ancient World: A Critique of John Walton«, Westminster Theological Journal 78 (2016): 1–28, http://files1.wts.edu/uploads/images/files/WTJ/WTJ%20Noel%20Weeks%2078.1.pdf.

75 Dieses Argument bringt auch Dr. Peter Williams vor, Leiter des *Tyndale House* an der Universität von Cambridge und Experte für biblische Sprachen. Bei D.W. Gooding (*According to Luke*, 358) findet man zusätzlich eine Diskussion darüber, ob die poetischen Strukturen in der Bibel im Konflikt mit geschichtlicher Glaubwürdigkeit stehen.

76 Übersetzt aus: Kidner, Derek: *Genesis*, Leicester 1967, 54-55.

77 Jesaja 45,18. Das ist sicherlich die natürlichere Lesart des Textes, anstatt anzunehmen, dass der »leere« Zustand der Erde das Ergebnis einer großen Katastrophe ist, die sozusagen zwischen Vers 1 und 2 von 1. Mose 1 stattfand. Es gibt keinen Hinweis darauf, dass »wüst und leer« an sich etwas Schlechtes ist. Hier wird lediglich der Anfangszustand beschrieben – vielleicht vergleichbar mit einem Hausbauprojekt in den Anfangszügen.

78 Das hebräische Wort *bara'* wird nicht immer für Gottes primäres schöpferisches Handeln verwendet, wie das in 1. Mose 1,1 geschieht.

Amos 4,13 berichtet davon, wie Gott die Winde erschafft, was eine sekundäre Schöpfung beschreibt – Gott erschafft hier durch natürliche Prozesse, die er vorher bereits erschaffen hat.

79 Was diese Aussage genau bedeuten soll, erkläre ich in Kapitel 5.

80 Sowohl die Konkordanzhypothese als auch die Framework-Hypothese (siehe Seite 32) akzeptieren diese Unterscheidung.

81 Vgl. Hebräer 4,3-11.

82 Basilius fügt noch hinzu: »Wenn uns aber die Schrift viele Ewigkeiten vorstellt und häufig von der ›Ewigkeit der Ewigkeit‹ und den ›Ewigkeiten der Ewigkeiten‹ redet, so wird uns dabei keine erste oder zweite oder dritte Ewigkeit aufgezählt, sondern es werden uns dabei mehr die Unterschiede der Zustände und der verschiedenen Verhältnisse, nicht aber die Schranken und Grenzen und Reihenfolgen von Ewigkeiten angegeben.« (Basilius von Cäsarea: *Des heiligen Kirchenlehrers Basilius des Großen ausgewählte Schriften*, Bd. 2, Kempten; München 1925, 8).

83 Das ist z.B. in der Elberfelder Bibel und in der Zürcher Bibel (2007) der Fall: »ein Tag«, »ein zweiter Tag«. Die Einheitsübersetzung formuliert ganz ohne Artikel: »erster Tag«.

84 Fachbegriff aus der Rhetorik, der für einen Abschnitt oder eine kurze Passage in einem Buch verwendet wird; aus dem Griechischen, bedeutet so viel wie »abschneiden, rings behauen, abhauen«.

85 Übersetzt aus: Collins: *Genesis 1–4*, 51.

86 *Fiat* ist lateinisch für »Es werde« wie in »Fiat Lux« – »Es werde Licht«. An Tag 3 und 6 kommt dieser Ausdruck mehrmals vor.

87 Ich merke an, dass dieser Gedanke sich radikal von dem unterscheidet, was der Hauptzweig der Evolutionstheorie annimmt. Mehr Details finden sich in Anhang D und in Lennox: *Kosmos ohne Gott? Warum Glaube und Wissenschaft zusammengehören* (siehe Anm. 2).

88 Siehe *Kosmos ohne Gott?,* Teil 5.

89 Darüber schreibe ich in *Kosmos ohne Gott?, Kapitel 20.*

90 Eine Variante dieser Theorie findet man bei Robert Newman und Herman Ecklemann. Sie schlagen vor, dass jeder Tag den Beginn einer neuen Schaffensperiode markiert. *(Genesis One and the Origin of the Earth,* Leicester 1977, 64-65.) Vgl. auch Newmans Kapitel *»Progressive Creationism«* in J.P. Moreland und John Mark Reynolds (Hrsg.): *Three Views on Creation and Evolution*, Grand Rapids 1999, 105-133.

91 Siehe Eldredge, Niles und Gould, Stephen Jay: *»Punctuated Equilibria: An Alternative to Phyletic Gradualism«,* in: *Models in Paleobiology,* Thomas J. M. Schopf (Hrsg.), Cooper 1972, 82–115.

92 Collins, C. John: *Science and Faith*, Wheaton 2003, 95.

93 Es sei denn, man hält die Länge der Tage für eine entscheidende Glaubensfrage – was manche durchaus tun.

94 Zitiert in Kidner, Derek: *Genesis*, Kidner Classic Commentaries 1967; Neuauflage 2008, 59–60.

95 Übersetzt aus: Parker, Andrew: *The Genesis Enigma: Why the Bible Is Scientifically Accurate*, New York 2009, xii–xiii (Kursiv im Original).

96 Parker: *Genesis Enigma*, 219 (Kursiv im Original).

97 Parker: *Genesis Enigma*, 238.

98 Übersetzt aus: Strauss, Leo: *»Interpretation of Genesis«*, Jewish Political Studies Review 1, no. 1/2, Frühling 1989, 77–92.

99 Royal Society A 470, no. 2167, Juli 2014, https://doi.org/10.1098/rspa.2014.0025.

100 Siehe Mitton, Simon A.: *»Georges Lemaître and the Foundations of Big Bang Cosmology«*, The Antiquarian Astronomer 14, Juni 2020, 2–20.

101 Hugh Ross gehört zu denjenigen, die diesen Gedanken vertreten (vgl. *The Genesis Question*, Colorado Springs 2001, 43). Dieser Hypothese nach befand sich die Erde in einem heißen Anfangszustand (wie es auch das Standardmodell der Kosmologie vorgibt). Damit wäre die Sonne von der Erde aus so lange nicht sichtbar gewesen, bis die Erdtemperatur sich so weit abgekühlt hätte, dass die Wolkenschicht dünn genug für das Sonnenlicht war. Ein Beobachter hätte einen hellen Himmel gesehen, aber nicht die Lichtquelle. Nebenbei muss die Sonne auch nicht sichtbar sein, damit ihre Licht- und Wärmeeinstrahlung die Entwicklung von Leben auf der Erde ermöglicht.

102 Übersetzt aus: Collins: *Science and Faith*, 57.

103 Dieser Punkt wird vor allem in Waltons Theorie der Schöpfung als Heiligtum betont.

104 Kass, Leon: *The Beginning of Wisdom: Reading Genesis*, Chicago 2006.

105 Übersetzt aus: Kass: *Beginning of Wisdom*, 30 (Kursiv im Original).

106 Private Kommunikation; mit Erlaubnis abgedruckt.

107 Übersetzt aus: Kass: *Beginning of Wisdom*, 31 (Kursiv im Original).

108 Übersetzt aus: Kass: *Beginning of Wisdom*, 32 (Kursiv im Original).

109 Siehe Kass: *Beginning of Wisdom*, 32–35.

110 Wenham: *Genesis* 1–15, 39-40.

111 Gleichwohl ist es natürlich wichtig, wahrzunehmen, wie die Menschen in anderen Zeitaltern gedacht haben.

112 Übersetzt aus: Nelson, Paul und Reynolds, Mark: »Young Earth Creationism«, in: *Three Views of Creation and Evolution*, 73 (Hervorhebung von mir). Ich bin nicht davon überzeugt, dass die »Alte-Erde-Lesart« weniger naheliegend ist als die »Junge-Erde-

Lesart«, sofern sie das Erdalter betrifft. Den Grund dafür habe ich schon beschrieben: In 1. Mose wird der Anfang der Schöpfung vom ersten Schöpfungstag getrennt, womit das Alter der Erde logischerweise nichts mit der Problematik zu tun hat, wie die Schöpfungstage letztendlich beschaffen sind.

113 Übersetzt aus: Peterson, Jordan: *»Biblical Series II: Genesis 1: Chaos and Order Transcript«*, www.jordanbpeterson.com/transcripts/biblical-series-ii.

114 Übersetzt aus: Singer, Peter: »Sanctity of Life or Quality of Life?«, *Pediatrics* 72, Nr. 1 (Juli 1983), 128-129.

115 Vgl. Gray, John: *Von Menschen und anderen Tieren: Abschied vom Humanismus*, Stuttgart 2010, 37.

116 Für mehr Informationen zu diesem Thema verweise ich wieder auf Lennox: *Kosmos ohne Gott? Warum Glaube und Wissenschaft zusammengehören.*

117 Peterson: *»Chaos and Order Transcript«.*

118 Siehe den nächsten Abschnitt weiter unten.

119 Mehr zum Thema Genealogien in der Bibel und Alter der Menschheit, siehe weiter unten.

120 Der Bericht schweigt sich darüber aus, wie genau die Frau geschaffen worden ist. Paulus sagt jedoch deutlich, dass Adam als Erster geschaffen wurde: »Denn Gott schuf zuerst Adam und dann Eva« (1. Timotheus 2,13) und »Denn der erste Mann kam nicht von einer Frau, sondern die Frau vom Mann« (1. Korinther 11,8).

121 Übersetzt aus: Alexander, Denis: *Creation or Evolution: Do We Have to Choose?*, Oxford 2008, 237.

122 A.a.O., 237-238.

123 A.a.O., 238.

124 A.a.O., 193.

125 A.a.O., 273.

126 A.a.O., 232.

127 Abgesehen davon, dass die Menschheit sehr vielfältig ist, sagt Paulus auch in seinem Gespräch mit den Philosophen von Athen, dass Gott alle Völker aus einem Menschen hervorgebracht hat (Apostelgeschichte 17,26).

128 Die Wissenschaft kann diese Art von Wunder nicht ausschließen, auch wenn Denker, angefangen von David Hume bis hin zu den Neuen Atheisten, versucht haben, uns vom Gegenteil zu überzeugen.
Vgl. Lennox: *Kosmos ohne Gott?*, Kapitel 6.

129 Kitchen, Kenneth: *Das Alte Testament und der Vordere Orient: Zur historischen Zuverlässigkeit biblischer Geschichte*, Gießen 2012, 579.

130 Ebd.

131 Theophilus an Autolykus (Ad Autolycum), in: Frühchristliche Apologeten Band II. Aus dem Lateinischen übersetzt von Dr. Alfons Müller. Bibliothek der Kirchenväter, 1. Reihe, Band 14, München 1913.

132 Übersetzt aus: Dart, Ron (Hrsg.): *Myth and Meaning in Jordan Peterson: A Christian Perspective*, Lexham 2020, 3.

133 Dart: *Myth and Meaning*, 3.

134 Ein Apfel wird nirgendwo erwähnt.

135 C.S. Lewis: *Über den Schmerz*, Gießen 2012, 135f.

136 A.a.O., 136f.

137 Übersetzt aus: Ashford, Bruce Riley: »Jordan Peterson and the Chaos of Our Secular Age«, in: Dart: *Myth and Meaning in Jordan Peterson*, 12.

138 Vgl. Walton, John: *The Lost World of Genesis One*, 100.

139 Derek Kidner merkt an, dass dies nicht bedeutet, dass alle Tiere Pflanzenfresser waren: »Die Interpretation ist nicht zwingend, dass ursprünglich alle Kreaturen Pflanzenfresser waren oder dass alle Pflanzen einmal essbar waren. Vielmehr ist es eine Verallgemeinerung, dass alles Leben direkt oder in-direkt von Pflanzen abhängt. Der Vers sagt hauptsächlich aus, dass alle ihre Nahrung aus Gottes Hand bekommen« (*Genesis*, Leicester 1967, 52).

140 Nach dem mittelalterlichen Philosophen und Franziskanermönch William von Ockham benannt. Das Prinzip besagt, dass unter vergleichbaren, gleichwertigen Theorien die Theorie mit den wenigsten neuen Voraussetzungen vorgezogen werden sollte. Entgegen landläufiger Meinung besagt das Prinzip nicht, dass die einfachste Erklärung die richtige ist.

141 Ein weiteres Detail dazu betrifft die Tieropfer im Alten Testament. Grundsätzlich sollten Tieropfer dem Volk Israel die Verbindung zwischen Sünde und Tod verdeutlichen und gleichzeitig auf den zukünftigen Opfertod Christi für die Sünde der Menschheit hinweisen. In den Anweisungen für die Schlachtopfer wird besonders darauf hingewiesen, dass keines der Tiere krank sein darf. In diesem Sinne wird auch hier zwischen Krankheit und Tod unterschieden. Vgl. 3. Mose 1,3.10; 3,1.6 und viele weitere Belege.

142 Es gibt endlose Diskussionen darüber, ob man diesen Baum wörtlich oder metaphorisch verstehen sollte. Wenn wir den Baum als Metapher akzeptieren, wird sofort gefragt, für welche real existierende Tatsache er dann steht. Wenn wir ihn wörtlich verstehen, könnte es dann sein, dass all die Legenden über Jungbrunnen und Elixiere der ewigen Jugend ein Körnchen Wahrheit enthalten – dass es diesen Baum des Lebens tatsächlich gab? Wie dem auch sei, es wird nicht erwähnt, was für eine Frucht der Baum trug. In dem Sinne geht es allein darum, wofür der Baum steht.

143 Interessanterweise wird die Anweisung, dass Tiere sich von Pflanzen ernähren sollen (1. Mose 1,30), dem Menschen gegeben und nicht dem Tier. Warum? Ich stelle mir ein mögliches Szenario vor: Der Mensch hatte gerade gesagt bekommen, wovon sich die Tiere ernähren sollten. Ihm wurde dann aufgetragen, über Fische, Vögel und Landtiere zu »herrschen«. Die Tatsache, dass dieses Herrschen nicht die Anweisung einschloss, die Tiere von menschlicher Nahrung fernzuhalten, scheint darauf hinzudeuten, dass immerhin einige Tiere eine nicht vegetarische Nahrungsquelle hatten. In 1. Mose 9 wird darüber hinaus nicht erwähnt, dass auch Tiere töten und Fleisch fressen dürfen. Das wird von nun an allerdings den Menschen erlaubt.

144 Siehe Lennox: *Kosmos ohne Gott?, Teil 4-5.*

145 Übersetzt aus: Nelson, Paul und Reynolds, John Mark: »Young Earth Creationism«, in: Moreland/Reynolds: *Three Views on Creation and Evolution*, 51.

146 Gemeint ist das Weltbild, das am besten erklärt, warum Wissenschaft gut und sinnvoll ist. Vgl. Lennox: *Kosmos ohne Gott?*, Teil 2.

147 Dieser Gedanke wird mit dem lateinischen Ausdruck *ex nihilo* bezeichnet.

148 Ein rhetorisches Stilmittel, mit dem die Gesamtheit einer Sache durch zwei gegensätzliche Begriffe ausgedrückt wird. Ein anderes Beispiel für einen Merismus ist »Erkenntnis des Guten und Bösen«, was auch »Erkenntnis von allem« bedeuten könnte.

149 Hawking, Stephen: *»The Beginning of Time«*, http://homepages.wmich.edu/~korista/hawking-time.html.

150 Ich möchte anmerken, dass sich dieser Vergleich nur auf die Methode der Schöpfung bezieht und nicht auf den zeitlichen Ablauf. Der zeitliche Ablauf wird im Standardmodell der Kosmologie beschrieben.

151 Siehe Anhang A.

152 Für weitere Informationen zu diesem Thema, siehe Lennox: *Stephen Hawking, das Universum und Gott*, SCM R.Brockhaus 2017.

153 Das Wort »Dreieinigkeit« wird nirgendwo im Neuen Testament erwähnt. Thomas Torrance weist jedoch darauf hin, dass die Lehre der Dreieinigkeit weniger eine christliche Begrifflichkeit ist, sondern mehr die Art und Weise ausdrückt, in der Gott sich offenbart hat. Vgl. Torrance: *The Christian Doctrine of God*, Edinburgh 1996.

154 Deswegen ist es nur angemessen, dass die Beschreibung des sechsten Tages länger ist als die aller anderen Tage.

155 Siehe Lennox: *Stephen Hawking, das Universum und Gott.*

156 Übersetzt aus: Penzias, Arno: »Creation Is Supported by All the Data So Far«, in: Henry Margenau und Roy A. Varghese (Hrsg.): *Cosmos,*

Bios, Theos: Scientists Reflect on Science, God, and the Origins of the Universe, Life, and Homo Sapiens, La Salle 1992, 83.

157 Davies, Paul: *Der Plan Gottes. Die Rätsel unserer Existenz und die Wissenschaft*, Frankfurt am Main 1995, 280.

158 Blaise Pascal, Pensées. Zitiert in: *Das Ich besteht in meinem Denken.* Aus den »Gedanken«, herausgegeben von Franz Josef Wetz, Übersetzt von Ulrich Kunzmann, 2019, Seite 21-22.

159 Lennox im gleichnamigen Buch, Kapitel 21.

160 Ein ähnlicher Einwand ist auch die Behauptung, dass Wissenschaft und Wunder inkompatibel miteinander seien. Vgl. *Hat die Wissenschaft Gott begraben?*, 191-270.

161 Übersetzt aus: Lewis, C. S.: *The Weight of Glory and Other Addresses*, 1945; Neuauflage New York 2001, 140.

162 Es war Professor David W. Gooding, der mich auf diesen feinen Unterschied aufmerksam machte.

163 Auf diesem Gebiet ist der Biologe Andrew Parker eine weltweite Instanz. Er schrieb unter anderem das Buch *The Genesis Enigma: Why the Bible is Scientifically Accurate*, London 2009.

164 Wenn die Sonne ausbrennen würde, könnte menschliches Leben auch mit künstlichen Lichtquellen nicht lange überleben.

165 Vgl. Wenham, Gordon J.: *Genesis 1–15*, 35. Wenham stellt die These auf, dass der Sabbat unter Umständen sogar bewusst als Gegenstück zum Mondzyklus der Mesopotamier eingeführt wurde.

166 Das sollten wir im Hinterkopf behalten im Blick darauf, dass unsere Wochentage nach Planeten und heidnischen Gottheiten benannt sind.

167 Übersetzt aus: Kass, Leon: *The Beginning of Wisdom*, Chicago 2006, 52.

168 Übersetzt aus: Sacks, Jonathan: *Wie wir den Krieg der Kulturen noch vermeiden können*, Gütersloh 2007, 225.

169 Augustinus, Aurelius: *Confessiones*, übersetzt von Joseph Bernhart, München 1960, 9.

170 Dieser Ausdruck ist sehr alt und war um 1800 v.Chr. im Alten Orient gebräuchlich. Vgl. Kitchen, Kenneth: *The Old Testament in Its Context*, 1971, 9-10; http://www.biblicalstudies.org.uk/pdf/otic/ot_context-1_kitchen.pdf (Zugriff am 16.12.2013).

171 Siehe Young, Edward J.: *Studies in Genesis One*, Philadelphia 1964, 82–83.

172 Eine hebräische Verbform.

173 Übersetzt aus: Collins, C. John: *Genesis 1–4*, 43.

174 Roux, Georges: *Irak in der Antike*, Darmstadt 2005, 56.

175 Kitchen: *Das Alte Testament und der Vordere Orient: Zur historischen Zuverlässigkeit biblischer Geschichte* (siehe Anm. 81), 556.

176 Kitchen schreibt dazu: »In Genesis 1–2 ist die Schöpfung das Hauptthema, in *Enūma Eliš* lediglich ein Anhang, dem die Hauptaufgabe zufällt, die Überlegenheit des babylonischen Gottes Marduk aufzuzeigen.« Ebd.

177 Roux: *Irak in der Antike*, 56.

178 Beide Texte werden auf die erste Hälfte des zweiten Jahrtausends v.Chr. datiert. Vgl. Kitchen: *Das Alte Testament und der Vordere Orient: Zur historischen Zuverlässigkeit biblischer Geschichte*, 554-555.

179 Dieses Argument baut auf der heute weitgehend abgelehnten sog. »Neueren Urkundenhypothese« auf, die sich während der ersten Hälfte des 20. Jahrhunderts großer Beliebtheit erfreute.

180 Solche Theogonien beschreiben typischerweise, wie die Götter aus Urmaterie entstehen, sodass sie letztendlich eine Vergöttlichung von Natur und Naturgewalten darstellen, um es mit einer modernen Definition auszudrücken. Diese Götter sind entsprechend »materielle« Götter, was bedeutet, dass solche alten Weltansichten dem heutigen Materialismus weitaus näher stehen, als es zunächst den Anschein hat.

181 Roux: *Irak in der Antike*, 57.

182 Die polytheistischen Weltbilder der Assyrer, Ägypter, Kanaaniter und Babylonier weisen allesamt auffällige Ähnlichkeiten auf.

183 Paulus benutzt genau dieses Argument, als er den Vielgötterglauben der Athener angreift; vgl. Apostelgeschichte 17,22-25.

184 Ähnlich dem Prozess, der das Denken der antiken Griechen veränderte. Die »Entgötterung« der Welt war notwendig, damit eine wissenschaftliche Denkweise überhaupt erst entstehen konnte.

185 Kitchen: *Alter Orient und Altes Testament – Probleme und ihre Lösungen, Aufklärung und Erläuterung*, Wuppertal 1965, 39.

186 Übersetzt aus: Millard, Alan: »A New Babylonian ›Genesis Story‹«, in: Richard S. Hess, David Toshio Tsumura: *I Studied Inscriptions from before the Flood: Ancient Near Eastern and Literary Approaches to Genesis 1–11,* Winona Lake 1994.

187 Diese Parallelen sind ein Hinweis darauf, dass es ein bestimmtes Ereignis gab, auf das sich alle Erzählungen beziehen. Die berühmte sumerische Königsliste beispielsweise zählt Könige und Dynastien vor der Sintflut auf, erwähnt die Unterbrechung durch die Sintflut und fährt dann fort, Generationen von nachsintflutlichen Königen aufzuzählen. Das Manuskript wird auf 2000–1900 v.Chr. datiert. Kitchen schreibt über die Königsliste: »Dieses Manuskript ist deswegen so wichtig für uns, weil es zeigt, dass die Sumerer und Babylonier davon überzeugt waren, dass eine Flutkatastrophe einst den Lauf ihrer Geschichte unterbrochen hat. Demzufolge war diese Flut für sie

ein historisches Ereignis. Somit gehört dieses Ereignis, das sowohl von 1. Mose als auch von den Epen bezeugt wird, in den Bereich ›Ur-Geschichte‹ und nicht in den Bereich ›Mythos‹.« Übersetzt aus: Kitchen: *The Old Testament in Its Context* (siehe Anm. 113), 3.

188 Kitchen: *Das Alte Testament und der Vordere Orient: Zur historischen Zuverlässigkeit biblischer Geschichte*, 556.

189 Übersetzt aus: Kitchen: *The Old Testament in Its Context*, 3.

190 Kitchen: *Das Alte Testament und der Vordere Orient: Zur historischen Zuverlässigkeit biblischer Geschichte*, 559.

191 Übersetzt aus: Collins: *Genesis 1–4*, 243.

192 Einer dieser Wissenschaftler war John Maddox, der damalige Herausgeber des wissenschaftlichen Magazins *Nature*.

193 Übersetzt aus: Kass, Leon: *The Beginning of Wisdom*, Chicago 2006, 28.

194 Übersetzt aus: Collins: *Genesis 1–4*, 51.

195 Bryson, Bill: *Eine kurze Geschichte von fast allem*, München 2004, 22-23.

196 Ehemaliger Professor der Physik in Oxford, danach Leiter des *UK Meteorological Office*. Eine Zeit lang leitete er auch die Wissenschaftsabteilung des mit einem Nobelpreis geehrten Weltklimarats (IPCC).

197 Übersetzt aus: Houghton, John: *The Search for God: Can Science Help?*, Oxford 1995, 27-28.

198 Für mehr Details zum Thema Feinabstimmung: vgl. Lennox: *Kosmos ohne Gott?*, Kapitel 7.

199 Übersetzt aus: Houghton: *The Search for God*, 33-34.

200 Siehe Lennox: *Kosmos ohne Gott?*, Teil 2.

201 Siehe de Felipe, Pablo: »Georges Lemaître, the Scientist and Priest Who ›Could Conceive the Beginning of the Universe‹«, BioLogos, 23. August 2017, https://biologos.org/articles/georges-lemaitre-the-scientist-and-priest-who-could-conceive-the-beginning-of-the-universe.

202 Zum Thema »Himmel und Erde« vgl. Fußnote 148 zum Thema »Merismus« in Kapitel 5.

203 Übersetzt aus: Collins, John C.: *Genesis 1–4*, 126.

204 Einen Ableger dieser These findet man in Sailhamer, John: *Genesis Unbound*, Sisters 1996. Sailhamer behauptet, dass 1. Mose 1 eine Phase beschreibt, in der das Universum geschaffen wird, während 1. Mose 1,2–2,4 eine Folge von sieben Tagen (wortwörtlich) darstellt, in denen ein besonderes Land erschaffen wird: das Gelobte Land. Es wird für den Menschen vorbereitet, der dort auch erschaffen wird.

205 Die »Neues Leben«-Bibel benutzt stellenweise (und gerade auch in 1. Mose 2,5) das Plusquamperfekt zur Verdeutlichung. Für eine detail-

lierte Beschreibung zum Plusquamperfekt vgl. McKitterick, Alistair: »The Language of Genesis«, in: Norman Kevin: *Should Christians Embrace Evolution?,* Nottingham 2009. Jedoch gibt es auch Kritiker der Rolle des Plusquamperfekts. Robert Gordon ist der Meinung, dass die Benutzung der Zeitform nur teilweise dabei hilft, den scheinbaren Konflikt zwischen 1. Mose 1 und 2 aufzulösen. Siehe »The Week That Made the World: Reflections on the First Pages of the Bible«, in: J.G. McConville und Karl Möller: *Reading the Law: Studies in Honour of Gordon J. Wenham,* London 2007.

206 Collins, John C.: »The Wayyiqtol as ›Pluperfect‹: When and Why?«, *Tyndale Bulletin* 46, Nr. 1 (1995), 117-140. Im Deutschen geht die Neue evangelistische Übersetzung bibel.heute diesen Weg, im Englischen die English Standard Version und die New International Version.

207 Siehe Hiob 38–39 oder Psalm 104.

208 Man sollte nicht denken, dass das nur eine andere Form von Deismus ist, so etwas wie »Semideismus«. Wäre das der Fall, würde Gott eine Serie von Schöpfungsakten abschließen, wäre aber nicht mehr am Erhalt des Universums beteiligt.

209 Siehe Kapitel 5, unter »Gott ist der ewige Schöpfer« und »Gott verfolgt ein Ziel mit seiner Schöpfung«.

210 Diese Aussage ist schlichtweg falsch. Wenn ein Wissenschaftler es schafft, Leben in einem Reagenzglas zu erzeugen, beweist das nur, dass Leben entstehen kann, wenn Geist auf Materie wirkt. Das ist genau das, was Christen von Gott behaupten.

211 Übersetzt aus: Davies, Paul: »E.T. and God«, *Atlantic Monthly,* September 2003. www.theatlantic.com/past/docs/issues/2003/09/davies.htm (Zugriff am 18.12.2013).

212 Gelegentlich auch »evolutionärer Kreationismus« (Denis Alexander) oder »Biologos« (Francis Collins) genannt.

213 Dabei sollten wir vorsichtig sein, den Begriff »Art«, so wie er im 1. Buch Mose verwendet wird, nicht sofort mit dem modernen Begriff »Spezies« gleichzusetzen. »Typus« könnte an der Stelle die passendere Übersetzung sein.

214 Übersetzt aus: Sacks: *The Great Partnership,* New York 2012, 363.

215 Übersetzt aus: Sacks: *The Great Partnership,* 365 (Kursiv im Original).

216 Übersetzt aus: Collins, Francis: *The Language of God,* New York 2006, 205.

217 L'Osservatore Romano, Wochenausgabe in deutscher Sprache, 1. November 1996, Nummer 44.

218 Übersetzt aus: Collins, Francis: *The Language of God,* New York 2006, 199.

219 A.a.O., 200-201.

220 Auch C.S. Lewis scheint diese Ansicht vertreten zu haben, obwohl seine Unzufriedenheit mit dem Erklärungspotenzial der Evolutionstheorie später gewachsen zu sein scheint. Vgl. »Is Theology Poetry?«, in: *They Asked for a Paper*, London 1962. Ebenfalls relevant: Ferngren, Gary B. / Numbers, Roland L.: »C.S. Lewis on Creation and Evolution: The Acworth Letters, 1944–1960«, *PSCF*, März 1996, 28-33; www.asa3.org/ASA/PSCF/1996/PSCF3-96Ferngren.html (Zugriff am 16.12.2013).

221 Was verdächtig nach einem besonderen Eingriff Gottes aussieht.

222 Behe gibt sich außerordentlich Mühe, diesen Konstrukteur nicht direkt zu benennen, um Wissenschaft und Theologie nicht zu verwechseln.

223 Conway Morris, Simon: *Jenseits des Zufalls*, Berlin 2008, 263.

224 Die Mindestzahl, die notwendig ist, damit schwere Elemente entstehen können.

225 Das Wort »Evolution« in dem Begriff »theistische Evolution« umfasst tendenziell mehr als nur biologische Evolution. Die vorbiologische Phase in dieser Theorie hat nichts mit dem (neo)darwinistischen Verständnis der Evolution zu tun. Denn diese setzt definitionsgemäß voraus, dass bereits Leben existiert.

226 Dieser Einwand entspringt der naturalistischen Denktradition des schottischen Aufklärers David Hume. Sowohl in meinem Buch *Kosmos ohne Gott?* in Kapitel 6 *als auch in Gott im Fadenkreuz: warum der Neue Atheismus nicht trifft* in den letzten beiden Kapiteln gehe ich näher auf diesen Einwand ein.

227 Übersetzt aus: Alexander, Denis: *Creation or Evolution*, 38.

228 A.a.O., 31.

229 Siehe Lewis, C.S.: *Wunder: ... möglich, wahrscheinlich, undenkbar?* Basel/Gießen 1980, Kapitel 5.

230 Dabei sollten wir jedoch nicht übersehen, dass Christi Auferstehung vorhergesagt wurde.

231 Für eine ausgezeichnete Darstellung der Beziehung zwischen Gott und seiner Schöpfung siehe: Collins, C. John: *The God of Miracles*, Wheaton 2000.

232 Wenn man Wissenschaft als die Erforschung reproduzierbarer Regelmäßigkeiten definiert, ist die Aussage natürlich immer wahr und nicht verneinbar (Tautologie). Da aber die gesamte Geschichte des Universums nicht reproduzierbar ist, hätte die Wissenschaft dieser Definition nach gar nichts darüber feststellen können.

233 Für eine umfassende, zeitgemäße Darstellung der augustinischen Denkschule in Verbindung mit moderner Wissenschaft siehe McGrath,

Alister: *A Fine-Tuned Universe*, Louisville 2009 – eine Zusammenfassung von McGraths Beitrag zur Vorlesungsreihe *Gifford Lectures.*

234 Lennox: *Kosmos ohne Gott?*, Kapitel 6.

235 Das ist einer der Gründe, warum ich genauso wenig ein »Lückenbüßergott«-Verfechter bin wie C.S. Lewis oder Francis Collins, wenn er die Kluft zwischen Tier und Mensch einer besonderen Übertragung von Gottes Ebenbildlichkeit zuschreibt.

236 Bemerkenswerterweise heißt es, dass der Himmel vor der Erde geschaffen wird – was ebenso in der Kosmologie gesagt wird.

237 Ross, Hugh: *The Genesis Question*, Colorado Springs 2001, 21.

238 In Verbindung mit der Idee, dass es sich eher um eine temporale als eine räumliche Perspektive handelt, wurde vorgeschlagen, dass Einsteins berühmte Entdeckung, dass Zeit relativ ist, beachtet werden muss, wenn wir die Eigenart der Schöpfungstage verstehen wollen. Vgl. Schröder, Gerald: *Schöpfung und Urknall*, Goldmann 1996.

239 Vgl. *Kosmos ohne Gott?*, Kapitel 9.

240 Der Schöpfungsbericht geht nicht näher ins Detail darüber, welche genauen Prozesse mit der Aussage »[Die Erde] soll (…) hervorbringen« gemeint sind. Der Kern dieser Aussage ist, dass nichts passiert, ohne dass Gott spricht. Dies ist ein weiterer Aspekt, für den gilt: »Durch ihn wurde alles geschaffen« (Johannes 1,3).

241 Dawkins, Richard: *Richard Dawkins: Der blinde Uhrmacher. Warum die Erkenntnisse der Evolutionstheorie zeigen, dass das Universum nicht durch Design entstanden ist*, München 2008, 5.

242 Zitiert in Schramm, Gerhard (Übersetzung): »Synthesis of Nucleosides and Polynucleotides with Metaphosphate Esters«, in: The Origins of Prebiological Systems and of Their Molecular Matrices, New York, 1965, 310.

243 Dawkins, Richard: *Die Schöpfungslüge. Warum Darwin recht hat*, Berlin 2012, 472.

244 Diese aktuellen Entwicklungen betrachte ich detaillierter in *Kosmos ohne Gott?*, Kapitel 19.

245 Gates, Bill: *Der Weg nach vorn. Die Zukunft der Informationsgesellschaft*, Hamburg 1995, 273.

246 Aczel, Amir: *Probability 1 – Warum es intelligentes Leben im All geben muss*, Reinbek 2001, 91.

247 Zu diesem allgemeinen Punkt, siehe *Kosmos ohne Gott?*, Kapitel 11.

248 Übersetzt aus: Léon Brillouin: *Science and Information Theory*, New York 1962, 269.

249 Übersetzt aus: Davies, Paul: *Das fünfte Wunder*, Bern 2000, 127.

250 Mehr Details zu diesem wichtigen Thema in Lennox: *Kosmos ohne Gott?*, Kapitel 10, und Meyer, Stephen: *Signature in the Cell*, New York 2009.

251 Übersetzt aus: Alexander: *Creation or Evolution*, 333.

252 Übersetzt aus: Davies, Paul: *»E.T. and God«*.

253 Lennox: *Kosmos ohne Gott?*, Teil 4.

254 Jones, Steve: *Die Botschaft der Gene. Evolution als Erblast und Chance*, München 1995, 50-51. Vgl. auch Lennox: *Hat die Wissenschaft Gott begraben?*, 199f.

255 Übersetzt aus: Noble, Denis: *The Music of Life: Biology beyond the Genome*, Oxford 2006, 130.

256 A.a.O., 32.

257 Übersetzt aus: Fodor, Jerry und Massimo Piattelli-Palmarini: »Survival of the Fittest Theory«, *New Scientist*, 6. Februar 2010, 28-31. Eine ausführlichere Beschreibung findet sich in ihrem Buch *What Darwin Got Wrong*, London 2010.

258 Fodor, Jerry: »Why Pigs Don't Have Wings«, *London Review of Books*, 18. Oktober 2007, 20.29.

259 Übersetzt aus: Provine, William B.: *The Origins of Theoretical Population Genetics*, Chicago 2001, 199-200.

260 Reid, Robert G.: *Biological Emergences: Evolution by Natural Experiment*, Cambridge 2007.

261 Übersetzt aus: Rose, Christopher, Rezension von Robert G. Reid: »Biological Emergences: Evolution by Natural Experiment«, in: *Integrative and Comparative Biology* 48, Nr. 6 (2008), 871-873.

262 Reid: *Biological Emergences*, 2.

263 Lennox: *Kosmos ohne Gott?*, Kapitel 5.

264 Rose, a.a.O., 871-873.

265 Lennox: *Kosmos ohne Gott?*, Kapitel 19.

266 Laughlin, Robert: *Abschied von der Weltformel. Die Neuerfindung der Physik*, München 2007, 248-249.

Barbara Drossel,
Reinhard Junker, Siegfried Scherer

Schöpfung und Evolution?

»Am Anfang schuf Gott Himmel und Erde.« – Aber danach beginnt schon die Diskussion: Schuf er allein durch das Wort oder doch durch Evolution? „Wie lange dauerten die Schöpfungstage wirklich? Was sagt die Naturwissenschaft zum Alter der Erde?" Und: Lassen sich wissenschaftliche Erkenntnisse heute überhaupt noch mit der Bibel vereinen? Drei Wissenschaftler diskutieren über das Verhältnis von Schöpfung und Evolution – respektvoll und mit Interesse an der Meinung der anderen.

Gebunden,
13,5 × 21,5 cm,
400 S.
ISBN 9783417241839

SCM
R.Brockhaus

institut für glaube
und wissenschaft

Das Institut für Glaube und Wissenschaft will seit seiner Gründung 1999 Denkanstöße und Orientierung in einer pluralistischen Gesellschaft geben und den Dialog zwischen Wissenschaft und christlichem Glauben fördern.

Dies tun wir durch Vorträge, interdisziplinäre Tagungen sowie Publikationen, zwei Websites und unseren Podcast. Ergänzend zu unserer Buchreihe über Glaube und Wissenschaft sollen unsere Dokumentarfilme die wissenschaftliche Diskussion anschaulich nahebringen und kommen auch im Schulunterricht zum Einsatz. Unsere Internetseiten bieten vielfältige Texte und Vorträge zu Ethik, Geschichte, Literatur, Naturwissenschaft, Philosophie, Psychologie, Theologie und Zeitfragen. Auf www.begründet-glauben.org finden Sie Videos, Audios und Texte, die Fragen beantworten. Unser Begründet-glauben-Podcast kann auf allen großen Plattformen abonniert werden. Das Institut gehört zur SMD e.V. (www.smd.org).

www.iguw.de (Instagram: Begruendetglauben)

www.begruendet-glauben.org mit dem Begründet-glauben-Podcast

www.shop.iguw.de